Nietzsche

Série Biografias **L&PM** POCKET:

Albert Einstein – Laurent Seksik
Andy Warhol – Mériam Korichi
Átila – Éric Deschodt / Prêmio "Coup de coeur en poche" 2006 (França)
Balzac – François Taillandier
Baudelaire – Jean-Baptiste Baronian
Beethoven – Bernard Fauconnier
Billie Holiday – Sylvia Fol
Buda – Sophie Royer
Cézanne – Bernard Fauconnier / Prêmio de biografia da cidade de Hossegor 2007 (França)
Freud – René Major e Chantal Talagrand
Gandhi – Christine Jordis / Prêmio do livro de história da cidade de Courbevoie 2008 (França)
Jesus – Christiane Rancé
Júlio César – Joël Schmidt
Kafka – Gérard-Georges Lemaire
Kerouac – Yves Buin
Leonardo da Vinci – Sophie Chauveau
Luís XVI – Bernard Vincent
Marilyn Monroe – Anne Plantagenet
Michelangelo – Nadine Sautel
Modigliani – Christian Parisot
Nietzsche – Dorian Astor
Oscar Wilde – Daniel Salvatore Schiffer
Picasso – Gilles Plazy
Rimbaud – Jean-Baptiste Baronian
Shakespeare – Claude Mourthé
Van Gogh – David Haziot / Prêmio da Academia Francesa 2008
Virginia Woolf – Alexandra Lemasson

Dorian Astor

Nietzsche

Tradução de Gustavo de Azambuja Feix

www.lpm.com.br

L&PM POCKET

Coleção **L&PM** POCKET, vol. 1127
Série Biografias/27

Texto de acordo com a nova ortografia.
Título original: *Nietzsche*

Primeira edição na Coleção **L&PM** POCKET: dezembro de 2013
Esta reimpressão: fevereiro de 2024

Tradução: Gustavo de Azambuja Feix
Capa e projeto gráfico: Editora Gallimard
Ilustrações da capa: retrato de Nietzsche © Bettmann / Corbis (DC) / Latinstock (acima). Representação de Dionísio, vaso ático (detalhe). Museo Archeologico Nazionale, Ferrara, Itália. Foto © DeAgostini/Leemage
Preparação: Elisângela Rosa dos Santos
Revisão: Jó Saldanha

CIP-Brasil. Catalogação na fonte
Sindicato Nacional dos Editores de Livros, RJ

A878n

Astor, Dorian
  Nietzsche / Dorian Astor; tradução Gustavo de Azambuja Feix. – 1. ed. – Porto Alegre, RS: L&PM, 2024.
  320 p. ; 18 cm. (L&PM POCKET, v. 1127)

  Tradução de: *Nietzsche*
  ISBN 978.85.254.3020-5

  1. Nietzsche, Friedrich Wilhelm, 1844-1900. 2. Filósofos - Alemanha - Biografia. I. Feix, Gustavo de Azambuja. II. Título. III. Série

13-06771 CDD: 921.3
  CDU: 929:1(430)

© Éditions Gallimard 2011

Todos os direitos desta edição reservados a L&PM Editores
Rua Comendador Coruja, 314, loja 9 – Floresta – 90220-180
Porto Alegre – RS – Brasil / Fone: 51.3225.5777 – Fax: 51.3221.5380

Pedidos & Depto. comercial: vendas@lpm.com.br
Fale conosco: info@lpm.com.br
www.lpm.com.br

Impresso na Gráfica e Editora Pallotti, Santa Maria, RS, Brasil
Verão de 2024

Sumário

Advertência(s) / 7

Todo vir a ser se faz da guerra entre os opostos (1844-1864) / 9

A paixão pela verdade (1864-1869) / 47

O duplo gênio (1869-1872) / 79

Agir contra seu tempo (1872-1876) / 104

Nós, espíritos livres (1876-1881) / 140

Meio-dia e eternidade (1882-1885) / 180

Por que eu sou um destino (1885-1889) / 227

Talvez eu seja um maganão... (1889-1900) / 271

ANEXOS

Cronologia / 294

Referências / 297

Notas / 303

Sobre o autor / 319

Advertência(s)

E, se forem necessárias biografias, que não sejam aquelas que têm por estribilho: "Fulano de tal e seu tempo", mas as que deveriam ter por título: "Um lutador contra seu tempo".

FRIEDRICH NIETZSCHE
Da utilidade e dos inconvenientes da história para a vida (1874)[1]*

A pequena força feita para empurrar uma jangada ao rio não deve ser confundida com a força desse rio, que a partir de então vai conduzi-la: no entanto, é o que acontece em quase todas as biografias.

FRIEDRICH NIETZSCHE
Miscelânea de opiniões e sentenças (1879)[2]

Por maior que seja a evolução do homem e ele pareça saltar de um contrário a outro, apesar disso serão descobertas, ao se especificar suas observações, as *articulações* pelas quais a nova estrutura se desprende da antiga. Tal é a tarefa do biógrafo: deve pensar a vida conforme o princípio de que nenhuma natureza dá saltos.

FRIEDRICH NIETZSCHE
O peregrino e sua sombra, § 198 (1880)[3]

---

* As notas estão reunidas no final do livro, p. 303. (N.E.)

Todo vir a ser se faz da guerra entre os opostos (1844-1864)

Comecemos com um enigma:

> A ventura da minha existência, sua unicidade talvez, repousa em sua fatalidade: eu estou, para expressá-lo em forma de enigma, morto na condição de meu pai, ao passo em que na condição de minha mãe ainda vivo e envelheço.[1]

Em *Ecce homo*, escrito em 1888, último ano de sua vida lúcida e quarenta anos depois da morte do pai, Nietzsche revela de maneira cifrada o segredo de sua existência. Todo enigma requer que se proceda com paciência na sua resolução, com essa *ephexis* [reserva], essa cautela na interpretação reivindicada em *O anticristo*.[2] O que diz esse enigma? Que uma identidade sempre é, no mínimo, dupla. Que uma hereditariedade significa, de certo ponto de vista, que somos nossos próprios ascendentes. Que uma existência significa estar vivo e morto ao mesmo tempo. No mínimo três enigmas em um. Retomemos.

Toda identidade é ao menos dupla. Que o Uno nasce do múltiplo, Nietzsche há muito aprendeu de Heráclito:

> Continuamente uma qualidade se desdobra e se divide em seus contrários: continuamente anseiam esses contrários um pelo outro. O vulgo acredita reconhecer algo de rígido, terminado, persistente; na verdade, a todo instante luz e trevas, amargor e doçura estão pegados um ao outro e um pelo outro, como dois combatentes, dos quais por vezes um, por vezes o outro obtém vantagem. O mel é, segundo Heráclito, a um só tempo doce e amargo, e o próprio mundo é um caldeirão que precisa ser constantemente mexido. Todo vir a ser se faz da guerra entre os opostos.[3]

Essa primeira resposta ao enigma não demonstra uma oposição; ela coloca a oposição no próprio fundamento da existência. A fatalidade de uma vida consiste no que ela tem de mistura, claro e escuro, doce e amargo. O pai e a mãe já encarnam a luta das qualidades opostas.

Ser filho é ser ao mesmo tempo seu pai e sua mãe. Apenas do ponto de vista do indivíduo, ao herdar certas qualidades similares a de seus pais, um ser constitui, no entanto, uma individualidade nova. É um ponto de vista superior em que as qualidades prevalecem sobre o indivíduo e representam através das gerações uma espécie de continuidade do ser: "Não é absolutamente possível", escreve Nietzsche em *Além do bem e do mal*, "que um homem *não* tenha em seu corpo as qualidades e predileções de seus pais e ancestrais: não importando o que as aparências digam em contrário. Este é o problema da raça".[4] Um quarto de século antes, o estudante do secundário já se confrontava com o problema da hereditariedade como dimensão supraindividual da existência:

> A atividade do homem não começa com seu nascimento, mas a partir do embrião e talvez – quem poderia afirmar o contrário? – já com seus pais e avós. Todos os que acreditam na imortalidade da alma deveriam acreditar também na pre-existência dela, se não quiserem deixar o imortal se formar a partir do mortal [...]. O hinduísmo afirma que o *fatum* nada mais é do que os fatos que perpetramos em um estado anterior de nosso ser.[5]

Apenas como indivíduo Nietzsche é diferente de seus pais – como fatalidade, ainda é um e outro. Por isso, é vida e morte ao mesmo tempo.

Quando seu pai faleceu aos 36 anos, Friedrich tinha apenas cinco. Sua mãe morreu aos 71, oito anos depois de o filho afundar na demência. A morte do pai influenciou a vida do filho e nele se materializou como um elemento precocemente mórbido de sua existência. Em um texto autobiográfico escrito aos catorze anos, Friedrich descreve o golpe profundo ocorrido em sua vida:

Meu pai está morto. Ainda hoje esta lembrança me é profundamente dolorosa; até então, eu ainda não compreendia o terrível impacto do acontecimento. Quando uma árvore perde sua folhagem, assume um aspecto triste e desolado. Seus galhos se arrastam pelo chão, sem força; os passarinhos a abandonam, toda vida desaparece. Não acontecia o mesmo com nossa família? Toda a alegria nos fora retirada; a dor e o luto invadiam tudo.[6]

Quando a morte se inscreve no próprio coração da vida, começa o declínio, ou a decadência. Nietzsche não cessará de perseguir, do começo ao fim de sua obra, as forças declinantes: *Assim falou Zaratustra* é a narração de um declínio, o pensamento crítico de Nietzsche será de todo um pensamento da decadência, isto é, tanto na escala do indivíduo quanto dos povos, do enfraquecimento das forças vitais em determinada cultura. O declínio não é uma destruição violenta, e sim um processo sutil, delicado e, no fundo, extremamente civilizado.

A religião cristã, por exemplo, é um caso refinadíssimo de decadência. Ora, ocorre que a figura do padre, modelo admirável do pastor protestante, tem para Nietzsche a doçura religiosa da vida declinante: "Meu pai morreu com trinta e seis anos: ele era frágil, amável e mórbido, como um ser destinado apenas à transitoriedade – antes uma lembrança bondosa da vida do que a vida em si".[7] Muitas vezes Nietzsche faz menção à metáfora, no entanto rara em sua obra, do anjo: "Eu considero um grande privilégio ter tido um pai assim: os camponeses, diante dos quais ele pronunciava seus sermões – pois, depois de viver alguns anos na corte de Altenburg, ele foi pregador durante os últimos anos de sua vida –, diziam que assim como ele era é que, por certo, devia ser um anjo".[8] *Na condição de* seu pai, o próprio Nietzsche é frágil, amável e mórbido; e deve ao progenitor até mesmo uma espécie de benevolência angelical, certa tendência à piedade: "Desde minha infância, o princípio 'na piedade residem meus maiores perigos' não para de se confirmar (talvez uma consequência desagradável da natureza *extraordinária* de meu pai: todos os

11

que o conheceram o contaram entre os 'anjos' mais do que entre os 'homens')".⁹

A mãe, ao contrário, apresenta um temperamento franco e tranquilo, com o que isso pode implicar de ingenuidade. Essa polaridade, presente desde o início, é o segredo do enigma inicial de *Ecce homo*:

> Essa origem dupla, rebento ao mesmo tempo do mais alto e do mais baixo degrau na escada da vida, *décadent* e *princípio* a um só golpe – tudo isso, se é que há algo, esclarece aquela neutralidade, aquela liberdade de partido na relação com o problema geral da vida, que talvez me distinga dos outros. Eu tenho um faro mais apurado do que jamais teve homem algum para os sinais de princípio e de ocaso, eu sou o mestre *par excellence* nesse assunto – eu conheço ambos, eu sou ambos...¹⁰

Ser um declínio e um princípio – tal é para Nietzsche, portanto, a sina fatal de sua existência. Causa surpresa observar que essa expressão enigmática de uma identidade dupla já foi utilizada por Nietzsche, com a mesma retórica, um quarto de século antes, em um texto de 1863. Aos dezenove anos, ele escreve: "Enquanto planta, nasci perto de um cemitério; enquanto ser humano, nasci em um presbitério".¹¹ O presbitério paternal, em Röcken, era contíguo ao cemitério do vilarejo; a morada dos mortos vizinhava a dos vivos.

> Uma lembrança me ocorre: um dia, eu voltava de Lützen com meu amado pai; estávamos no meio do caminho quando os sinos badalaram indicando a Páscoa. Seu carrilhão ressoa ainda com bastante frequência em minha memória; uma tristeza me leva então à querida casa, hoje tão distante. O cemitério está ali, diante de meus olhos. Quantas vezes, vendo a velha morada dos mortos, não me questionei sobre os catafalcos e os ornamentos fúnebres, sobre as inscrições e os sepulcros! Porém, embora seja verdade que minha alma guarde em si todas essas imagens, é do estimado presbitério que corro menos risco de esquecer. Um poderoso buril gravou em mim sua impressão.¹²

Vem-nos à mente o Fausto desalentado com a ciência, flertando com os demônios e com a morte, reencontrando de repente o gosto de viver no alvoroço popular de um dia de Páscoa. Fausto também evoca então a lembrança da bondade de seu pai. Nietzsche, ao longo de sua existência, celebrou inúmeras páscoas de espírito, de mortes e de ressurreições. E o nome do pai está inscrito no coração do filho como no mármore de um túmulo: "Pai, por que você me abandonou?", deve ter se perguntado o autor de *Ecce homo*.

Karl Ludwig Nietzsche, seu pai, nasceu em 1813. Último filho de Friedrich August Ludwig Nietzsche, superintendente de Eilenburg, destaca-se como brilhante aluno de teologia em Halle. Tornar-se pastor é a perspectiva principal de um rapaz da pequena burguesia instruída: os estudos de teologia são menos caros do que os de formações laicas; muitas bolsas são distribuídas pelo Estado, e os exames são gratuitos. Quase todos os pastores começam, antes de sua nomeação, como preceptores. Depois de ter sido professor particular de um comandante, Karl Ludwig entra para o serviço da corte ducal de Saxônia-Altenburg como preceptor das princesas Teresa Elisabeth, futura grão-duquesa de Oldenburg, e Alexandra, que se tornará a grão-duquesa Constance da Rússia.

O ducado de Saxônia-Altenburg, na Turíngia, é um aliado submisso da vizinha Prússia e representa um palco memorável do protestantismo alemão. De convicções monárquicas notórias, Karl Ludwig é, pois, nomeado pastor pelo rei da Prússia – Frederico Guilherme IV – e recebe o pastorado de Röcken, um vilarejo de 170 habitantes situado a sudoeste de Leipzig, entre Halle e Weimar. Ali se estabelece com a mãe, Erdmuthe, e as duas irmãs dela, Augusta e Rosalie. Preocupado em estabelecer boas relações com seus colegas de comunidades próximas, Karl Ludwig Nietzsche faz uma visita de apresentação ao pastor David Ernst Oehler em Pobles, a alguns quilômetros de Röcken.

Oehler é uma personalidade ilustre, mas mesmo assim fica surpreso com os modos aristocráticos desse jovem pastor familiarizado com a vida da corte. David Oehler, com a esposa

Wilhelmine, esta à frente de uma família de onze descendentes. Entre eles, a sexta filha, Franziska, nascida em 1826, chama a atenção de Karl Ludwig. Embora ela tenha apenas dezesseis anos, Karl a corteja com assiduidade. Visitante habitual, ele demonstra seus talentos de músico improvisando ao piano na hora do café. Certo dia, afasta-se com Franziska no jardim e lhe oferece um buquê de flores de... erva-doce!!

O casamento ocorre em 10 de outubro de 1843. Franziska junta-se então ao esposo em Röcken, onde ela passa a viver com a sogra, Erdmuthe, e as tias, Augusta e Rosalie. Em 15 de outubro de 1844, a própria data do aniversário de Frederico Guilherme IV, a moça de apenas dezenove anos dá à luz um primeiro filho, um menino orgulhosamente batizado com o nome do rei da Prússia: Friedrich Wilhelm.

Se for dado crédito às lembranças de Nietzsche, o vilarejo é agradável sem ser encantador: "Por todo redor existem lagoas de superfície considerável e bosques verdejantes, mas o lugar não oferece nem beleza de verdade nem maior interesse".[13] A trinta minutos dali se encontra a cidade de Lützen, mais animada. Como explica o jovem em suas memórias de adolescente:

> A paz e a harmonia reinavam em todas as cabanas, e se ignorava a violência. Era raro que os habitantes deixassem o vilarejo, se desconsiderarmos as feiras que atraíam para Lützen alegres grupos de rapazes e moças, maravilhados pela agitação da multidão e pelo esplendor das mercadorias. No restante do tempo, Lützen era uma cidadezinha simplíssima, e as pessoas não imaginariam que teve uma grande importância para a História. Duas enormes batalhas se desenrolaram ali e por sua terra correu o sangue de quase todas as nações da Europa.[14]

Em 1632, de fato, Lützen fora o palco de uma das batalhas mais sangrentas da Guerra dos Trinta Anos, na qual se distinguiram as tropas de Wallenstein. E, em 1813, as tropas napoleônicas deixaram no local uma triste lembrança durante a tomada de Leipzig, no caminho da terrível retirada da Rússia.

Marcado pelos cemitérios e pelos chãos sangrentos de batalhas antigas, o jovem Nietzsche com frequência vai brincar de guerra nas colinas próximas. A casa de Röcken, que data apenas de 1820, é em compensação um porto seguro, cercado por um pátio, um pomar e, mais adiante, pelas lagoas. "Ainda guardo a lembrança da sala de estudos que ficava no andar superior. Era um dos meus lugares favoritos graças aos livros, muitos dos quais tinham ilustrações, graças a todos aqueles pergaminhos cobertos de escrita."[15] Sem cessar, Nietzsche busca velhas inscrições para decifrar: nos epitáfios dos túmulos ancestrais, no terreno dos campos de batalhas passadas, no papel de livros antigos.

Em 10 de julho de 1846, nasce uma segunda criança, uma menina batizada de Elisabeth em homenagem à princesa de quem Karl fora o preceptor. Em fevereiro de 1848, é a vez de Joseph vir ao mundo. O quadro seria idílico se Karl Ludwig Nietzsche não tivesse desenvolvido no mesmo ano uma doença cerebral que levaria sua vida em alguns meses. Em 17 de setembro, faz seu último sermão. Em seguida, acometido de mudez e cegueira, morre em 30 de julho de 1849. Não passou despercebido de ninguém, quando Nietzsche afundou na loucura em 1889, que uma mesma afecção poderia ter se manifestado no cérebro do pai e do filho.

O primeiro a aventar a hipótese de uma doença hereditária foi o biógrafo sueco Ola Hansson, a partir de 1890. Franziska Nietzsche reagiu com violência: "Meu marido sofria de dores de cabeça que tiveram origem depois que ele caiu de uma escadaria de pedra, mas *nunca* foi louco".[16] Examinando as fontes com mais cuidado, percebe-se que nenhuma testemunha menciona uma queda na escadaria. Nada de particular nos dois testemunhos escritos logo após a morte de Karl Ludwig: o de Frederica Dächsel, a cunhada, e o do superintendente Wilke, seu superior hierárquico. Nada tampouco nos diários do jovem Nietzsche: "Em setembro de 1848, meu querido pai foi bruscamente acometido de problemas mentais".

Na biografia que escreverá sobre seu irmão no final do século, Elisabeth suprime essa alusão e a substitui por: "Em setembro de 1848, meu querido pai foi bruscamente acometido de uma doença bastante grave depois de uma queda".[17] A falsificação é evidente, e se desejaria que fosse a única cometida por Elisabeth... De todo modo, o próprio Nietzsche carregou por toda a sua vida a explicação de seus males pela hereditariedade paterna. Seu amigo Paul Deussen se recorda: "Quando lhe fiz uma visita com minha mulher em agosto de 1887 em Sils-Maria, Nietzsche em pessoa me mostrou um réquiem composto para seu próprio enterro e disse então: 'Creio que não tenho muito mais tempo, percorro neste momento os anos em que meu pai morreu e sinto que sucumbirei ao mesmo mal que ele'".[18]

Ou, para dizer em forma de enigma: "eu estou [...] morto na condição de meu pai".

Alguns meses após a morte do pai, acontece a do pequeno Joseph, em janeiro de 1850. Ele sequer completou dois anos. Friedrich está em pânico com esse falecimento súbito, ainda mais porque na noite anterior teve um sonho que julga premonitório:

> Certa noite, sonhei que ouvia o órgão da igreja tocar como para um enterro. Procurei entender o que estava se passando, quando de repente uma tumba se abriu bruscamente: meu pai saiu dela, vestindo sua mortalha. Ele entrou na igreja às pressas; logo saiu, carregando uma criança nos braços. A tumba se abriu de novo; ele desceu e a pedra sepulcral voltou a se fechar. O órgão silenciou de imediato. No dia seguinte, Joseph piora de súbito; acometido de convulsões, morre em algumas horas.[19]

A partir de então, Nietzsche vive cercado apenas por mulheres: a mãe, a irmã, a avó e as duas tias. Em abril, o novo pastor deve assumir suas funções e a família Nietzsche se vê obrigada a deixar o presbitério. Franziska decide se mudar para Naumburg, aconselhada pela avó Erdmuthe, cujo irmão fora pregador na catedral Saints-Pierre-et-Paul.

Situada a cerca de cinquenta quilômetros a sudoeste de Leipzig, Naumburg é uma cidadezinha burguesa que recebe os magistrados da corte de apelação, famílias marcadas por uma boa cultura clássica, um protestantismo conservador e um monarquismo pró-prussiano. A cidade havia sido um importante bastião dos duques da Saxônia, antes de passar ao reino da Prússia em 1815, durante o Congresso de Viena. Embora pouco industrializado e de aspecto pitoresco com suas construções góticas e suas muralhas medievais, o meio urbano oprime o pequeno camponês de seis anos: "Era terrível para nós, que tínhamos vivido por tanto tempo no campo, morar na cidade. Por isso, evitávamos as ruas escuras e procurávamos os espaços ao ar livre, como um passarinho que fugiu da gaiola. As pessoas da cidade nos lembravam passarinhos engaiolados".[20]

Friedrich de início é inscrito na escola pública, a Knaben-Bürgerschule. Lá encontra dois novos amigos, Wilhelm Pinder e Gustav Krug, ambos filhos de conselheiros da corte de apelação. A avó de Pinder fora uma amiga de infância de Erdmuthe, e as duas senhoras tomam a iniciativa de transferir os três meninos para uma escola particular, o instituto Weber, a fim de integrá-los a uma sociedade mais alta e prepará-los para o ingresso no secundário da catedral, o Domgymnasium.

Eles estudarão no instituto Weber de 1851 a 1854. As aulas de religião, assim como de latim e de grego, ditam o ritmo dos dias de muito estudo marcados por caminhadas. Friedrich fará seus ensaios poéticos iniciais, perdendo as estranhas sonoridades de seu dialeto natal. O estilo medieval da cidade estimula a imaginação dos três amigos, que brincam de cavalaria: "Improvisávamos nos pátios e sobre as muralhas duelos de cavaleiros, imitando em pequena escala a grandeza da Idade Média. Subíamos aos torreões e às torres de vigia para contemplar o vale que o pôr do sol dourava e depois, quando a névoa se espalhava pelas pradarias, voltávamos para casa, não sem manifestações de alegria".[21]

Em pouco tempo, as justas dão lugar nas brincadeiras à exaltação da Guerra da Crimeia, que a partir de 1853 põe frente a frente russos e turcos: "Aquilo nos agradou. Logo escolhemos o lado dos russos, e desafiávamos aos brados e com fúria todo aquele que simpatizasse com os turcos. Como tínhamos soldados de chumbo e pecinhas de encaixe, representávamos o tempo todo o cerco e as batalhas".[22] Nietzsche completa sua arte da guerra lendo os livros que encontra na biblioteca da família dedicados à estratégia militar. A fascinação por esse tema, comum a muitas crianças e em particular aos prussianinhos daquela época, perdurará em Nietzsche até a guerra de 1870. Somente então o nacionalismo triunfante da Prússia começará a parecer suspeito para o jovem filósofo.

No final de setembro de 1854, Friedrich entra no Domgymnasium, assim como Wilhelm Pinder e Gustav Krug. Lá passam horas agradáveis, mas o essencial de sua cultura se dá antes na esfera privada: o conselheiro Pinder é amante de poesia clássica e lê para os meninos os poemas de Goethe. Na casa do conselheiro, compõem em 1856 uma pequena peça mitológica, "Os deuses no Olimpo". Gustav representa Júpiter, Wilhelm é Apolo, e o estrategista Friedrich escolhe evidentemente o papel de Marte. Cabe à pequena Elisabeth o burlesco elmo de Palas Atena.

Já na família Krug, sobretudo a música é cultivada. Krug pai é amigo de Robert Schumann, e Felix Mendelssohn é o padrinho do pequeno Gustav. O pai de Nietzsche fora bom músico e Franziska, por sua vez, tem o cuidado de oferecer ao filho uma sólida formação musical, comprando para ele um piano e fazendo com que tenha aulas de música. Desde 1856, Friedrich é capaz de tocar certas sonatas de Beethoven e transcrições de sinfonias de Haydn. Dá também seus primeiros passos na arte da composição.

A morte da tia Augusta, em 1855, e a da avó Erdmuthe no ano seguinte dão a Franziska a oportunidade de estabelecer seu próprio lar: a tia Rosalie se muda sozinha, e Franziska e suas duas crianças se instalam na Rua Marienmauer. Nova mudança ocorrerá em 1858, para uma residência na Rua Weingarten, onde Franziska morará até o fim de sua vida, durante quarenta anos. Também é tempo de Friedrich, aluno brilhante, continuar seus estudos numa instituição de prestígio. Em outubro, ele entra para o Schulpforta. Embora esse estabelecimento fique a apenas uma hora de caminhada de Naumburg, trata-se de uma etapa importante para o jovem de catorze anos, que se torna interno e vê-se submetido a uma disciplina rigorosa.

Antigo monastério cisterciense fundado em 1137, Schulpforta pode se orgulhar de mais de três séculos de ensino de alto nível e por ter acolhido célebres alunos como o poeta Klopstock, o filósofo Fichte e o historiador Leopold von Ranke. A instituição conta com duzentos estudantes, que começam sua jornada às cinco da manhã: orações, horas de aula, de estudo, de leitura se sucedem até as nove da noite, momento de apagar as velas nos dormitórios fechados a chave. Aos domingos, Friedrich está autorizado a ver a mãe em casa ou receber sua visita. Das cartas que escreve a ela durante esse período, emana uma ambiguidade típica da adolescência: por um lado, o menino denuncia a angústia de ter sido arrancado do lar, contando com uma obsessão comovente os dias e as horas que o separam de uma próxima visita, de um domingo ou de um dia de férias; por outro, o rapaz assume ares de quem está atarefado, repetindo que seu tempo é sagrado e exigindo sem parar, com autoridade de um chefe de família, o envio de uma ou outra encomenda: livros, chocolate, roupa-branca.

Ao que tudo indica, Franziska nem sempre estava disposta a ceder, a se levar em conta os reiterados pedidos de seu filho, durante semanas, sem sucesso. Friedrich dá conselhos a distância para Elisabeth, corrige suas cartas e exige da irmã um estilo mais formal nos bilhetes que ela lhe envia. Durante toda a sua vida, ele dará à irmã o apelido de sua "querida lhama", já que esse animal é destemido, mas teimoso. Desde essa época, Nietzsche mantém a mãe e a irmã distantes de suas preocupações intelectuais, limitando-se a questões práticas e reservando suas reflexões e sentimentos para seus amigos Gustav e Wilhelm, que também ficaram em Naumburg.

Em Schulpforta, Nietzsche conhece dois colegas que se tornarão amigos fiéis: Paul Deussen – um ano mais novo e filho de pastor assim como Friedrich –, que se destacará por seus estudos a respeito do pensamento indiano e sua edição crítica de Schopenhauer; e Carl von Gersdorff, *junker* silesiano com quem Nietzsche partilhará uma paixão comum pela música. Deussen lembra: "A palavra preferida de Nietzsche, a que já em Schulpforta ele tinha sempre na ponta da língua, era a palavra 'reflexivo'. Para lhe agradar, era preciso que algo se adequasse a esse caráter reflexivo; ser um homem reflexivo, tal era o ideal com que sonhava".[23] Sem dúvida, a disciplina imposta ao adolescente pela instituição lhe confere gravidade, limites e estimula sua energia, mas em troca de certo endurecimento: o tom é autoritário, voluntarioso, canhestramente adulto.

Nietzsche começa a manifestar um traço de personalidade que não o abandonará mais: uma vontade selvagem de autocontrole, que não exclui certo modo de agir com gravidade ("Eu o ouvi fazer muitas observações espirituosas", registra Deussen, "mas raramente uma boa piada"[24]), e sobretudo um fundo de melancolia e solidão:

> Minha personalidade já se revelava. Embora muito jovem, eu conhecera lutos e aflições; não tinha a felicidade nem a exuberância tão comuns em crianças. Meus amigos costumavam zombar da minha seriedade. Isso aconteceu na escola, mas também mais tarde, na instituição e até no secundário. Eu buscava a solidão e nunca me sentia tão bem como quando podia ficar sozinho sem ser perturbado.[25]

A adolescência traz sempre momentos de melancolia, seja esta justificada por lutos reais ou imaginários; no caso do jovem letrado alemão, tais momentos de disposição soturna são alimentados por suas primeiras leituras românticas: Schiller, Novalis, Jean Paul, Chamisso, Byron vêm falar a uma jovem alma carente de lirismo. Assim, a natureza torna-se o espelho de uma alma romântica, e a de Nietzsche adora se refletir nas nuvens, nas brumas, nas tormentas, nos crepúsculos. Ele escreve para Pinder em fevereiro de 1859:

> Por todo redor, o crepúsculo da manhã continuava cobrindo os campos e, solitárias no horizonte, tenuemente iluminadas,

algumas nuvens anunciavam a chegada do dia. Também em mim ainda reinava esse crepúsculo; ainda não tinha despontado no meu coração uma verdadeira alegria luminosa. Os pavores da noite atroz me atormentavam e diante de mim, carregado de presságios, o futuro estava coberto por um véu cinza.[26]

Dois meses depois, Nietzsche lhe escreve outra vez:

Quando observei Schulpforta ao anoitecer, senti meu coração bem pesado. O céu ao redor estava coberto de nuvens, só com alguns raros buracos claros pelos quais ainda apareciam alguns vestígios luminosos do sol que acabara de se pôr. O vento assobiava de modo sinistro pelas florestas de grandes árvores, que inclinavam seus galhos em pranto. Meu coração estava numa situação análoga. Estava obscurecido pelas nuvens da tristeza e apenas a agradável lembrança das férias fazia nascer alguma alegria, mas se tratava de fato dessa mistura de sentimentos alegres e tristes que se chama melancolia.[27]

Porém, mais do que esses arroubos românticos, é uma poderosa vontade de autocontrole que se apodera do adolescente. Ela assume uma forma de agir com severidade em relação a si mesmo e, por isso, põe-se à prova naturalmente através de uma submissão consentida à disciplina imposta pela instituição. A esse respeito, uma lembrança relatada por Elisabeth na biografia dedicada ao irmão é particularmente significativa. Essa recordação data ainda da época em que Friedrich estava no instituto Weber:

Um dia, na saída da escola, começou a cair uma chuva torrencial de verdade; olhávamos o Priestergasse [Beco do Padre] para ver se nosso Fritz não tinha chegado. Todos os meninos corriam como loucos para casa; enfim Fritz apareceu, caminhando com calma, o boné protegido por sua lousa, que estava coberta com seu lencinho. Mamãe lhe abanou e gritou, enquanto ele ainda estava distante: "Vamos lá, corra!". O barulho da tromba-d'água nos impediu de ouvir a resposta. Quando chegou em casa todo molhado e nossa mãe o censurou por isso, ele respondeu com toda a seriedade: "Mas, mamãe, o regulamento da escola estipula que os alunos não devem nem pular nem correr na saída, e sim voltar para casa com calma e de modo comportado".[28]

É possível ver nesse respeito cego pelo regulamento uma submissão precoce à hierarquia, a internalização de uma obediência alienadora – e, assim, com facilidade se reconhecerá a marca de certa educação alemã, herdada inteiramente da disciplina militar prussiana. Contudo, para ser de todo justo, deve-se perguntar que força de vontade interior encontra essa coação puramente exterior; que adestramento de si mesmo se esconde por trás de qualquer obediência consentida. Através da provação da disciplina escolar, Nietzsche revela desde a infância traços fundamentais de sua personalidade: a arte da resistência, o aumento de poder na coação e a afirmação de tudo o que é. Um de seus primeiros esforços filosóficos de adolescente consistirá em tentar pensar juntos a liberdade e a necessidade, o livre-arbítrio e o destino. Naquele dia chuvoso, foi antes à fatalidade de um céu tempestuoso que o menino se submeteu do que ao regulamento da escola. Essas tempestades, que tanto fascinaram Nietzsche, têm o controle absoluto do que deve suceder; de nada adianta correr, pois a cadência do passo abrange tanto a fatalidade do acontecimento como a liberdade de quem caminha. Nietzsche admirou com paixão o estoicismo antigo, na mesma proporção com que vai atacá-lo. Quando em *Verdade e mentira no sentido extramoral*, de 1873, o filósofo compara o homem estoico ao homem intuitivo, ele evoca essa mesma imagem de uma indiferença majestosa às intempéries:

> Como é diferente, no cerne de um destino também funesto, a atitude do homem estoico, instruído pela experiência e senhor de si graças aos conceitos! Ele – que costuma apenas buscar a sinceridade, a verdade – só tenta se libertar da ilusão e se proteger contra surpresas fascinantes; ele – que dá mostras no infortúnio de uma obra-prima da dissimulação, como o homem intuitivo na felicidade – não tem mais esse rosto humano trépido e perturbado, mas como uma máscara de admirável

simetria de traços; não grita e nem altera em nada o tom da voz. Quando um repentino temporal cai sobre sua cabeça, ele se cobre com a capa e se afasta devagar sob a chuva.[29]

Certo dia em que Nietzsche conversava com seus amigos sobre história romana, o assunto voltou-se para Múcio Cévola, herói que na guerra contra os etruscos infiltrou-se no campo do rei Porsena para assassiná-lo com as próprias mãos; capturado pela guarda pessoal do chefe etrusco, Múcio foi ameaçado de ser queimado vivo caso não revelasse sua identidade e sua missão. Tito Lívio relata que o herói enfiou a mão num braseiro e gritou: "O corpo não é nada para quem aspira à glória!". Como ao fim do relato o mais jovem dos estudantes estivesse impressionado e julgasse impossível que alguém se autoflagelasse dessa forma voluntariamente, Friedrich perguntou com orgulho: "E por que não?" e, acendendo um punhado de fósforos, queimou a palma da mão sem expressar um único protesto. Um fiscal do Schulpforta precisou interromper a experiência, pois o pequeno herói não parecia mais querer tirar a mão da chama, que já havia provocado uma queimadura bastante profunda.

A que glória aspirava o adolescente com essa automutilação? Provavelmente não àquela de liderança ou chefia de grupo. Ao contrário, distante em relação a seus colegas, ele é tido como o próprio estereótipo de "primeiro da classe": os alunos zombam de bom grado de sua afetação, que beira certo esnobismo. Paul Deussen relata em suas memórias que, vindo "do círculo das personalidades públicas" de Naumburg, "Nietzsche adotou certa atitude e certo modo aristocráticos, dos quais não se separou até o fim de sua vida, mas que estavam associados também a determinado exagero nessas condutas e a uma tendência de valorizar de maneira pedante, diante dos outros e sobretudo de mim, o inofensivo menino de natureza renana".[30] Em virtude de seus resultados, Nietzsche tem o privilégio de algumas tarefas honoríficas, como a de supervisor das horas de estudo, que ele naturalmente leva muito a sério.

Friedrich não guardou recordações muito boas de sua época de estudo em Schulpforta. Todavia, com o tempo, parecerá a Nietzsche ter então frequentado uma boa escola e, quando a questão do ensino tornar-se central em seu pensamento como uma possibilidade de renovação da cultura, não hesitará em evocar a lembrança de Schulpforta:

> Não vejo de modo algum como alguém que não teve a oportunidade de frequentar no tempo apropriado uma *boa escola* pode reparar isso mais tarde. Tal indivíduo não se conhece: caminha na vida sem ter aprendido a andar; o músculo frágil ainda se trai a cada passo. [...] O que há de mais desejável continua sendo, em todas as circunstâncias, uma rígida disciplina *no momento oportuno*, isto é, na idade em que se sente orgulho de fazer muitas perguntas. Aí está o que diferencia a escola rígida de qualquer outra boa escola: nela se exige muito; nela se exige com severidade; o bom, até o excepcional, é cobrado como normal; o elogio é raro, a indulgência, ausente; a repressão ressoa com dureza e com toda objetividade, sem levar em conta o talento ou a procedência. Uma escola assim é necessária sob todos os pontos de vista [...] – O que se *aprende* em uma escola rígida? A obedecer e a comandar.[31]

Obedecer e comandar. Mas quem ou o quê? Uma vez mais, se fosse o caso apenas de relações de força sociais, um aluno só aprenderia uma obediência convencional diante de seus professores e deveria, como por revanche, exercer uma autêntica coerção de pátio de escola sobre seus coleguinhas. Ora, não foi absolutamente assim que o aluno Nietzsche viveu sua época de escola. O que o indivíduo experimenta na submissão a um comando, seja qual for, é sua capacidade de comandar a si mesmo. Ele próprio se testa como organização de suas diversas pulsões, hierarquização e controle de seus instintos que, sem direção unificada, não seriam senão anarquia. O que Nietzsche chamará mais tarde de "vontade de poder" é antes de tudo um afeto do comando no próprio cerne do indivíduo considerado como unidade sintética de forças hierarquizadas.

Causa total espanto constatar que, muito tempo antes da elaboração de sua filosofia, Nietzsche assimilou sobretudo o domínio do autocontrole. Um dia em que a classe saíra para uma excursão ao castelo de Schönburg, todos esses pequenos alunos, ávidos por transgredir, reuniram-se no porão para se embebedar. Nietzsche, não sem certo desgosto com tanta vulgaridade, isolou-se no alto da torre e assumiu a atitude do pensador solitário:

> Por inteiro abandonado a mim mesmo.
> Eles, lá embaixo nas salas, ora, que bebam
> Até cair.
> Quanto a mim, exerço minha função de dominador.[32]

Estranha imagem de dominador esta de um jovem eremita meditativo recluso no alto de uma torre. No entanto, é exatamente dessa forma que Nietzsche representa para si as personalidades fortes: antes uma espécie de sábio epicurista do que um tirano que inflama as massas fanáticas. Ainda em 1880, escreverá:

> As naturezas poderosas *dominam*, trata-se de uma necessidade, elas não moverão uma palha. E isso mesmo se permanecessem toda a sua vida reclusas em um abrigo no fundo do jardim![33]

Nos registros da enfermaria de Schulpforta, o médico relata a respeito do aluno Nietzsche: "É um menino enérgico e robusto, de olhar surpreendentemente fixo; é míope e sofre de dores de cabeça com regularidade. Seu pai morreu moço de um amolecimento cerebral, e a criança foi concebida tardiamente, em uma época em que o pai já estava doente. Nenhum sintoma grave é perceptível, mas é necessário ficar alerta aos antecedentes".[34]

Nietzsche vai com frequência à enfermaria devido a gripes, congestões cerebrais, otites, enxaquecas. Em fevereiro de 1861, chega a passar duas semanas na casa da mãe para convalescer. Suas cartas revelam o quanto as dores o incomodam: "Se eu evitar tudo o que pode me deixar agitado, minhas dores de cabeça vão acabar desaparecendo [...] Minha dieta alimentar será responsabilidade da tia Rosalie; bebo água amarga com um pó refrescante; o mais desagradável é a agitação que me acomete com frequência".[35]

A miopia de Nietzsche é considerável, e parece que não fora corrigida de modo suficiente, provocando as enxaquecas de que reclama com assiduidade. Os resfriados, em uma instituição que trata seus internos de maneira bastante espartana, não provocam espanto. A observação do médico indica que a doença paterna deve ser objeto de um cuidado especial, apesar da saúde "enérgica e robusta". De fato, Nietzsche tem uma boa compleição, como comprova seu gosto por longas caminhadas e pela natação. Contudo, o que se deve pensar dos comentários do adolescente acerca dessa "agitação" frequente que o acomete e contribui para as dores de cabeça?

Ninguém faz menção a isso, muito menos Elisabeth, obstinada em esconder qualquer vestígio de patologia hereditária em seu Friedrich. Não se pode lançar nenhuma resposta definitiva à hipótese de uma afecção cerebral congênita, mas é preciso ressaltar mesmo assim um estranho apontamento, que se encontra registrado no histórico médico da clínica de Jena, em setembro de 1889, quando Nietzsche se tornará louco: "Alega ter sofrido de crises de epilepsia sem perda de consciência até os dezessete anos".[36] Como nenhum testemunho vem corroborar a palavra de um insano, nada se pode fazer a respeito, salvo talvez se perguntar por que razões um homem de 45 anos, afetado por uma doença mental, chega a conceber a imagem de uma adolescência epilética. Resta considerar que as crises daquela época devem ter sido bastante violentas a ponto de marcá-lo de maneira duradoura.

A seriedade que Nietzsche se impõe, a disciplina de que tem necessidade para provar suas próprias forças não se exprimem apenas nos deveres escolares nem só diante de seus professores. Rapidamente a amplitude de suas leituras, sua cultura musical e literária o impelem a se testar na criação artística. Ele desenvolverá ao mesmo tempo, com diferentes níveis de alegria, mas com zelo inesgotável, a escrita dramática, poética e musical.

Sabe-se que ele deve muito ao fato de frequentar as famílias Pinder e Krug. Com esses dois amigos, Wilhelm e Gustav, encontra um meio de organizar e realizar seu programa. Durante as férias de verão de 1860, faz com Wilhelm uma excursão que deve conduzi-los à casa do tio Edmund Oehler, pastor em Gorenzen, no Harz. Durante uma caminhada pela floresta, perto de Rolandseck, nasce um projeto para o qual Nietzsche dará muita importância:

> Decidimos então fundar uma pequena sociedade de colegas pouco numerosa, com o fim de dar uma organização sólida e obrigatória às inclinações que deveríamos criar no domínio da arte e da literatura; ou, para ser mais claro, cada um de nós devia comprometer-se em enviar todo mês uma produção sua, quer se tratasse de um poema, de um tratado, de um projeto de arquitetura ou de uma obra musical, e cada um dos outros ficava encarregado de julgar esta produção com a sinceridade absoluta de uma crítica amigável. Pensávamos assim, graças a esta vigilância mútua, tanto mais estimular ou refrear nossas inclinações para a cultura.[37]

De volta a Naumburg, Gustav associa-se ao projeto; reunidos no topo da torre do castelo de Schönburg – mesmo local em que Nietzsche gostava de exercer na solidão sua "função de dominador" –, os três amigos prestam juramento e fundam a sociedade Germania. Dessa maneira, inscrevem-se na mais pura tradição romântica: basta pensar na sociedade dos Irmãos Serapião, de Ernst Theodor Amadeus Hoffmann, ou nos *Davidsbündler*, de Schumann. No caso dos três jovens, trata-se menos de renovar a cultura oferecendo à sociedade talentos artísticos experimentais do que de se submeter a uma rígida disciplina de trabalho, através da entrega mensal de produções de todo gênero e de uma crítica mútua sem concessões. A associação ficará ativa durante dois anos, sobretudo pelo impulso renovado de Nietzsche, o único, durante o terceiro ano, a cumprir a palavra dada.

Em agosto de 1863, a Germania será dissolvida. Deve-se reconhecer que Nietzsche é o responsável por isso, já que parece ter experimentado um prazer mórbido em cobrir de críticas cáusticas seus camaradas. Não há certeza de que ele tenha se dado conta da crueldade com que humilhou as tentativas de Wilhelm e Gustav: tomado por uma espécie de entusiasmo crítico, esmerou-se na arte de não poupar nada, preferindo uma probidade intelectual sem distinções pessoais às reservas que poderia ter em consideração aos amigos. O tema era ainda inexpressivo; os argumentos, ainda fracos, mas a postura era exatamente aquela de alguém com um olhar sem complacência, acompanhado de uma incontestável satisfação em destruir as pequenas vaidades e as grandes esperanças.

Não que Nietzsche fosse mais complacente para consigo mesmo: ele julga com severidade suas primeiras produções poéticas. Contudo, a seriedade com que as analisa denuncia uma parcela de vaidade. Assim como há de estabelecer para a Germania um catálogo de suas "obras musicais completas", classifica em 1858 o conjunto de seus 46 poemas e propõe em suas notas autobiográficas a divisão de sua obra em três períodos. Trata-se de algo comum nas crianças: a falsa maturidade de seu olhar retrospectivo, a solenidade de sua vasta sabedoria sobre tão curto percurso são tanto práticas de vida quanto tentativas de superar o esforço de existir.

Nessa fase, no fundo, Friedrich tenta preencher o abismo que separa a cultura universal, de que ele faz a inebriante descoberta, e a fraqueza de suas próprias forças de criação, forças que ele ainda busca quase *ex nihilo*. Aos catorze, lembra-se de quando tinha dez anos:

> Esta época é também a de meus primeiros poemas. Nesses primeiros ensaios, descrevo cenas da natureza com mais frequência. Por acaso um coração jovem não é tocado pelos espetáculos grandiosos, não deseja acima de tudo se expressar através do verso? De início, escolhi como tema terríveis aventuras em alto-mar, tempestades e incêndios. Não tinha nenhum modelo, não fazia ideia alguma do que pode ser a

> imitação de um poeta, e seguia, para a realização, apenas os conselhos da inspiração. Saiu-me, preciso confessar, mais de um verso canhestro, e em cada um dos meus poemas encontram-se expressões muito rudes [...]. Guardo um grande número de poemas desse tempo: neles não se acha a menor fagulha de poesia.[38]

O "segundo período" de sua atividade poética caracteriza-se por "uma linguagem mais brilhante e mais ornamentada. Porém, essa busca logo se tornou afetação, e a linguagem adornada transformou-se em declamação exagerada. Além disso, faltava o essencial, o pensamento".[39] O "terceiro período", como convém, procura reunir o que caracterizava os dois primeiros, "isto é, a elegância e a força".[40] Sem dúvida, o modelo a seguir é Goethe, cujas poesias são "repletas de pensamentos profundos e puras como ouro".[41]

As leituras e os ensaios de escrita do jovem de quinze anos revelam o arrebatamento com que descobre os grandes dissidentes da literatura. Em 1859, encara *Prometeu acorrentado*, de Ésquilo, *Fausto*, de Goethe, *Manfredo*, de Byron. Prometeu, Fausto, Manfredo: três espécies do Titã que desafia os deuses e a natureza. Em *Ecce homo*, Nietzsche se recorda: "Com o *Manfredo* de Byron eu devo ter um parentesco muito próximo: eu encontrei todos seus abismos dentro de mim – com treze anos eu estava maduro para essa obra".[42]

Em um texto de 1861, dedicado a Byron, Nietzsche emprega o termo "super-homem" (*Übermensch*) para qualificar Manfredo. No ano seguinte, um fragmento de uma "repugnante novela"[43], *Eufórion*, representará a tentativa de uma identificação com o desespero niilista de Byron (Eufórion, filho de Fausto e Helena, era uma personagem de Goethe, da segunda parte de *Fausto*, inspirada em Byron). Em 1859, Nietzsche também lê Schiller com assiduidade; a obra *Os bandoleiros* o perturba pela dimensão "sobre-humana" de titãs lutando contra a religião e a virtude.

Por outro lado, começa uma série de textos acerca da figura de Prometeu, entre os quais um fragmento de "drama em um ato".⁴⁴ Familiarizado com a tragédia de Ésquilo, com a *Teogonia* de Hesíodo, mas também com o célebre poema de Goethe, Nietzsche coloca Prometeu contra seu pai, a ponto de concluir a aliança que deve submetê-los à autoridade de Zeus. Contudo, Prometeu, que criou a raça dos homens e a eles revelou os segredos da ciência e das artes, prefere ser devorado a se sujeitar à autoridade divina.

O estilo desse fragmento é ao mesmo tempo enfático e convencional, mas o essencial não está presente; com certeza, causa comoção a ideia de que um adolescente destinado a se tornar o filósofo do super-homem e da morte de Deus trave suas primeiras batalhas ao lado de grandes figuras da *hybris* e da revolta contra os deuses; que um homem que sacrificou tudo por sua paixão pelo conhecimento tenha de início visitado Fausto e Prometeu. Porém, para se fazer justiça, também seria preciso observar a maneira como o jovem Nietzsche se inscreve em certa forma de ironia herdada dos românticos alemães, que o impele a se distanciar sem cessar de seus próprios arroubos e a contestar toda confiança nas formas literárias tradicionais.

O fragmento de seu *Prometeu* nada seria sem o pequeno e estranho texto que se segue, uma série de "Pontos de interrogação e comentários, com um ponto de exclamação geral a respeito de três poemas intitulados Prometeu".⁴⁵ "O poeta" se vê confrontado com diferentes personagens do público, em um combate em que são evocados os estilos trágico e romântico, a antiguidade e a modernidade; ali se encontra o mesmo princípio que no "Prólogo sobre o teatro", do *Fausto*, de Goethe, ou as injúrias do público ao poeta no *Gato de botas* (1794), de Ludwig Tieck. O estado de poeta é uma posição insustentável se ele não se esforça em se distanciar tanto da cultura clássica quanto do lirismo romântico, em desconfiar de si mesmo aceitando o heteróclito, o inacabado, o paródico de sua situação de moderno – em suma, está perdido se não for *irônico*.

Nietzsche chama o escritor romântico Jean Paul em seu auxílio, o que nos interessa. Jean Paul (Johann Paul Friedrich Richter, 1763-1825), como se sabe, trata-se do autor de um romance com um título misterioso e sugestivo, *O titã* (1803), que relata a educação do jovem Albano. Este se vê confrontado com os perigos de seus próprios arroubos românticos, com a necessidade de um desenvolvimento harmonioso para lutar contra o perigo de uma energia demasiado grande. Pela ironia, o romantismo desconfia de si mesmo; menos que ao classicismo, é a si próprio que ele se opõe em sua comparação com o classicismo.

A juventude de Nietzsche está profundamente marcada por essa problemática romântica que o faz oscilar entre a exaltação e o autocontrole, a ênfase e a ironia, a seriedade e o humor. Ao ter contato com a cultura universal que ele descobre, deve lutar contra seu próprio cinismo, que é o desespero da ironia, e contra o perigo que espreita os modernos, os que vieram depois. Na segunda de suas *Considerações extemporâneas* (1874), Nietzsche escreverá:

> O orgulho do homem moderno está estreitamente ligado à sua ironia para consigo mesmo, à consciência que tem de precisar viver em um estado de espírito histórico e, por assim dizer, crepuscular, ao seu receio de nada poder preservar, para o futuro, de suas forças e de suas esperanças da juventude. Aqui e ali se vai um pouco mais longe no *cinismo* e se dá ao curso da história, e até ao conjunto da evolução universal, uma justificativa para o uso do homem moderno [...]. Quem não suporta a ironia se refugia no sentimento de bem-estar dado por semelhante cinismo.[46]

Sem dúvida, Nietzsche será preservado do cinismo dos modernos por visitar com assiduidade os textos de um poeta que a Alemanha de hoje ignora quase por completo, salvo para invalidar a obra de um homem que viveu praticamente quarenta anos nas profundezas da demência: Friedrich Hölderlin (1770-1843). Para nós, tal nome evoca um dos maiores poetas alemães, talvez um dos maiores entre todos os universais, aquele que Heidegger escolheu para representar a própria essência da poesia, isto é, o testemunho, no próprio cerne da linguagem, do Ser ou do pertencimento à Terra.[47]

Amigo de Schiller e de Hegel, dono de uma imensa cultura clássica, preocupado com a filosofia como uma atividade inerente à poesia (e vice-versa), Hölderlin se obcecou em reativar a cultura grega, em passar para a língua alemã a característica hínica do lirismo grego; seu mundo é assombrado por deuses e heróis antigos, carregado da nostalgia de um mundo reconciliado com a beleza e a luz, com a Terra e a divindade, em uma fala tornada canto. Contudo, na época em que Nietzsche descobre Hölderlin e faz dele seu "poeta favorito", os raros indivíduos que conhecem sua obra a veem apenas como "um discurso confuso, pensamentos que emanam do manicômio, ataques virulentos contra a Alemanha, uma verdadeira deificação do mundo pagão, uma mistura confusa de naturalismo, panteísmo, politeísmo".

Exatamente com essas palavras, em 19 de outubro de 1861, o estudante Nietzsche abre sua pequena redação em defesa de Hölderlin, intitulada "Carta a meu amigo, para lhe recomendar meu poeta favorito".[48] Para ele, ao contrário, Hölderlin escreve "na linguagem mais pura, uma linguagem digna de Sófocles, e com uma infinita profusão de pensamentos profundos". Com dezessete anos, Nietzsche tem a experiência perturbadora de uma "nostalgia da Grécia" que "diz aos alemães verdades amargas, mas, infelizmente, muito bem fundamentadas".[49] Contra o filisteu alemão, contra a "barbárie" alemã, Hölderlin ergue um panteão solar e faz retumbar um apelo à beleza como condição de uma renovação cultural e espiritual:

> O primeiro filho da beleza humana, da beleza divina é a arte. Nela, o homem divino rejuvenesce e retoma a si mesmo. Ele quer sentir o que é e, por isso, contrapõe a si mesmo sua beleza. Assim é que o homem ofereceu a si mesmo os seus deuses. Pois no começo o homem e seus deuses eram um só, quando, desconhecida de si mesma, vigorava a beleza eterna. – Pronuncio mistérios, mas eles o são.
> O primeiro filho da beleza divina é a arte. Assim foi para atenienses.
> O segundo filho da beleza é a religião. Religião é amor da

beleza. O sábio ama a infinita, a que tudo abraça. O povo ama seus filhos, os deuses, que lhe aparecem em múltiplas figuras. Assim foi para os atenienses. E sem esse amor pela beleza, sem essa religião, o estado não passaria de um esqueleto árido de vida e de espírito, e todo pensamento e toda ação não passariam de uma árvore sem cimo, de uma coluna sem capitel.[50]

Essas linhas extraídas de *Hipérion ou o Eremita na Grécia*, de Hölderlin, surpreendem por sua afinidade com os primeiros grandes textos filosóficos de Nietzsche, na época de *O nascimento da tragédia*, uma dezena de anos após o entusiasmo do adolescente. O problema que de fato Nietzsche terá em comum com Hölderlin é o de uma renovação possível da cultura alemã e europeia que deve necessariamente passar pela reapropriação ou, ao menos, pela compreensão da cultura grega. Isso passará também, em *O nascimento da tragédia*, por um privilégio total concedido à música como modelo estético e metafísico, do qual se encontra em Hölderlin o pressentimento precoce, assim expresso em "Carta a um amigo":

> Você também não conhece *Hipérion* que, pelo movimento harmonioso de sua prosa, pela sublime beleza das imagens, tem sobre mim o mesmo efeito que as ondas de um mar agitado. Na verdade, esta prosa é música, doces sons que se formam, interrompidos por dolorosas dissonâncias e que terminam em cantos fúnebres sombrios, terríveis, murmurados.[51]

De mais a mais, a reação de Karl August Koberstein, o professor de Schulpforta que corrigiu essa redação pouco convencional, é esclarecedora. Ele anota na margem: "Devo, contudo, dar ao autor o amigável conselho de se contentar com um poeta mais sadio, mais claro, mais alemão". Verdades amargas para os filisteus alemães? Em Bayreuth, no dia 24 de dezembro de 1873, doze anos depois, Cosima – a esposa deste Richard Wagner em quem Nietzsche colocará todas as suas esperanças de renovação cultural – registrará em seu *Diário*:

> Malwida [von Meysenbug] ofereceu a R[ichard] as obras de Hölderlin. Richard e eu constatamos com alguma inquietação a grande influência que esse escritor exerceu sobre o professor Nietzsche; retórica empolada, acúmulo de imagens inexatas (o vento do norte que desseca as flores etc.) e, no entanto, um sentido da beleza e da nobreza; só que, disse R., ele não pode acreditar nesses poetas neogregos.[52]

"Neogrego", como sugerem os Wagner não sem ironia, Nietzsche aprende a se tornar desde os anos de Schulpforta. Não só porque começa a gostar da filologia clássica e a adquirir sua disciplina, como também porque sua sensibilidade alimenta-se precocemente do mundo grego como de uma implicação vital, uma comparação com outra forma de viver e pensar. O que ele descobre em certa concepção grega da vida não é uma familiaridade, mas, ao contrário, uma alteridade, uma injunção a aprofundar um distanciamento em relação a si mesmo e ao mundo em que vive. Essa estranheza produtiva do mundo grego, Nietzsche continuará evocando, muito mais tarde, na época de fazer os balanços, na passagem de *Crepúsculo dos ídolos* (1888) dedicada ao que ele deve aos antigos:

> Não se *aprende* dos gregos – sua índole é estrangeira demais, também é fluida demais, para agir de maneira imperativa, "clássica". Quem alguma vez teria aprendido a escrever com um grego?[53]

Em uma idade em que Nietzsche procura tateando os primeiros elementos do que poderia vir a ser um estilo, a literatura grega também lhe revela o poder do discurso e a relação complexa da linguagem com a verdade, essa retórica que em breve há de constar na base de seu questionamento filosófico. Dada a importância do helenismo na formação de Nietzsche, quase passaria despercebido o impacto precoce produzido pela cultura romana, descoberta também durante os anos que passou em Schulpforta:

> Meu sentido de estilo, para o epigrama como estilo, despertou quase instantaneamente no contato com Salústio. Não esqueci o espanto de meu venerado professor Corssen quando teve de dar a nota mais alta ao seu pior aluno de latim – num instante eu estava pronto. Conciso, severo, com tanta substância quanto possível em seu fundamento, uma maldade fria em relação à "palavra bela", também ao "sentimento belo" – nisso me descobri.[54]

Ao contrário do que afirma no âmbito de uma estratégia de interpretação retrospectiva que lhe será corriqueira, Nietzsche não se "descobriu"; mais precisamente, ele se encontrou na luta que vários instintos travavam dentro de si. Assim, mesmo que encontre na ironia o contrapeso a uma nebulosa melancolia romântica e no helenismo o antídoto ao filistinismo moderno, o adolescente busca na concisão e na frieza romanas o controle de um lirismo que ele já sente exagerado demais para ser honesto.

No entanto, como ressalta Jean-Louis Backès[55], Nietzsche talvez estivesse prestes a se dedicar, em vez de aos estudos gregos, aos germânicos. Desde 1860, mergulha nos trabalhos de filologia germânica dos irmãos Grimm, nos nove volumes de uma compilação de lendas nórdicas e em uma edição moderna (1851) da *Edda poética*, um conjunto de poemas em nórdico antigo (ou islandês antigo) reunidos no século XIII que constituem a principal fonte de nossos conhecimentos sobre mitologia escandinava. Muito antes de conhecer Wagner, Nietzsche descobre, pois, a lenda dos nibelungos.

Entre 1861 e 1865, dispensa uma atenção especial à peculiar figura de Hermenerico, rei dos ostrogodos do fim do século IV, mencionado tanto na *Edda* quanto na *Guerra dos godos*, de Jordanes, historiador do século VI. A abordagem do jovem Nietzsche é notável no que tem de diferentes vieses, em um deslocamento de perspectivas e em uma variação de formas; ele escreve acerca da personagem dois trabalhos escolares em que já se manifestam importantes qualidades de rigor filológico, mas também um começo de poema épico, um fragmento de drama e um poema sinfônico para dois pianos.

Durante quatro anos, o adolescente faz experiências, passa de um gênero a outro e retoma cada forma para tentar apreender melhor seu objeto. É em si mesmo que Nietzsche busca a emulação, a fim de assimilar do modo mais próximo possível a emoção inicial que nele despertou esse velho pai violento e orgulhoso, erguendo o punho sobre o filho, apaixonado por sua noiva. E de maneira extremamente significativa é a expressão musical que se impõe de início, sendo o resto apenas uma decantação progressiva dessa descarga emocional primitiva:

> Foi durante o período de férias relativo às festividades de são Miguel, em 1861, que em alguns dias comecei e terminei a sinfonia "Hermenerico": para dois pianos, segundo o modelo da *Sinfonia Dante* que eu descobrira pouco tempo antes. Naquela época, o tema Hermenerico me interessava mais do que nunca, mas eu continuava muito perturbado para fazer um poema com ele e sem o distanciamento suficiente para escrever um drama objetivo; assim, a música me permitiu alcançar a condensação daquela atmosfera em que, para mim, a lenda de Hermenerico tinha se encarnado. Porém, ainda não sabia como intitular a obra: "Sinfonia Hermenerico" ou "Sérvia"? De fato, tinha a intenção de incluir em uma composição o mundo dos sentimentos de um povo eslavo, como Lizst fez em *Hungaria*, mas ainda não podia distinguir objetivamente o caminho das emoções que transpassavam a criação e só conseguia vislumbrar o que tinha experimentado. Após um ano exatamente, pude ver com precisão como se precipitavam e se confrontavam nessa obra os meandros da alma, como os sentimentos mudavam de jeito brusco, sem transição, tal como atravessavam as personagens da lenda e saciavam então minha alma.[56]

A partir de uma fonte de inspiração, Nietzsche dá mostras de uma verdadeira gênese progressiva da criação artística, que passa da música ao poema e do poema ao drama, em uma busca crescente de objetividade. As emoções suscitadas, violentas, dissonantes, perturbadoras, são pouco a pouco contempladas por formas cada vez mais "objetivas". E a música é a expressão mais subjetiva disso, ou seja, a mais contrastante, caótica, contraditória. Aqui impera a necessidade: embora tenha um excelente nível musical, o rapaz continua sendo um amador que não domina por inteiro sua linguagem, peca com frequência contra as regras da arte e demonstra inépcia técnica. Porém, pouco importa; é exatamente ao testar seus próprios limites que Nietzsche descobre as condições da expressividade artística. De início, o fato psicológico é contrastante, violento, inapto; a subjetividade é incontrolável, ignorante de si mesma, e necessita de uma construção progressiva em direção à objetividade.

A música é o que mais se assemelha à descarga afetiva bruta; muito antes de conhecer o papel atribuído por Schopenhauer à música, Nietzsche já o experimenta como a objetivação mínima dos processos inconscientes da vontade. Nietzsche nunca renunciará a esse imediatismo da música, mesmo que pudesse recear o seu caráter mórbido. Para ele, a música é a via régia do inconsciente. E adverte em *O nascimento da tragédia*:

> Eu me dirigirei apenas àqueles que têm um parentesco direto com a música, àqueles para quem a música é, por assim dizer, o regaço materno e que praticamente só mantêm com as coisas relações musicais inconscientes.[57]

Com frequência, Nietzsche não se reconhece em sua produção musical, que de início não lhe agrada. Somente aos poucos ele passa a se familiarizar com sua própria criação, que se impõe a princípio como uma surpresa e um ônus. Florence Fabre, em seu estudo sobre *Nietzsche musicien*[58], ressalta o quanto sua inspiração, vivida como uma revelação, assume um caráter demoníaco. Experimentado desde sempre no domínio da música, esse caráter se tornará sensível também na escrita filosófica, em particular a partir de *Assim falou Zaratustra*. Nas páginas que *Ecce homo* dedica a essa obra, Nietzsche escreve:

> O conceito da revelação, no sentido de que, de repente, com uma seriedade e uma fineza indizíveis, algo se torna *visível*, audível, algo que é capaz de sacudir e modificar uma pessoa no mais profundo de seu ser, descreve de maneira simples a situação. A gente ouve, a gente não procura; a gente toma, a gente não pergunta quem está dando; como se fosse um raio, um pensamento vem à luz, por necessidade, em uma forma sem hesitações – eu jamais tive uma escolha. Um encantamento, cuja tensão monstruosa se dissolve numa torrente de lágrimas, no qual o passo ora toma de assalto, ora se torna vagaroso, involuntariamente; um estar-fora-de-si completo, com a consciência mais distintiva de um sem-número de tremores e transbordamentos finíssimos, que são sentidos até os dedos dos pés; uma profundidade venturosa, na qual o mais dolorido e o mais sombrio não têm efeito de antítese, mas sim de condição, de desafio, como se fosse uma cor *necessária* no interior de uma tal abundância de luz; um instinto de relações rítmicas, que cobre vastos espaços – a longitude, o desejo de um ritmo estendido ao longe é quase a medida para a força da inspiração, uma espécie de equilíbrio contra sua pressão e sua tensão... Tudo acontece, no mais alto grau, de maneira involuntária, mas como se fosse em um temporal de sentimentos de liberdade, de incondicionalidade, de potência, de divindade... [59]

Evidentemente, Nietzsche teve escolha, e a parte de árduo labor não é algo que um criador confessa de bom grado. Eis por que os primeiros trabalhos do adolescente sobre Hermenerico, entre a música, a poesia e a filologia, merecem atenção: alguma coisa se busca e se impõe "por necessidade". E foi de início na linguagem da música, verdadeiro *daimon* de Nietzsche.

Suas composições de juventude testemunham uma tensão entre um apego incontestável ao passado e um gosto acentuado pelos efeitos chocantes. Ele imita Mozart e Haydn de livre e espontânea vontade, mas também Bach, cujos motetos recordam-lhe inevitavelmente sua cultura luterana e, de modo mais doloroso, o enterro de seu pai. Além disso, limitado por seus conhecimentos técnicos bastante rudimentares, Nietzsche encontra na maioria das vezes dificuldade para concluir o trabalho começado.

Ele se arrisca em todos os gêneros: piano, piano a quatro mãos (para tocar com a irmã), peças para orquestra, música de câmara, oratório, música religiosa, *lied*. Inúmeras imperícias harmônicas encontradas nas peças escritas entre dez e doze anos permanecerão. Isso porque Nietzsche nunca frequentou aulas de composição, e sua formação é exclusivamente instrumental. Na verdade, suas composições são como transcrições de improvisações, arte em que, em contrapartida, todos concordam em afirmar que ele brilhava. E justamente a improvisação ao piano sempre foi a expressão de uma descarga afetiva, a tradução imediata dos meandros da alma.

Em 1876 ou 1877, um fragmento póstumo de *Humano, demasiado humano* revela: "Classificando as coisas conforme os níveis de satisfação que elas me dão, coloco em primeiro lugar: a improvisação musical em um momento feliz".[60] E, no entanto, como Nietzsche sabe, só o domínio completo de uma linguagem pode elevar a expressão a uma obra de arte. Na mesma época dessa confissão feita para si mesmo, o texto publicado de *Humano, demasiado humano* corrige no parágrafo 155: "Quanto a quem é menos severo em sua escolha e confia sem objeção em sua memória imitativa, poderá se tornar eventualmente um grande improvisador; mas, ante a ideia escolhida com esforço e seriedade, a improvisação artística se encontra em um baixo nível".[61] A tensão entre essas duas reflexões denuncia toda a frustração de Nietzsche ao fracassar em se tornar músico profissional. E ele continuará confessando, em uma carta de 25 de fevereiro de 1884 a seu amigo, o compositor Peter Gast: "A *música* é de longe o que há de melhor; hoje, mais do que nunca, gostaria de ter sido músico".[62]

O rigor e a disciplina dos anos de Schulpforta são propícios para os progressos musicais, impulsionados também pelas produções para a Germania. O ano de 1861 marca uma mudança de rumo na composição: Nietzsche torna-se menos tributário do modelo clássico – imitado de maneira medíocre – de Haydn e de Mozart e desenvolve uma veia mais romântica, influenciada por Schumann (sobretudo "Manfredo", inspirado em Byron) e Chopin. Trata-se também do momento em que ele se afasta parcialmente da música religiosa para se dedicar ao *lied* (gênero em que, sem dúvida, é mais bem-sucedido) e a peças de inspiração pagã. Logo encontrará nas músicas "nacionais", polonesas e húngaras sobretudo, uma grande fonte de inspiração. Compõe danças zíngaras, marchas húngaras, mazurcas, xardas.

Paralelamente, suas concepções sobre música se refinam e dão início a problemáticas que, no fundo, irão perdurar até os anos de *O nascimento da tragédia*. Embora um pequeno texto de 1858, "Pensamentos sobre a música"[63], ainda exalte através da música Deus, a Verdade e o Bem (sempre disparando flechas contra a "música do futuro", cujos representantes são Liszt e Berlioz), uma extensa carta de 14 de janeiro de 1861, endereçada a Krug e Pinder, aprofunda a reflexão. Em uma época em que trabalha em um oratório de Natal, Nietzsche afirma a superioridade do gênero oratório sobre a ópera. Considerando que os temas bíblicos têm mais grandeza, busca corrigir "a falta de seriedade que caracteriza nosso tempo".[64] A música não é um divertimento vil, como nos leva a crer a ópera, gênero mundano e superficial por excelência. Na dedicatória de *O nascimento da tragédia* feita a Wagner, Nietzsche escreverá contra os leitores alemães:

> Porém, talvez eles fiquem particularmente escandalizados ao ver um problema estético levado tão a sério, caso se evidencie que não estejam mais em condições de reconhecer na arte nada além de um acessório recreativo ou de um tilintar de guizos que poderia muito bem ser esquecido, apesar de tudo, diante da "seriedade da existência". Como se ninguém soubesse, quando as pessoas se prestam a esse tipo de comparação, o que está por trás da "seriedade da existência". [65]

Na carta de 1861, o jovem de dezessete anos ainda não tem condições para fazer da tragédia grega – "engendrada pelo espírito da música" – e de seu correspondente moderno – o drama wagneriano – os modelos de uma arte repleta da "seriedade da existência"; por essa razão o oratório ocupa esse lugar, porque é nesse gênero sacro que ele percebe uma união da poesia e da música como combinação de implicações essenciais. Como ainda não tem à sua disposição o canto do coro trágico e a declamação wagneriana para resolver o problema dessa união, ele propõe, quando a narração se impõe sem alternativa, renunciar ao recitativo e introduzir o melodrama, esse texto declamado com um acompanhamento musical. Entretanto, como acrescenta, deve-se deixar a expressão da música pura onde for possível. Nietzsche procura de maneira confusa uma música pura que seria paradoxalmente narrativa e conteria em si mesma uma dupla dimensão, poética e dramática.

No final de 1860, Friedrich ainda nada conhece de Wagner, mas Krug começa a se interessar pela obra dele, depois de descobrir um artigo sobre o prelúdio de *Tristão e Isolda* no periódico *Musikalische Zeitung*. Ele planeja assistir a uma representação em Weimar, e os três integrantes da Germania acabam procurando uma redução para piano da peça. Krug acaba tornando-se um adepto fervoroso de Wagner e tenta convencer os amigos. A reação de Nietzsche é comedida: desconfia de si mesmo através de sua desconfiança de Wagner; ele, um defensor dos antigos, precisará de um pouco de tempo para aceitar se curvar ao que parece o contrário da simetria severa e do rigor sublime do coral ou da fuga:

> Há pessoas que dão de ombros e põe em dúvida o seu juízo ao ver você extasiado pelas ondas imperiosas de *Tristão e Isolda*, ao ver você aniquilado pela força dessa música. Faz parte da música: uma contrafuga de Albrechtsberger [professor de Beethoven e teórico conservador] assim como uma cena de amor wagneriana devem ter algo de comum, que é a essência da música. O sentimento não constitui absolutamente um critério para a música.[66]

A primeira reação de Nietzsche à música de Wagner, conhecida através desse único fragmento, estabelece definitivamente a relação do futuro filósofo com o músico: fascínio e desconfiança diante dessa força de aniquilamento que suscita a questão fundamental da essência da música e na qual ele pressente uma dimensão suprapessoal, arrancada da subjetividade única do sentimento. Em *Ecce homo*, em uma síntese corriqueira em Nietzsche, ele declara: "A partir do instante em que existiu um fragmento pianístico do Tristão [...] eu era um wagneriano [...] ainda hoje procuro por uma obra que tenha a mesma fascinação perigosa, a mesma infinitude doce e terrível do Tristão – e procuro entre todas as artes em vão".[67]

Wagner extasia e aniquila: o mar em que navega Isolda, as vagas cósmicas em que ela por fim afunda, as "ondas imperiosas" do destino, tudo isso transmite a Nietzsche uma dupla analogia que não o abandonará mais: o universo pensado através da metáfora de um oceano infinito, a essência eterna do mundo pensada a partir daquela da música. Pensar implicará o risco de afundar, o perigo do naufrágio:

> Arriscar-se sem bússola nem comandante no mar da dúvida é uma loucura e leva os espíritos imaturos à perda: a maioria deles será levada pelas tempestades e apenas um pequeno número descobrirá novas terras. Com frequência se deseja, no meio do imenso oceano das ideias, regressar para a terra firme.[68]

Um quarto de século antes – pelo poema "Rumo a novos mares", do livro V de *A gaia ciência*, ou pela apóstrofe "nós, os argonautas do ideal", de *Ecce homo* –, Nietzsche introduz seu primeiro texto de ambição filosófica. Tem dezoito anos e escreve durante as férias de Páscoa de 1862 dois pequenos trabalhos intitulados "Fatalidade e história" e "Livre-arbítrio e fatalidade". Embora tenha começado a ler Hegel, Kant, Rousseau, a inspiração para esses dois textos de juventude será o filósofo Ralph Waldo Emerson (e em particular "Fate", um ensaio de 1851 sobre o destino), que exercerá influência sobre Friedrich durante muito tempo.

Sem dúvida, esses dois pequenos ensaios são ineptos, confusos, ao mesmo tempo incertos e peremptórios. Contudo, são inaugurais, o que impressiona. Eles têm o germe de um questionamento, de certo instinto da questão que se liga à totalidade da filosofia de Nietzsche como um *daimon* particular. É perigoso para um leitor procurar prenúncios e alusões por toda parte, como se os textos de juventude só se prestassem a anunciar algo a que os textos da maturidade apenas fizessem eco, sem que se saiba exatamente onde está o coração da obra, o próprio cerne do que constitui "a filosofia de Nietzsche".

O que esses textos revelam, sobretudo "Fatalidade e história", é o momento em que Nietzsche mergulha quase ao acaso no oceano, em certo *meio* – no sentido de biótopo – que não deixará mais de ser o seu. Esse filho de pastor mergulha no "mar da dúvida" e desconfia inicialmente da educação, da religião e da moral como um conjunto de elementos adquiridos, de hábitos, de preconceitos, de conjecturas. Trata-se de um mundo de valores com uma história, uma genealogia e que impôs em dois mil anos, pelo menos, certa herança.

Nietzsche sente-se predeterminado por aquilo que herdou; na impotência de sua juventude, pergunta-se como é simplesmente possível exercer sua liberdade: "Tentei negar tudo. Como é fácil destruir, mas construir... E mesmo destruir parece mais fácil do que é". A dúvida nietzschiana se diferencia a princípio da cartesiana em que Descartes, uma vez postas em dúvida todas as coisas, tinha "construído" sobre as fundações estáveis de um eu que pensa; o jovem Nietzsche, ao contrário, em um fundo de inquietações, descobre a História como formação contínua de verdades destinadas a recuar diante de outras formações de verdade. O acontecimento, seja pensamento ou ação, é uma onda que cresce e se quebra contra a superfície de um oceano em perpétuo vir a ser. A única regularidade é a das marés, respiração de um mundo infinito ritmado pelo tempo:

> Este vir a ser eterno nunca terá fim? Quais são as molas deste grande relógio? Estão escondidas, mas também dão vida ao

grande relógio que chamamos de história. Os acontecimentos são o quadrante. Os ponteiros avançam de hora em hora, depois reiniciam sua volta a cada doze horas; um novo período do mundo recomeça.[69]

Algo, eternamente, retorna. Somente para nós existem propósitos. O sentido, o valor, a verdade são acontecimentos formados pelo que Nietzsche chamará mais tarde de nossa idiossincrasia, ou seja, o comportamento particular de um indivíduo perante agentes externos, comportamento determinado por nossa herança cultural, sendo a própria cultura uma idiossincrasia na escala da humanidade, soma miseravelmente ínfima na escala do infinito e da eternidade. Em tais condições, o que seria o livre-arbítrio? O que significaria uma libertação do encadeamento automático dos acontecimentos?

> Se fosse possível revirar, por meio de uma forte vontade, todo o passado do mundo, nós logo atingiríamos o status de deuses independentes, a história do mundo não passaria para nós de uma evasão no sonho; cai o pano e o homem volta a ser como uma criança brincando com mundos, uma criança que acorda no auge da manhã e, sorrindo, apaga de sua mente todos os seus pesadelos.[70]

Acreditamos que não estamos forçando a interpretação por uma obsessão de continuidade ao dizer que só falta a Nietzsche encontrar um nome para seus "deuses independentes": *O nascimento da tragédia*, dez anos depois, batizará esse deus do sonho de Apolo; e de Dionísio aquele que faz "o pano cair" e olha o vir a ser de frente, despedaçando o "véu de Maia".

Nietzsche sempre tem necessidade da solidariedade dinâmica dos contrários, na qual vê o princípio de uma gênese de tudo o que é: "um atributo só pode nascer da oposição". O pai e a mãe; a história e o vir a ser; o livre-arbítrio e a fatalidade. A liberdade é como a força infinita que a fatalidade confere a si mesma, o olhar lançado por trás do mundo mecanicamente determinado da História para contemplar o vir a ser:

> São necessários princípios ainda superiores [ao mecanismo] em relação aos quais todas as distinções se fundam em uma grande homogeneidade, em relação aos quais tudo seja evolução, progresso, e se lance em um imenso oceano em que todas as alavancas da evolução do mundo se encontrem unidas, confundidas em uma só coisa.[71]

"Livre-arbítrio e fatalidade", o texto seguinte, busca a unidade por trás da oposição entre liberdade e necessidade. Há uma continuidade entre elas, existe apenas ação, todos os acontecimentos são produzidos por uma energia que Nietzsche chama de vontade; no entanto, devemos chamar de livre-arbítrio os acontecimentos que produzimos de modo consciente e de fatalidade os que produzimos de maneira inconsciente. Ambos continuam sendo conceitos abstratos se pensarmos neles em termos gerais e universais; cada acontecimento é singular, é um *ponto de vista* do singular; tudo é vontade, seja consciente ou inconsciente.

O passo dado é considerável: o conceito de vontade subsume agora ao mesmo tempo o campo do consciente e o do inconsciente. Deve-se redefinir de outra forma a relação existente entre a liberdade e a necessidade na base de uma nova concepção da vontade: o livre-arbítrio é vontade individualizada, a fatalidade é vontade reintegrada ao todo. Não só tudo é vontade como o próprio todo é vontade. E a vontade nasce da dinâmica dos contrários e do conflito; ela é poder das oposições:

> No livre-arbítrio reside para o indivíduo o princípio de isolamento, de separação com o todo [...]; ora, a fatalidade restabelece a ligação entre o homem e a evolução geral e o obriga, buscando dominá-lo, a desenvolver livremente uma força contrária; o livre-arbítrio sem a fatalidade faria do homem um deus, o princípio fatalista faria dele um autômato.[72]

Na medida em que está em seu poder, o homem tem o meio, é como um cursor vibrante sobre uma linha de intensidades – Zaratustra dirá: equilibrista sobre uma corda ou ponte esticada entre o animal e o super-homem. Aquilo que ele denomina "a evolução geral", Nietzsche deverá deslindar, além de aprofundar o que ele compreende por acontecimento e história, educação e cultura, vir a ser e forças. Deverá deslocar-se sem descanso sobre essas linhas intensivas do vir a ser e aprender a lê-las. Sentido histórico, rigor filológico, pensamento da cultura: tais serão sua idiossincrasia própria, sua intuição e sua pulsão. Seu instinto do conhecimento.

No final de setembro de 1864, Nietzsche obtém seu "certificado de maturidade" (*Zeugnis der Reife*), um diploma que sanciona com brilhantismo a conclusão de seus estudos em Schulpforta e que o qualifica a ingressar em uma universidade. Naquela época, seu colega Raimund Granier observa: "Foi na escola que seu bigode, mais tarde extraordinariamente grande, começou a aparecer". Acerca desse bigode que não abandonará mais e que marca para nós o elemento agressivo de seu rosto, Nietzsche dirá um dia, em *Aurora*:

> Esquecemos com muita facilidade que, aos olhos de desconhecidos que nos veem pela primeira vez, somos algo completamente diferente do que pensamos ser: e em geral não passamos de uma particularidade que salta aos olhos e determina a impressão do conjunto. Assim o mais agradável e justo dos homens só precisa carregar um grande bigode, e poderá de certa maneira se sentar à sua sombra, e fazê-lo em paz – os olhos comuns veem nele o *acessório* de um grande bigode, a saber, um traço militar, prestes a se exaltar, eventualmente violento – e se comportam com ele como convém.[73]

A paixão pela verdade (1864-1869)

Os anos de Schulpforta determinaram sobretudo a organização dos instintos um pouco anárquicos de Nietzsche, instintos todavia amparados por "um verdadeiro frenesi de 'saber universal'"[1] e, por isso mesmo, por uma vontade de se libertar:

> Era o momento certo para que eu escapasse do círculo materno e abandonasse enfim o hábito de seguir sem cessar, sem recorrer à prática, um caminho traçado. Trazia em mim a sabedoria de diversos dicionários; todas as inclinações possíveis haviam se manifestado; escrevia poemas e tragédias, terríveis e assustadoramente enfadonhas; fazia todo o esforço possível para compor até o fim partituras de orquestra e estava tão acostumado à ideia de adquirir um saber e uma competência universais que corria o risco de me transformar em um indivíduo volúvel e extravagante. Por isso, minha permanência por seis anos como aluno em Schulpforta foi, em mais de um sentido, benéfica para mim: aprendi a reunir minhas forças e a voltá-las para objetivos precisos [...]. Dessa maneira o homem sobrevive, evoluindo, a tudo que o cerca; não tem necessidade de soltar as amarras, que caem por si só, sem que ele perceba, quando Deus quer. Onde está o elo que ainda poderá aprisioná-lo? Será o mundo? Será Deus?[2]

Os novos círculos, concêntricos e cada vez mais vastos, que Nietzsche quer abarcar com o olhar do conhecimento, arrancam-no da "ordem antiga" do lar materno e colocam-no sob influência do pai: "Estou convencido de que a morte de um pai admirável me privou, por um lado, de um guia e de um amparo, mas, por outro, dispôs minha alma à seriedade e à contemplação".[3]

Sua crescente predileção pelos estudos clássicos deve frear, pela abordagem perseverante de temas específicos, sua vertigem por um conhecimento sem limites. Nietzsche manifesta por essa época uma viva admiração por Alexander von

47

Humboldt, protótipo do sábio universal, que reunira em quatro grandes volumes, nos anos 1850, todos os conhecimentos contemporâneos adquiridos sobre fenômenos terrestres e celestes; o título de todo o trabalho era apenas *Cosmos*. Quando mais tarde, em 1872, Nietzsche lançar *O nascimento da tragédia*, seu amigo Erwin Rohde admirará nessa primeira publicação o que ele chama de uma "cosmodiceia".[4]

Todavia, por insistência de sua mãe (e submetido por outro aspecto à herança paterna), Nietzsche matricula-se em teologia na Universidade de Bonn. Assim, deixa Schulpforta em 7 de setembro de 1864, na companhia de Deussen (já Gersdorff é obrigado por seu irmão mais velho a continuar seus estudos em Göttingen). Os dois amigos se dão o prazer de uma viagem de mais de um mês pelas margens do Reno, passando por Oberdreis e ficando na casa de familiares de Deussen em Elberfeld, antes de chegar a Bonn, em 16 de outubro. Alugam dois quartos contíguos e de repente se sentem inclinados a descobrir uma sociabilidade que até então lhes fazia falta.

Em 23 de outubro, Nietzsche e seu companheiro se inscrevem em uma confraria: Frankonia. A tradição das *Burschenschaften* [irmandades] remonta a 1815, quando uma associação de estudantes liberais de Jena criara seus estatutos com o objetivo de, no contexto pós-napoleônico do Congresso de Viena, trabalhar em prol da unidade alemã e da liberdade de pensamento. Rapidamente, no entanto, um nacionalismo antissemita e militarista endureceu o movimento das *Burschenschaften*: pode-se pensar na prática disseminada do *Mensur*, esse duelo de espadas em que um esgrimista busca atingir o rosto do outro durante rituais de rara violência e em que, depois, seus participantes ostentam com orgulho as cicatrizes do combate. No entanto, Frankonia continuará sendo uma confraria pacífica, mais dedicada à música e à cerveja do que à violência com armas. Lá se encontra certo número de filólogos, que logo apreciarão Nietzsche: apelidado de "Cavaleiro Gluck", diverte por sua verve satírica e suas improvisações ao piano. Seus integrantes frequentam os cabarés, os teatros, as salas de concerto e os albergues.

Ainda que a prática do *Mensur* não seja uma exigência da Frankonia, Nietzsche deseja iniciar-se no duelo. Depois de algumas sessões em uma sala de armas, ele "provoca" um tal de Wilhelm, membro da confraria Alemania; na verdade, achando-o muito simpático, Nietzsche o aborda com muita cortesia e lhe propõe um duelo amistoso. Do confronto, levará uma pequena cicatriz, situada na ponte do nariz. Por muito tempo, Nietzsche admirou os últimos vestígios cavalheirescos do século de Luís XIII, em que a aristocracia ainda não havia se rebaixado completamente à vida da corte. Em *Humano, demasiado humano*, ele louva o duelo como uma alternativa civilizada ao homicídio:

> Pode-se dizer em favor de todos os duelos e questões de honra que, se um homem tem determinado sentimento de suscetibilidade com que não pode mais conviver a partir do momento em que alguém disse ou pensou isto ou aquilo dele, há o direito de deixar a morte de um ou de outro resolver o assunto. Quanto ao que é ser suscetível, não há o que discutir, nesse sentido nós somos os herdeiros do passado, tanto de sua grandeza quanto de seus excessos, sem os quais nunca houve grandeza. Hoje, se existe um código de honra que aceita o sangue em vez da morte, de modo que um duelo regrado basta para aliviar a alma, há nisso um grande benefício, já que do contrário muitas vidas humanas correriam perigo. – De resto, semelhante prática ensina os homens a vigiar suas expressões e torna possível o convívio com eles.[5]

Apesar de seus esforços para se integrar à sociedade dos estudantes, Nietzsche continua sendo um solitário e padece especialmente com essa vulgaridade do ambiente com pretenso ar anticonformista. Alguns anos depois, ele reconhece: "Minha natureza não encontrava nenhuma satisfação entre eles. Eu ainda era muito arisco e ensimesmado para ter força de representar um papel no meio de todas as atividades que reinavam naquele lugar. Tudo para mim era obrigação e não conseguia me sentir à vontade com a atmosfera que me cercava".[6]

Ele prefere caminhar às margens do Reno, recolher-se sobre o túmulo de Schumann ou ler em voz alta tragédias gregas na companhia de Deussen. Aproxima-se também de um novo amigo, Hermann Mushacke, e chegará a preferi-lo em relação a Deussen. Mesmo nessas condições, gasta muito dinheiro, contrai dívidas e não parece saber gerir suas contas. Em suas cartas, com frequência pede dinheiro à mãe, o que dará pretexto para sua irmã Elisabeth criar um hábito que não a abandonará mais: ela se proclama a contadora de seu irmão, para prejuízo dele. O fato é que Nietzsche precisa renunciar ao piano alugado e encontra-se tão endividado que pensa por um tempo em prestar serviço militar em Halle para sair dessa situação crítica.

Em *Souvenirs sur Friedrich Nietzsche*, Deussen relata que, em fevereiro de 1865, seu amigo foi sozinho a Colônia para visitar os monumentos da cidade e acabou em um bordel: "De repente, Nietzsche contou para mim no dia seguinte, eu me vi cercado por meia dúzia de vultos, todos com véus e cobertos de lantejoulas, que me olhavam com um ar repleto de esperança. Permaneci um instante de pé, calado. Instintivamente me precipitei sobre o piano, como se fosse o único ser dotado de alma naquele lugar, e toquei alguns acordes. Eles dissiparam meu torpor e me retirei para o ar livre".[7] Esse acontecimento seria insignificante se não tivesse consolidado para certos biógrafos a origem inequívoca da loucura de Nietzsche. Isso porque, em 1890, os registros do serviço psiquiátrico em que ele estava então internado devido à sua demência registram uma declaração do paciente: "1866, infecção sifilítica". Nietzsche teria contraído por essa época, portanto, a doença que o deixou louco.

A hipótese seria plausível se não houvesse o receio de simplificar demais a questão, retendo apenas uma causa de todo um processo patológico complexo. Uma origem assim atribuída sempre levanta suspeitas de imprudência genealógica. Não haveria por que insistir se esta não viesse acompanhada de certa imprudência filológica: de fato, em um canto intitulado "Entre as filhas do deserto", da quarta parte de *Assim falou Zaratustra*, alguns viram uma alusão às prostitutas de

Colônia. Rebaixar a uma lembrança de um bordel medíocre da muito germânica Colônia esse texto admirável, em que o digno europeu sucumbe por um momento à sensualidade oriental de outras formas de pensar e de sentir, é o que impede, no mínimo, de se fazer uma boa *leitura* desse apelo enigmático do deserto. Tudo o que podemos dizer é que o relato feito por Nietzsche a Deussen de uma salvação casta graças apenas à música evidencia o pudor ou o rigor de um filho de pastor um pouco arisco, quer tenha mentido ou não quanto a escapar de uma visita que em todo caso ele teve a fraqueza de não evitar.

No que se refere à assiduidade de Nietzsche ao curso de teologia, existem testemunhos contraditórios. Ele assegura para sua mãe a seriedade nos estudos, mas suas anotações de classe são bastante sumárias e sempre incompletas. Afora as aulas de teologia propriamente ditas, a Universidade de Bonn oferece aulas de história da arte, de política e, naturalmente, de filologia. Nesses encontros, Nietzsche conhece duas figuras importantes da filologia alemã: o eminente Friedrich Wilhelm Ritschl (1806-1876) e Otto Jahn (1813-1869), que, além de seus trabalhos de arqueologia, ficou conhecido por sua vasta biografia sobre Mozart. Essas duas personalidades, que aliás travavam uma rigorosa concorrência, marcam de maneira profunda o estudante ávido por conhecimento universal.

Em meados de novembro de 1864, Nietzsche escreve à mãe e à irmã: "Que homens como Ritschl, a quem vi discorrer sobre a filologia e a teologia, e como Otto Jahn, que assim como eu concilia filologia e música sem reduzir nem uma nem outra a um plano secundário, exerçam sobre mim grande influência, qualquer um que conheça esses heróis da ciência poderá imaginar com facilidade".[8] Nietzsche sem dúvida deve a eles sua decisão de trocar a teologia pela filologia. Tem consciência de que vai pela primeira vez contra a vontade explícita de sua mãe. Em uma carta de 2 de fevereiro de 1865, anuncia sua decisão de maneira abrupta, entre um pedido de dinheiro e votos de bom ano: "Ainda uma coisa: eu me encaminho para a filologia, está decidido. Estudar ao mesmo tempo duas disciplinas é deixar ambas pela metade".[9]

Quando vai passar a Páscoa em Naumburg, seus modos displicentes e arrogantes chocam sua mãe. Porém, acima de tudo, ele a provoca no terreno da religião, atacando com violência o cristianismo e recusando comungar. Influenciado pela célebre obra de David Friedrich Strauss, *Vida de Jesus* (1835), uma pesquisa histórica sobre Cristo, de inspiração hegeliana e que questiona os dogmas da igreja, Nietzsche se torna blasfematório aos devotos olhos de Franziska. Discussões violentas põem frente a frente mãe e filho, e só com a intervenção de Elisabeth – que domina seu pavor graças à admiração incondicional pelo irmão – Franziska consegue se controlar. A seu irmão Edmund, ela escreve: "Apesar da divergência de nossos pontos de vista, Fritz, meu querido primogênito, é um coração nobre que sabe compreender a vida, ou mesmo sua época, com sinceridade, que só se interessa pelo que é elevado e bom, e despreza o que é comum; ainda assim este querido filho muitas vezes é para mim uma fonte de preocupações. Mas Deus sabe ver nas profundezas das almas".[10]

A crise tem uma trégua, contudo apenas em virtude de um compromisso: entre Fritz e a mãe, nunca mais haverá discussões sobre religião. Em contrapartida, é uma oportunidade para os irmãos reforçarem os laços de cumplicidade, e em 11 de junho Nietzsche envia para Elisabeth uma longa e bela carta em que expõe seu ateísmo novo, articulado com um ardente desejo de verdade:

> Quando se trata de formar uma concepção que nos deixe à vontade sobre Deus, o mundo ou a salvação, para o verdadeiro pensador o resultado de sua busca não é justamente algo indiferente? Procuramos, de fato, em nossa busca, repouso, paz, felicidade? De modo algum, mas exclusivamente a verdade, mesmo que ela possa estar no ponto mais assustador e abominável. [...] Ali se separam os caminhos trilhados pelos seres humanos; você quer o repouso da alma e a felicidade, então creia; quer estar a serviço da verdade, então busque.[11]

A verdade é algo assustador e abominável. Nietzsche daqui para frente aspira a uma busca heroica: vai fazer da verdade sua única *paixão*.

Quando tem início o segundo semestre na universidade, Nietzsche desconfia cada vez mais da pertinência de sua presença em Bonn. Seu amigo Gersdorff enfim decidiu abandonar Göttingen para cursar seu próximo semestre em Leipzig; Mushacke também pretende ir para Leipzig; além disso, Ritschl solicitou sua transferência após uma desavença com Jahn.

As relações de Nietzsche com a Frankonia estão cada vez mais estremecidas e situam-se acima de tudo no campo político: os novos estatutos estipulam que as cores da confraria não serão mais as dos francônios de Bonn, mas o preto, vermelho e amarelo de uma Alemanha que eles querem democrática e unificada. O auge da irritação de Nietzsche ocorre sobretudo com o parágrafo que menciona a necessidade de "uma base popular" para a associação. De todo modo, a presença de Gersdorff, Mushacke e Ritschl em Leipzig e sua incompatibilidade com os francônios contribuem para consolidar sua decisão: em 9 de agosto de 1865 ele deixa Bonn.

Como o semestre de inverno da Universidade de Leipzig só começa no final de outubro, ele passa o fim do verão em Naumburg. Ainda não informou sua deserção à confraria Frankonia e vai esperar o dia 20 de outubro para enviar de Leipzig, provavelmente seguindo os conselhos de Deussen, uma carta de desligamento bastante violenta. Em uma missiva de 30 de agosto, escreve a seu amigo Mushacke:

> Minha participação na *Burschenschaft* me parece – para ser franco – como um *faux pas** [...]. Neste caso, violei meu princípio de não me ligar a coisas e pessoas além do tempo necessário para conhecê-las.[12]

A confissão é significativa, pois esse "princípio" explicará a solidão crescente de Nietzsche ao longo de sua existência e, sobretudo, sua necessidade de deixar os lugares e as pessoas, impelido a novos horizontes por seu instinto do conhecimento. Paul Deussen será a primeira vítima desse enfraquecimento da

---

* Em francês, no original. (N.A.)

amizade pelo conhecimento. Deve-se dizer que, inscrito em teologia em Tübingen para obedecer à mãe, Deussen não seguiu Nietzsche. Apesar da amizade entre ambos, parece desejar se manter mais afastado do autoritarismo de Nietzsche para com seus amigos, um aspecto de sua personalidade que não se pode negligenciar. Em suas memórias, Deussen escreveu:

> Quando em uma noite de agosto de 1865 acompanhei Nietzsche até o navio a vapor em que ele faria sua viagem, um doloroso sentimento de solidão se apoderou de mim. Porém, por outro lado, respirei aliviado como alguém que se vê livre de uma forte pressão. A personalidade de Nietzsche exercera uma influência poderosa durante os seis anos de nossa vida em comum. Ele sempre dedicara à minha situação um interesse sincero, mas mostrava uma tendência a me corrigir a respeito de tudo, a me mandar e por vezes a me atormentar muito.[13]

E, sem dúvida, Nietzsche está furioso pelo fato de seu amigo estudar teologia e o exorta por muito tempo a seguir suas únicas aspirações, que visam à filologia. Efetivamente, Deussen abandonará a teologia em 1867 para fazer filologia, mas na Universidade de Berlim, longe de Nietzsche. Após a saída de Bonn, os dois companheiros só voltarão a se ver três vezes: em 1871, 1873 e 1887. Ainda que a troca de correspondências não sofra interrupções, sua frequência diminuirá com os anos. Em breve, um novo amigo entrará em cena na vida de Nietzsche: natural da região de Hannover, Heinrich Romundt não tem autoconfiança, sofre de uma timidez doentia e adula literalmente Nietzsche, que se irrita com essa bajulação mais de uma vez.

Em 17 de outubro de 1865, Nietzsche chega a Leipzig e no dia seguinte ou no próximo se matricula na universidade – mesma data, observa, da matrícula de Goethe, um século antes. No dia 25, acompanha a aula magna de Ritschl, sobre *Os Sete contra Tebas*, de Ésquilo. No anfiteatro, muitos estudantes que se transferiram de Bonn se fazem presentes à conferência do catedrático.

Somente em Leipzig Nietzsche percebe o verdadeiro alcance do ensino de Ritschl. Ao tio Edmund, escreve em 15 de janeiro de 1866, enquanto pensa por um breve momento em trocar de universidade outra vez: "Ficarei por aqui até a época das festividades de são Miguel, pois você não imagina com que força a notável personalidade de Ritschl nos prende e como será difícil, melhor dizendo, quase insuportável, separar-me dele".[14] Nietzsche vai permanecer três anos em Leipzig, e Friedrich Wilhelm Ritschl exercerá uma influência decisiva em sua formação.

Embora Ritschl trabalhe agora em Leipzig, ele é o mais ilustre representante da Escola de Bonn.[15] Essa escola filológica, ainda pouco reconhecida, apresenta traços singulares no panorama universitário alemão. Em primeiro lugar, é dominada pelos estudos latinos mais do que pelo helenismo (aliás, foi a candidatura de Hermann Sauppe, um helenista, que deflagrou o conflito entre Ritschl e Jahn). Porém, acima de tudo, caracteriza-se por um rigoroso *método* filológico que Nietzsche exportará para a arte de filosofar, conservando ao longo de toda a vida uma admiração intacta por seu professor.

Ritschl é uma referência para Nietzsche, como provam "Consciência moral", de 1867 (carta de 4 de abril a Deussen), "o último dos grandes", de 1877 (carta em que dá os pêsames à viúva), e mesmo *Ecce homo*, de 1888. Para esse grande filólogo, desconfiado em relação à metafísica e à teologia, e mais hostil ainda no que se refere às "ideias gerais", é necessário dedicar-se amplamente a um estudo detalhado dos objetos específicos, sendo que essa entrega deveria desencorajar os impacientes. O conhecimento passa por tal discrição em suas condutas.

Ritschl cultiva assim certo alexandrinismo, nos moldes de Catulo, que se consagrou a gêneros menores, a detalhes formais e ao culto da erudição. Quando em *O nascimento da tragédia* Nietzsche tiver assimilado a cultura alexandrina à decadência socrática, Ritschl lhe enviará uma carta lembrando, não sem ironia, que seu velho professor permaneceu um alexandrino. Entretanto, mais tarde, a partir do terceiro parágrafo de *Humano, demasiado humano*, Nietzsche retoma a "Estima das verdades despretensiosas".

> É sinal de um elevado nível de civilização estimar as pequenas verdades despretensiosas, descobertas através de um método rigoroso, mais do que os erros ofuscantes, propagadores de felicidade, que nos chegam dos séculos e dos homens de espírito metafísico e artístico. Contra as primeiras, começa-se por estar com a calúnia na ponta da língua, como se não pudesse haver aqui a mínima igualdade de direitos: enquanto estas são modestas, simples, austeras e até aparentemente desencorajadoras, os outros oferecem beleza, brilho, embriaguez, talvez até felicidade. Não obstante, essas aquisições árduas, incontestáveis, duradouras, e por isso mesmo repletas de consequências para todo conhecimento posterior, são de um nível superior. Apegar-se a isso é viril e denota audácia, retidão, reserva.[16]

Ademais, Ritschl recomenda a exigência de certa qualidade formal da filologia, tanto na expressão quanto na análise das obras em si. Confere grande importância à materialidade dos textos, a suas formas genéricas, sua métrica e seu ritmo. Lou Andreas-Salomé, em seu notável estudo *Nietzsche em suas obras* (1894), ressalta o que foi para o futuro filósofo uma verdadeira coerção exercida sobre si mesmo:

> Para ele, o rigoroso aprendizado da filologia, que não dava brecha às forças criadoras desse jovem espírito irrequieto, constituiu fatalmente uma penosa submissão. Porém, isso valia sobretudo para os métodos aplicados por seu professor Ritschl. Isso porque o objetivo principal do ensino deste – tanto do ponto de vista dos problemas em si quanto da maneira de abordá-los – era lançar luz sobre as questões de forma e o contexto extrínseco, relegando a segundo plano o significado intrínseco dos textos. Ora, o traço característico de toda a natureza de Nietzsche seria, mais tarde, extrair seus problemas exclusivamente do mundo interior, tender a submeter a lógica ao psicológico.
> No entanto, foi graças a esse solo árido e a essa disciplina árdua que seu espírito colheu tão cedo frutos e adquiriu com tanta rapidez uma maturidade surpreendente.[17]

Lou Andreas-Salomé tem razão em destacar a impaciência do jovem Nietzsche (que se manifestará ainda em

O nascimento da tragédia), sua invenção de um método "psicológico" e, mais ainda, sua vontade de se autocontrolar. Em contrapartida, não se poderia acusar Ritschl de relegar a segundo plano "o significado intrínseco" dos textos, já que ele prega a primazia absoluta da crítica textual, o rigor de uma leitura paciente, metodologicamente livre das tradições e vulgatas posteriores. Com Ritschl, Nietzsche aprenderá a fazer uma leitura sem pressa, a interpretar com prudência.

No entanto, Lou Andreas-Salomé ainda tem razão, caso se considere que a "interioridade" de um texto é uma ilusão: pois Ritschl ensina uma arte da comparação dos textos entre si, em um sistema intertextual de ecos e remissões. Nietzsche encontra nesse método comparatista o ponto de partida para um modo de pensar *analógico* (que, sem dúvida, ultrapassa as exigências de Ritschl) e determina a força de suas interpretações e sua dificuldade. Encontra-se o princípio dele nesta passagem essencial de uma carta de 9 de dezembro de 1868, endereçada a Rohde, a respeito de trabalhos sobre Demócrito:

> Neste terreno não me faltou sorte e acabei inclusive acreditando que, para fazer progressos nos trabalhos desse gênero, certa astúcia [*Witz*] filológica, uma *comparação com saltos sucessivos entre realidades secretamente análogas* [grifo nosso] e a aptidão de levantar questões paradoxais são muito mais úteis do que o rigor metódico, o qual só se impõe a partir do momento em que o trabalho da mente está essencialmente finalizado.[18]

Em 18 de janeiro de 1866, Nietzsche faz em Leipzig sua primeira conferência – sobre "a última versão dos fragmentos de Teógnis" –, trabalho dedicado ao poeta gnômico Teógnis de Mégara (século VI a.C.), conhecido por ser aristocrata, fundiário e por sua hostilidade para com o partido popular. Essa conferência, que será publicada, é o resultado de um estudo iniciado desde os anos de Schulpforta. Nietzsche aproxima-se pessoalmente de Ritschl, que o convida para as reuniões que ocorrem em sua casa e lhe confia a módica tarefa de redigir o índice analítico de duas décadas da revista de filologia

Rheinisches Museum, da qual é diretor. Esse trabalho austero, que Nietzsche acolhe com entusiasmo, validará sua precoce nomeação em Basileia, três anos depois.

Em outubro de 1865, ocorreu um fato decisivo e como que secretamente esperado: Nietzsche descobre em uma velha livraria de Leipzig um exemplar de *O mundo como vontade e representação*, de Arthur Schopenhauer. O impacto é considerável:

> Cada linha clamava a renúncia, a negação, a resignação. Ali eu encontrava o espelho em que podia ver se refletir, com uma assustadora grandeza, o mundo, a vida e meu próprio coração. Ali a arte me fitava com seu solitário olhar desinteressado. Ali eu descobri a doença e a cura, o exílio e o refúgio, o inferno e o paraíso. A necessidade de me conhecer, de me devorar me prendia poderosamente.[19]

A obra é enorme. Schopenhauer a publicara pela primeira vez em 1818, aos trinta anos, e dera um último retoque na terceira edição, de 1859, um ano antes de sua morte. Desde as primeiras páginas, esse filósofo solitário, misantropo, à margem da universidade que ele execra, advertia que toda a sua tarefa, no fundo, nada mais era do que a comunicação de "um pensamento único", exposto de diferentes pontos de vista, "seja metafísico, seja ético, seja estético", mas que "deveria ser tudo isso ao mesmo tempo".[20] "Audacioso continuador" de Kant, também Schopenhauer distingue, por um lado, um mundo dos fenômenos, tal como as leis universais de nosso entendimento o conhecem (de acordo com o tempo, o espaço e a causalidade) e tal como objeto que aparece somente enquanto representação de um indivíduo; e, por outro, um mundo em si, independente do conhecimento que dele temos.

Kant, porém, afirmava que o mundo em si nos era por essência incognoscível. Schopenhauer transpõe um limite fundamentalmente antikantiano: nosso sentido íntimo leva-nos a conhecer, de fato, nosso próprio corpo não só como fenômeno, como objeto, como representação, mas também como uma realidade que ultrapassa o tempo, o espaço e a causalidade, como uma *vontade*; ora, de maneira analógica, podemos estender esse conhecimento imediato de si ao do em-si do mundo, que é ele próprio vontade:

> A vontade que, considerada puramente em si mesma, é despojada de conhecimento, não passa de um impulso cego e irresistível – tal como vemos o fenômeno na natureza inorgânica e vegetal e nas leis desta, assim como na parte vegetativa de nossa própria vida. Graças ao mundo da representação que se molda a ela e se desenvolve para servi-la, a vontade recebe o conhecimento de seu querer e do que ela quer, a saber, nada senão este mundo, a vida tal qual se apresenta. Eis por que chamamos o mundo fenomênico de seu espelho, sua objetividade, e como o que a vontade sempre quer é a vida, porque esta nada mais é do que a exposição deste querer para a representação, é indiferente, e até mesmo um pleonasmo, dizer "a vontade de viver" em vez apenas de "a vontade".
> Visto que a vontade é a coisa-em-si, o conteúdo interno, o essencial do mundo, mas a vida, o mundo visível, o fenômeno, apenas o espelho da vontade, o fenômeno acompanhará a vontade sem abandoná-la, como a sombra acompanha o corpo, e onde existir vontade existirá também vida e mundo. A vida está, portanto, assegurada à vontade de viver e, enquanto esta vontade de viver nos preencher, não devemos nos inquietar por nossa existência, nem mesmo ao enfrentar a morte. Vemos o indivíduo nascer e perecer, mas esse indivíduo é apenas fenômeno, só existe para o conhecimento cativo do princípio de razão, para o *principium individuationis*; para este conhecimento, o indivíduo recebe a vida como uma dádiva, nasceu a partir do nada, ficou privado dessa dádiva pela morte, depois voltou ao nada.[21]

Só o mundo como vontade é livre, infinito, todo-poderoso e eterno; "lançados" no mundo dos fenômenos sob a lei do princípio de individuação exigidos pelo tempo, espaço e causalidade, o homem e tudo o que aparece são divisões, fragmentações da vontade concorrendo entre si, "de modo que a vontade de viver devora sempre a si mesma"[22] em uma luta pela vida e pela dominação. No trágico deste mundo como representação, o homem só tem a faculdade, às custas de um esforço radical, de considerar a Ideia das coisas, em um sentido que Schopenhauer quer platônico, isto é, essa realidade em si cuja representação não é senão a cópia ou o reflexo.

O homem pode assim encontrar dois caminhos para a liberdade, pelo conhecimento das Ideias: em primeiro lugar, este "em certos homens, esquiva-se desta servidão[...] rejeita seu jugo e, livre de todos os fins do querer, é capaz de existir para si mesmo como espelho límpido e claro do mundo; daí procede a arte". Em segundo lugar, "por essa maneira de conhecimento, quando este age contrariamente sobre a vontade, pode se produzir a autossupressão desta própria, isto é, a resignação que é o fim último e até a essência mais íntima de toda virtude e santidade e constitui a redenção do mundo".[23]

Duas facetas, portanto, em Schopenhauer: de um lado, uma visão do mundo radicalmente pessimista, em que tudo é apenas sofrimento, tensão insustentável entre o infinito cego da vontade da vida e uma existência fenomênica limitada e ameaçada por todos os lados; de outro, uma injunção a seguir os dois caminhos possíveis da salvação, dois caminhos heroicos: o gênio, capaz de ter uma visão estética límpida e desinteressada do mundo fenomênico como espelho; e o santo, movido apenas pela compaixão por tudo o que é (porque tudo sofre) e pela resignação, que aniquila a própria vontade e, portanto, o sofrimento – extinção e libertação supremas que o budismo chamaria de *nirvana*.

Para Nietzsche, a implicação é essencial. Seja alternadamente adesão total, adaptação estratégica ou franca oposição, sua atitude acerca de Schopenhauer determina sua verdadeira entrada na filosofia, sua luta com e na filosofia. Em 5 de novembro, escreve à mãe e à irmã uma carta sombria e exaltada, que as alarma:

> Trata-se de levar uma existência que seja a mais suportável possível? Dois caminhos, minhas caras: as pessoas se esforçam e se acostumam a limitar ao máximo suas exigências e, quando reduziram ao extremo a chama do espírito, procuram se tornar ricas e vivem imersas nos prazeres do mundo. Ou sabem

> que a vida é miserável e que, quanto mais queremos desfrutá-la, mais nos tornamos escravos dela, então se libertam dos bens da vida, se dedicam à temperança, são parcimoniosas para consigo mesmas e repletas de amor para com todos os outros – isso por compaixão pelos nossos irmãos de miséria.[24]

Graças a Schopenhauer, Nietzsche pela primeira vez se sente capaz de concatenar uma vontade de verdade, um pessimismo inato e uma moral da compaixão. Isso se dá porque lhe é revelado que a existência é, fundamentalmente, *sofrimento*. Gersdorff e Mushacke são os primeiros alvos – aliás, muito receptivos – de uma propaganda súbita e intensa a favor de Schopenhauer. A Mushacke, Nietzsche escreve em 11 de julho de 1866:

> [...] pois desde que Schopenhauer nos tirou dos olhos a venda do otimismo, vemos melhor as coisas. A vida fica mais interessante, mesmo que perca em beleza.[25]

O pessimismo é assim um sol negro capaz de iluminar o conhecimento da vida, é o correlato fatal de uma paixão pela verdade, obriga a abrir os olhos para o que há de assustador e abominável na nossa vida. Rapidamente, Nietzsche sentirá que essa feiura afeta a beleza, mas só certa forma de beleza, a beleza luminosa, harmoniosa, "otimista"; existe outra, mais misteriosa e mais obscura, que nasce da própria revelação do sofrimento e da desarmonia. Do sofrimento descoberto por Schopenhauer como princípio de nossa condição, Nietzsche extrai três consequências: um conhecimento ontológico, um sentimento moral e uma intuição estética. E assim, com muita perspicácia, Gersdorff o aconselha, a partir de março de 1866, a trabalhar sobre o pessimismo grego.

As primeiras reações de Nietzsche ao ler Schopenhauer denunciam uma sucessão de posturas voltadas para uma evolução rapidíssima: a princípio, a adesão imediata a um pessimismo radical, que só se encontrava no rapaz de maneira latente, arrefecido por sua fé nas ciências e nas artes, tal como encontrara em Kant ou em Emerson – ou seja, a possibilidade de um progresso pela *educação* da humanidade. O novo discípulo de Schopenhauer sente sua solidão aprofundar-se quando se ergue o véu do conhecimento sobre a miséria do mundo.

Seu primeiro reflexo é então o de se deixar levar, como seu mestre, por uma moral da resignação e da compaixão, e não se deve ignorar o retorno de formas de pensar herdadas de sua infância protestante; não é por acaso que na carta à sua família, datada de 5 de novembro de 1865 e mencionada antes, ele compara essa moral à moral cristã: "Em suma, vive-se segundo as severas exigências do cristianismo primitivo, não segundo aquelas do cristianismo atual, brando e vaporoso".[26]

O que surgirá da comparação com o pessimismo grego (quer dizer, um pensamento *trágico*) é a passagem da negação, da renúncia, à afirmação de tudo o que é, da comiseração pelo próximo ao amor do destino. Não mais a compaixão pelo sofrimento, mas sua transfiguração. Nesse ponto, a teoria estética de Schopenhauer e a promoção tão singular que ele concede à música intervêm. Esse aspecto será para Nietzsche, instintivamente, o mais decisivo, mas ele só haverá de explorar todas as potencialidades da teoria da música a partir do encontro com Richard Wagner.

Em junho de 1866, eclode a Guerra Austro-Prussiana, que põe frente a frente as duas grandes potências alemãs. Esse dualismo entre a casa de Hohenzollern (e, por trás deles, Bismarck) e a de Habsburgo evolui a favor da Prússia, potência econômica moderna, muito militarizada, que, pela criação da Confederação da Alemanha do Norte, dá mais um passo para a unificação alemã sob seu controle, concluída durante a guerra seguinte, em 1870. Gersdorff é recrutado e deve partir. Nietzsche se posiciona abertamente favorável à Prússia, mas tem consciência de que a ideia de uma unidade nacional tem algo de contranatural para a identidade múltipla do povo alemão. No começo de julho, escreve à mãe e à irmã:

> O perigo que a Prússia corre é imenso; é completamente impossível que, por uma vitória total, ela tenha condições de

realizar seu plano. Unificar o Estado alemão através de um sistema revolucionário, tal é a proeza de Bismarck; ele tem coragem e uma perseverança imperturbável, mas subestima as forças morais da nação [...]. Uma vez que a guerra explodiu, todas as considerações complementares passaram para o segundo plano. Sou um prussiano tão convicto quanto o primo, por exemplo, pode ser um saxão convicto.[27]

No entanto, em Leipzig, cidade prussiana, as aulas continuam sem incidentes. Nietzsche por um momento teme ser recrutado, mas a guerra termina no fim de julho, com a vitória da Prússia.

Para Nietzsche, a descoberta de Schopenhauer e suas atividades filológicas têm um efeito benéfico recíproco, sempre se reequilibrando. Ritschl, como foi dito, desconfia da filosofia:

Nesse campo, nosso Ritschl é uma espécie de intermediário, *his laudibus spendissimis*, ele se esforça para nos manter firmes nas redes da Filologia. Tenho uma violenta vontade de dizer aos filólogos, no meu próximo trabalho *in honorem Ritschelli* (sobre os escritos de Demócrito), um sem-número de verdades amargas.[28]

A filologia apresenta dois aspectos: por um lado, é uma escola de rigor, de exatidão e de paciência; por outro, permite um acesso ao Homem grego como ideal cultural e instrumento crítico para apreender a cultura atual. Porém, sua dimensão estritamente erudita pesa a Nietzsche, que se abre a respeito disso com Gersdorff em 6 de abril de 1866, no momento de publicar seus escritos sobre Teógnis:

Inegavelmente, no entanto, mais de uma vez não consegui compreender por que me impus um dever que me afasta de mim mesmo (e, de resto, de Schopenhauer: o que muitas vezes dá no mesmo), que, portanto, tem como efeito me expor ao julgamento dos outros, e até de me cobrir com uma máscara de erudição mesmo que eu não a tenha.[29]

Todavia, nessa própria coação, Nietzsche aprende a se conhecer e, pouco a pouco, delineia-se uma experiência pessoal do trabalho que se afirmará em filosofia. Em 4 de abril de 1866, escreve a Deussen estas linhas essenciais do ponto de vista retrospectivo:

> Dito isso, evito tanto quanto posso a erudição que não é necessária, o que também exige um autocontrole, pois se deve eliminar inúmeros *superfluum* que justamente nos agradam muito. Eis o que desejo: uma rigorosa exposição das demonstrações que seja fácil e agradável, tanto quanto possível sem esta morosa gravidade e esta erudita profusão de citações que vale tão pouco. O mais difícil é sempre descobrir conexões fundamentais, em suma, a planta de um edifício. Muitas vezes esse é um trabalho que rende mais na cama ou numa caminhada do que sentado à sua escrivaninha. Reunir os materiais brutos é um agradável labor, embora tenha com frequência um caráter mais ou menos artesanal. Porém, a espera da visão mágica que por fim se revela, isso nos mantém na expectativa. Para mim, o mais penoso é passar a limpo, e ao fazê-lo, com muita regularidade, perco a paciência.
> Todo trabalho de alguma importância, você também provavelmente terá percebido, exerce uma influência de ordem ética. O esforço feito para condensar uma matéria e estruturá-la de modo harmonioso é uma pedra atirada em nossa vida psíquica: uma pequena onda produz muitas outras maiores.[30]

Teógnis, Diógenes Laércio, Aristóteles, Simónides, Homero e Hesíodo são o tema principal de seus trabalhos. Assim, Nietzsche acaba constatando uma dificuldade correlativa à sua procura de "uma visão mágica" e de uma exposição "que seja fácil e agradável": ele não tem estilo. Confessa a Mushacke: "De fato, na maioria dos casos, tropeço em um obstáculo que até então não tinha percebido: em alemão, careço totalmente de estilo, apesar de meu árduo desejo de adquiri-lo".[31]

Essa questão será objeto constante das preocupações do filósofo; embora *O nascimento da tragédia* de 1872 testemunhe uma escrita já muito afastada da tradição filológica, em 1886 esse livro parecerá a Nietzsche "mal-escrito, pesado, desagradável, com imagens frenéticas e caóticas, sentimental, em determinados trechos açucarado até beirar o afeminado, desigual no *tempo*, sem cuidar da precisão lógica, demasiado convencido para se sujeitar a fornecer provas (suspeitoso até quanto à pertinência da prova)".[32]

A obra filosófica de Nietzsche presencia sem cessar progressos estilísticos impressionantes. Em 31 de julho de 1867, termina de redigir seu estudo sobre Teógnis e, parafraseando Píndaro, escreve em epígrafe: "Torna-te aquilo que tu és". Sem dúvida, Nietzsche trabalha para isso.

Examinando os prós e os contras, os anos em Leipzig são acima de tudo felizes. Participando do círculo de amigos de Ritschl, em que pode alimentar sua admiração e suscitá-la, produzindo frutos pessoais com suas atividades universitárias, respaldado no seu instinto por Schopenhauer, Nietzsche afirma pouco a pouco suas mais belas qualidades. Isso é perceptível para seu novo amigo, conhecido em julho de 1867: Erwin Rohde, um dos estudantes de Bonn que seguira Ritschl em Leipzig.

Também schopenhaueriano, Rohde possibilita que Nietzsche tenha sua primeira amizade de certo modo em pé de igualdade, em um incontestável respeito mútuo comprovado na troca de correspondências, uma das mais belas que o filósofo manteve. Desde o fim do verão, Rohde e Nietzsche moram no mesmo local. Em uma carta de 29 de novembro a Wilhelm Wisser, outro estudante de Leipzig que se tornará conhecido por seus estudos sobre o conto, Rohde escreve:

> O verão passado, em particular, trouxe-me tanta coisa que representa a meus olhos um dos períodos mais determinantes da minha existência. Acima de tudo, trouxe-me a amizade de Nietzsche. Sem dúvida, você não teve um contato mais próximo com ele, mas o suficiente, ao que me parece, para ter reconhecido o elevado valor de sua natureza: compreenderá então que posso me felicitar e me admirar dessa alegria que me coube, de me tornar desse ser tão profundo, tão sensível, um verdadeiro amigo, condição de que não sou habitualmente pródigo.[33]

Para Nietzsche, é chegada a hora de prestar o serviço militar. Ele gostaria de se alistar em Berlim, mas suas tentativas fracassam. Une-se então ao 4º regimento de artilharia de campo, alojado justamente em Naumburg. Lá a disciplina é rigorosa, mas perfeitamente suportável, e Nietzsche pode satisfazer um prazer pouquíssimo conhecido: a atividade física. Monta a cavalo com satisfação e certa facilidade. Essa vida ao ar livre aprofunda a distância com as eternas bibliotecas de filologia e insufla em suas leituras uma dinâmica nova. Ele pensa em começar uma vasta história dos estudos da Antiguidade e dos tempos modernos. O projeto não sairá do papel, mas atesta a ampliação do horizonte e, sobretudo, uma predileção mais acentuada pelo estudo de história.

No começo de março de 1868, porém, Nietzsche sofre um grave acidente de cavalo. Na queda, seu peito choca-se com violência contra a empunhadura de seu sabre, que atinge o esterno. Por muito tempo de cama, sofrendo de desmaios, Nietzsche passa por intervenções cirúrgicas grosseiras que o fazem padecer terrivelmente e causam uma grave infecção. A nomeação à patente de cabo é para ele um ínfimo consolo. De boa constituição, recupera-se bem dessa severa afecção e ganha uma declaração de inaptidão ao serviço militar.

Sua convalescença lhe permitiu mergulhar na leitura de Demócrito, de quem admira o caráter científico. O filósofo materialista, pensador do atomismo, representa uma forma de racionalismo alternativo ao platonismo, que não renunciava ao mito; Demócrito se abstém, ao contrário, de qualquer mistagogia e busca a filosofia ética na física e até na medicina. É importante observar que o que se chamou de período racionalista e positivista de Nietzsche – perceptível em *Humano, demasiado humano* dez anos depois – não é um simples retorno a um pensamento influenciado pelo mito trágico e pela metafísica schopenhaueriana; ele está germinado em sua leitura de Demócrito, que Nietzsche compara a Auguste Comte (que logo será admirado), e se manifesta em seu interesse pela principal obra de Friedrich Albert Lange, *História do materialismo*, desde a sua publicação em 1866.

A ciência, reintegrada em seus limites e discriminando o cognoscível e o absolutamente incognoscível, deve, para além de Schopenhauer, conduzir Nietzsche a Kant, que ele estuda através dos trabalhos de Kuno Fischer. Sente afinidades suficientes com Kant (a luta mortal mais tarde travada contra o kantismo não deve nos levar a esquecer essa proximidade) para projetar uma tese sobre "o conceito orgânico desde Kant", tema que aliás não tem mais nenhuma relação com a filologia. A carta de fim de maio ou começo de junho de 1868, endereçada a Deussen e anunciando esse projeto, demonstra com clareza o que já é a problemática de Nietzsche à época:

> Quando você acrescenta que a renúncia só poderia se justificar a partir do momento em que – como em Kant – se baseasse em uma firme convicção acerca dos limites de nossa faculdade de conhecer, eis aí um bom argumento. Quem está a par das pesquisas sérias, sobretudo em fisiologia, realizadas desde Kant, não pode contestar o fato de que esses limites são certamente conhecidos, e com tanta evidência que, afora teólogos, alguns professores de filosofia e o vulgo, ninguém alimenta mais nenhuma ilusão a esse respeito. Desse modo, o reino da metafísica e com ele a província da "verdade absoluta" foram colocados no mesmo domínio que a poesia e a religião. Quem pretende hoje saber alguma coisa se dá conta da relatividade do saber e se adapta a isso – como é o caso de todos os que alcançaram notoriedade no campo das ciências da natureza. Assim, portanto, para alguns homens a metafísica pertence ao domínio das necessidades da sensibilidade; ela é essencialmente edificante; por outro lado, é uma arte, o que permite a invenção dos conceitos, mas é preciso considerar firmemente que, nem como religião nem como arte, a metafísica não tem relação alguma com o que se chama "verdade ou ser em si".[34]

A crítica de Kant entrará em debate precisamente em torno da dimensão "edificante", isto é, moral, da relação que existe entre a razão prática e o em-si ("um êxito de teólogo" dirá *O anticristo*), porém, de modo mais imediato, a própria filosofia de Schopenhauer poderá ser invalidada, no que afirma cognoscível o em-si como vontade, e refere-se justamente a isso para fundar uma moral. Nietzsche leu a crítica radical que Rudolf Haym fez de Schopenhauer, mas também os ataques do neokantiano Otto Liebmann. Em 1868, paralelamente a suas reflexões sobre Demócrito, ele registra:

> Tentativa de explicar o mundo reduzindo-o a um fator hipotético.
> A coisa-em-si assume o aspecto de uma de suas formas possíveis.
> A tentativa é um fracasso.
> Schopenhauer não a tem como uma tentativa.
> Ela permitiu tornar acessível a coisa-em-si.[35]

Duas razões consideráveis provavelmente explicam por que Nietzsche, apesar de tudo, não renunciou de imediato a Schopenhauer: o forte potencial que o filósofo representava para incorporar uma figura de *educador* e o encontro pessoal com Wagner. A primeira servirá de transição decisiva para o próprio Nietzsche conseguir personificar um educador; a segunda, em certa medida, marca uma regressão no domínio da metafísica, mesmo que ela pudesse ser uma "metafísica de artista".

Em 15 de outubro de 1868, dia em que faz 24 anos, Nietzsche volta a Leipzig para preparar seu doutorado, em que projeta fazer uma comparação de Homero e Hesíodo. Contudo, mudará muitas vezes de ideia. Colaborador da *Rheinisches Museum*, recebe o convite para publicar nas colunas do prestigioso *Literarisches Zentralblatt*. Começa a ser efetivamente reconhecido em suas atividades filológicas, motivo por que não se matricula como estudante, mas como *Privatgelehrter*, pesquisador de caráter independente que não está submetido à obrigação de entregar um trabalho para obter o diploma.

Essa decisão também corresponde às dúvidas renovadas quanto a sua carreira de professor. Ele confidencia a Rohde: "Fico apavorado, a ponto de bater os dentes, quando penso nesse mau uso da memória, da capacidade produtiva, da tendência ao desenvolvimento pessoal; quando penso nesse mecanismo de um princípio de governo arcaico e nivelador".[36] Porém, ele deve constatar que nenhuma outra possibilidade se abre aos filólogos, "uma vez que fechamos todas as portas para situações mais proveitosas". Tem esperanças ao menos de que se elevará acima do pedantismo dos especialistas e de que os filólogos da nova geração serão "os verdadeiros promotores do humanismo".

Sua situação mais livre em relação à universidade possibilita que saia com mais frequência e experimente os prazeres mundanos. Graças a Ernst Windisch (amigo influente, especialista em estudos indo-europeus), aproxima-se dos círculos wagnerianos de Leipzig. Em 27 de outubro, assiste a um concerto em que se executam o prelúdio de *Tristão e Isolda* e a abertura de *Os mestres cantores*. Pela primeira vez, faz um julgamento sem reservas e escreve no mesmo dia a Rohde:

> Não consigo apresentar, diante dessa música, uma indiferença crítica; cada uma das minhas fibras, cada um de meus nervos estão num estado de exaltação, e havia muito eu não experimentava, como ao ouvir essa abertura [de *Os mestres cantores*], o sentimento de ser arrebatado para fora de mim.[37]

Por acaso, os Ritschl conhecem bem os Brockhaus, cujo chefe de família, Hermann, é um eminente orientalista. Ora, sua esposa Ottilie é nada mais nada menos do que a irmã de Richard Wagner. Enquanto o compositor está de passagem por Leipzig e instalado na casa do cunhado, Nietzsche é convidado para o jantar oferecido pelos Brockhaus em 8 de novembro. O ardor com que o jovem filólogo tenta – em vão – adquirir um terno sob medida evidencia sua extrema excitação perante a ideia de encontrar o mestre. Essa noite deveria mudar sua vida:

> Antes e depois do jantar, Wagner se pôs ao piano e tocou para nós as passagens importantes de *Os mestres cantores*, imitando todas as vozes, em uma atmosfera de extraordinária alegria. Isso porque é um homem fabulosamente vivo e fervoroso, de fala rapidíssima, que sabe alegrar um pequeno

círculo como o que formávamos; no intervalo, tive com ele uma longa conversa sobre Schopenhauer. Ah, você pode imaginar como foi prazeroso para mim ouvi-lo dirigir a seu respeito palavras de inimaginável fervor, falar tudo o que ele lhe deve, que ele é o único filósofo que reconheceu o que é o essencial da música.[38]

Na época de seu encontro com Wagner, o compositor está em uma situação pessoal delicada. Protegido do rei Luís II da Baviera desde 1864 e arrancado pelo soberano da vida de exilado e de pária em que suas inclinações revolucionárias de 1848 o haviam encurralado, Wagner viu-se envolvido em um escândalo de adultério do qual nem mesmo o rei pode salvá-lo: Richard viveu sob o mesmo teto de seu amigo, o maestro Hans von Bülow, sendo ao mesmo tempo amante de sua mulher, Cosima, a filha de Liszt.

Apesar do perdão amargamente consentido por Von Bülow a um rival que o fascina e pode transformar sua carreira, Wagner não tem permissão para permanecer no fervoroso reino católico da Baviera enquanto não tiver sua situação regularizada. Ora, é apenas junto de Luís II que Wagner pode alimentar a esperança de ver se realizar o projeto de sua vida: a construção de um teatro inteiramente dedicado à sua obra. Por conta disso, vive sozinho em uma casa em Tribschen, às margens do lago dos Quatro Cantões, alugada desde 1866 para preservar seus amores, e espera com impaciência que Cosima possa se juntar a ele.

Na noite de 8 de novembro, Nietzsche ainda nada sabe a respeito desse imbróglio burguês. Mesmo assim, descobre um artista extremamente consciente de sua missão e do papel que tem a representar em seu século. De todos os músicos, Wagner é o mais prolixo em escritos teóricos e autobiográficos; a escrita se faz presente em toda a sua vida, anunciando muitas vezes a própria obra musical de modo programático. Seu ideal artístico une convicções estéticas e políticas, exigências éticas e culturais. Richard é um homem de reformas, que sempre procurou aplicar seu programa às funções que ocupou, desde seus primeiros cargos de diretor musical em Königsberg e Riga a propostas de renovação da vida musical apresentadas na Saxônia (1846-1848), em Viena (1848) ou em Zurique (1851).

No momento, está concentrado de corpo e alma em um projeto de festival, uma ideia nascida em 1850 e que só vai se realizar nos anos 1870. Seu princípio fundamental evoca o *Aufklärung*, tal como o conduzira concretamente José II no século XVIII: fazer do teatro o instrumento de enobrecimento do gosto e dos costumes. Trata-se de reformar a cultura e, por essa razão, seu conceito de "obra de arte do futuro" atua em um pensamento do progresso e da renovação da cultura.

Em 1839, sua estadia em Paris se mostrou ao mesmo tempo traumatizante e frutífera: Richard descobriu com raiva a escravidão da moda burguesa e do gosto filisteu. Quando a Alemanha, assim como o resto da Europa, foi agitada pelo movimento revolucionário de 1848, Wagner se posicionou abertamente a favor do *Vorwärts* e do movimento Jovem Alemanha. A revolução era então um horizonte onipresente, como atesta o título de seu ensaio de 1849, "A arte e a Revolução". Sua participação no levante de Dresden, em maio do mesmo ano, e o fracasso da revolução forçaram-no a se exilar na França e depois na Suíça.

Sem dúvida, era um momento de ruptura na existência do compositor: a falta de reconhecimento e de perspectiva gerou uma forma de confinamento depressivo, um retrato do mundo que, pouco a pouco, transformou o engajamento político em aspiração mitológica. A questão do "povo" tornou-se a do "espírito alemão" (*O que é o espírito alemão?* 1865), da renovação alemã sob a proteção da Baviera e contra a Prússia.

Naturalmente, o nacionalismo de Wagner apoia-se em certo antissemitismo (que será ainda reforçado pela leitura das teorias raciais de Gobineau em 1876). Em seus escritos, é possível vê-lo se debater com as contradições de seu tempo, articulando o mais mítico ideal com sua vontade de realizar sua própria ascensão. Na quarta de suas *Considerações extemporâneas* (1876), intitulada "Wagner em Bayreuth", Nietzsche analisará na obra do artista justamente a síntese entre uma dimensão luminosa (uma ética da fidelidade) e uma parte sombria (um oportunismo feroz), uma vontade ferrenha que não é ainda chamada de "vontade de poder", mas que traz as características dessa última: uma hierarquização dos instintos sob uma irrepreensível direção, força plástica e criadora além do bem e do mal.

Nos anos 1850, a profunda decepção advinda do fracasso da revolução torna Wagner extremamente receptivo ao pessimismo. Assim, quando no final de setembro de 1854, o poeta socialista e revolucionário Georg Herwegh põe em suas mãos *O mundo como vontade e representação*, Wagner apropria-se de Schopenhauer como de um bálsamo salvador. Faz dele o segredo de sua própria criação:

> Percorrendo meu poema dos "Nibelungos", percebi com espanto que o que me deixava tão perplexo com essa teoria se tornara, havia muito, familiar na minha própria concepção poética. Somente então compreendia meu Wotan e, transtornado, retomei com mais atenção o estudo do livro de Schopenhauer.[39]

Em apenas um ano, Wagner não lerá menos de quatro vezes a imponente obra filosófica. Sua nova ópera, *Tristão e Isolda*, é fruto dessa inspiração: "Em parte, foi sem dúvida a austeridade em que mergulhei devido a Schopenhauer – e que então insistia para ser expressa de modo extático nos seus traços fundamentais – que me inspirou a ideia de um *Tristão e Isolda*". Há em Wagner as marcas profundas de uma concepção *niilista*:

> Devemos aprender a *morrer*, e entendo morrer no sentido mais pleno da palavra; o medo do fim é a fonte de toda falta de amor e só nasce onde o amor já desvanece... Wotan se eleva até essa altura trágica onde *anseia* seu declínio. Isto é tudo o que se deve apreender da história da humanidade: *querer a necessidade* e mesmo satisfazê-la.[40]

Deve-se aqui retornar ao ponto que, na filosofia de Schopenhauer, fascinaria de modo implacável tanto Wagner quanto Nietzsche: a promoção extraordinária da música em metafísica. Vimos que a compaixão e a renúncia são o caminho propriamente ético da libertação. O outro caminho, introdutório à via ética, é o da contemplação estética, que é, em termos kantianos, juízo desinteressado: a beleza dirige-se a nós como puros sujeitos do conhecimento; ela nos faz ter acesso a uma objetividade da vontade pela reprodução de Ideias que contemplamos. Schopenhauer propõe uma classificação das belas-artes baseada na separação progressiva do mundo dos fenômenos: progride-se pouco a pouco da arquitetura, que exprime forças elementares (físicas e dinâmicas), até a tragédia, em que o herói atinge a resignação total. Ora, a música não pertence a essa hierarquia, pois sua essência é fundamentalmente diferente:

> E como nosso mundo nada mais é do que a fenomenização das Ideias na pluralidade, em virtude de sua entrada no *principium individuationis* (na forma do conhecimento possível que é própria ao indivíduo como tal), a música, visto que vai além das Ideias e também é completamente independente do mundo fenomênico, ignora-o totalmente, poderia por assim dizer subsistir mesmo se não existisse mundo: algo que não poderia se dizer das outras artes. De fato, a música é uma objetivação e uma imagem tão IMEDIATA de toda a VONTADE como o é o próprio mundo, e até mesmo as Ideias, cujo fenômeno multifacetado constitui o mundo das coisas singulares. A música, portanto, não é de modo algum a imagem das Ideias como as outras artes, mas a própria IMAGEM DA VONTADE, cujas ideias são também a objetividade: eis por que o efeito da música é tão mais poderoso e penetrante que o exercido pelas outras artes; pois estas falam apenas de sombra, enquanto aquela da essência.[41]

Vê-se como semelhante afinidade entre a música e o mundo em si permitia uma articulação forte entre metafísica, ética e estética. Cabe dizer que Wagner, aproveitando uma promoção tão radical da música, não fazia mais do que sustentar teoricamente o projeto anterior de um *drama musical* herdado do ideal da tragédia grega como arte total. Por isso, suas posições teóricas são indissoluvelmente contraditórias quando se trata de saber quem, música ou drama, está a serviço do outro.

Wagner retoma essa antiga questão, que preocupara os inventores florentinos da ópera do fim do século XVI, sem resolvê-la. Nietzsche tentará, em *O nascimento da tragédia*, a teoria de uma inseparável complementaridade. Fato é que Wagner encontrará em Nietzsche o teórico de que precisa; e Nietzsche, por sua vez, poderá depositar na figura de Wagner todas as suas esperanças de renovação da cultura europeia em um modelo *ao mesmo tempo* grego e schopenhaueriano. E nesse "ao mesmo tempo" deveria emergir o fundo aporético de suas reflexões.

Enquanto Nietzsche, como se viu, começava a apresentar sérias reservas quanto à metafísica de Schopenhauer, Wagner faz com que ele volte a mergulhar nela de corpo e alma. A propagação em prol de Schopenhauer e aquela em prol de Wagner agora caminham juntas. As perspectivas abertas pelo encontro com Wagner são, para Nietzsche, imensas: elas ampliam suas ambições, aprofundam a distância com o mundo universitário e o impelem a buscar o essencial. Em 20 de novembro, escreve a Rohde:

> Agora que vejo de perto a pululante súcia dos filólogos de nosso tempo, que dia a dia preciso observar seu trabalho de toupeira de bochechas gordas e olhos cegos, sua alegria de capturar uma minhoca e sua indiferença quanto aos verdadeiros, urgentes problemas da vida, e não só nas camadas jovens, mas também na dos antigos, aqueles que terminaram seu ciclo de crescimento, então percebo cada vez melhor que nem você nem eu, se permanecermos fiel a nosso gênio, avançaremos na existência sem encontrar todo tipo de obstáculos, sem esbarrar em toda sorte de contratempos. Quando o homem não se reduz ao filólogo, a supracitada

> súcia começa a se pasmar com semelhante milagre, em seguida se irrita e por fim arranha, ladra e morde [...]. Porém, caro amigo, o que importa pois, às suas produções e às minhas, o julgamento que os outros fazem a respeito de nossas pessoas? Pensemos em Schopenhauer e em Richard Wagner, na irredutível energia com que mantiveram elevada e firme a fé neles mesmos, e isso sob os clamores hostis de todo o mundo "culto".[42]

O eixo ao redor do qual Nietzsche organiza suas reflexões e suas esperanças é a figura do gênio, que fora tema das análises de Kant, mas também de Goethe e de Schiller, de toda a geração romântica e até Schopenhauer. Uma carta de Nietzsche a Rohde, de 9 de dezembro, denuncia uma viva exaltação, mas igualmente a falta um pouco ingênua de qualquer olhar crítico:

> Wagner, como agora o conheço por sua música, por seus poemas, por sua estética e também, o que não é pouco, pelo feliz encontro que tive com ele, é a mais evidente encarnação do que Schopenhauer chama de gênio: sim, com certeza, até nos mínimos traços, a semelhança salta aos olhos. Ah, como gostaria, uma noite, bem à vontade, de poder contar a você um sem-número de pequenas coisas que descobri sobre ele, a maioria através da irmã! Como gostaria que pudéssemos ler juntos seus poemas (Romundt os considera tanto que vê em R.W., e de longe, o principal poeta de sua geração, e sei pelo próprio Wagner que também Schopenhauer tinha uma ótima opinião a respeito deles), que pudéssemos viver juntos o curso intrépido, e mesmo vertiginoso, de sua estética, ao mesmo tempo destrutiva e construtiva, enfim, que pudéssemos nos deixar levar pelo encanto das vibrações afetivas de sua música, por esse mar schopenhaueriano de sons cujas mais secretas ondas provocam um choque que sinto ressoar em mim, a tal ponto escutar a música wagneriana me é uma radiante intuição, ou melhor, uma emocionante descoberta de mim mesmo.[43]

Por trás do entusiasmo se revela, no entanto, um traço constante da relação de Nietzsche com Wagner: "uma emocionante descoberta de mim mesmo". Com frequência se disse que o compositor tirara partido de um pensador capaz de servir a seus propósitos; contudo, em contrapartida, Wagner representou para Nietzsche o instrumento de um longo acesso a si mesmo, que perpassa toda obra como um fio condutor, até o fim. Cabe também lembrar que Wagner abre em Nietzsche uma fase utopista e marcada por uma insuficiente dimensão crítica, que criará uma cisão interna cada vez mais profunda. Todavia, deve-se dizer a favor de Nietzsche que, desde o início, ele foi incapaz de se identificar com os wagnerianos que começavam, sob o estandarte de Liszt, a invadir a cena cultural alemã, persuadidos de incorporar a vanguarda do futuro e exultantes de ver um brilhante filólogo convertido a sua causa. Em fevereiro de 1869, escreve a Rohde:

> Nos últimos tempos, com meus pontos de vista sobre a música do futuro etc., acabei sendo um pouco notado e eis que seus simpatizantes não me dão mais trégua. Desejam que ponha minha pena a serviço de sua causa, mas não tenho a mínima vontade de começar de pronto a cacarejar publicamente como uma galinha; a isso se soma que meus irmãos *in Wagnero* são de modo geral muito tolos e que o que escrevem é repugnante. Em suma, não têm absolutamente nenhuma afinidade com esse gênio nem olhar algum para o que está no fundo, vendo apenas a superfície: sua escola pensa que o progresso em música se reduz a certas particularidades que a natureza originalíssima de Wagner assopra aqui e ali como bolhas.[44]

No exato momento em que Nietzsche começa a se desvencilhar da filologia universitária, vê-se preso outra vez pela instituição. No começo de dezembro de 1868, a cadeira de filologia grega da Universidade de Basileia fica vaga com a saída de Adolf Kiessling, nomeado em Hamburgo. Este deve indicar seu sucessor e, tendo notado os trabalhos de Nietzsche, pede para seu antigo professor Ritschl uma opinião sobre o jovem filólogo. A recomendação que Ritschl envia a Wilhelm Vischer-Bilfinger, conselheiro do departamento de ensino público de Basileia e responsável pelas nomeações, é uma impressionante carta de louvor:

> Entre tantos jovens talentos que, desde recentemente 39 anos, pude ver se desenvolver diante de meus olhos, ainda não conheci nenhum outro – isto é, nos limites da minha disciplina e de meus meios – tão precoce, tão completo quanto Nietzsche [...]. Ele está agora com 24 anos, é forte, vigoroso, sadio, tão consistente de corpo quanto de caráter, tem tudo para se impor a naturezas semelhantes à sua. Além disso, tem o raro dom de saber, em quaisquer circunstâncias, se expressar ao mesmo tempo com calma, clareza e elegância. Ele é um ídolo e, contra sua vontade, o guia do mundinho de jovens filólogos de Leipzig, os quais (bastante numerosos) se inflamam ao ouvi-lo ensinar.[45]

Ritschl prevenira o conselheiro, todavia, de que Nietzsche não tinha o título de doutorado nem habilitação de docente, condições exigidas para nomeação. Porém, a coisa correu tão bem que, em 12 de fevereiro de 1869, Nietzsche foi nomeado professor em Basileia. Essa nomeação sem doutorado se tratava de um privilégio sem precedentes, que não lhe trará apenas amigos.

Franziska e Elisabeth estão encantadas com a notícia, mas o próprio Nietzsche parece mais dividido. Diante do fato consumado, qualquer outra perspectiva se fecha, e Nietzsche expressa a Rohde, em diversas cartas, sua angústia e sua inquietação:

> E sobretudo a solidão, a solidão ἀφιλοςάλυρος*! Por enquanto, vivo na diversão, ou melhor, no carnaval desesperado antes da grande Quarta-Feira de Cinzas, a do trabalho, dos filisteus. Estou triste por isso – mas nenhum dos meus conhecidos daqui nota coisa alguma. Todo mundo se deixa cegar pelo título de professor e me tem pelo mais afortunado dos homens debaixo do sol.[46]

Porém, ciente de seu valor, aspira a certo prestígio social e logo pede imperiosamente à mãe um empregado, exigência

---
* "Sem amigos e sem lira". *Édipo em Colono*, de Sófocles. (N.A.)

que a econômica Franziska logo o faz abandonar. Nietzsche também escolhe esse momento para se distanciar de Deussen, de quem recebeu uma carta por certo despropositada, no entanto mais triste do que agressiva: Deussen, lutando sem sucesso para obter um cargo na universidade e relegado às aulas do ensino secundário, manifestara certa inveja em relação a seu amigo recém-nomeado.

A resposta de Nietzsche é mordaz, a ponto de Deussen se perturbar e lhe pedir desculpas. O tempestuoso Nietzsche abranda-se, mas mantém laços bastante frios. Provavelmente essas reações agressivas prenunciem uma doença ou uma inquietação. Em algum momento entre o outono de 1868 e a primavera de 1869, Nietzsche escreve em um caderno que, aliás, só contém observações filológicas, algumas linhas preocupantes e de um tom de ruptura total com o restante.

> O que receio não é a silhueta terrível atrás de minha cadeira, mas sua voz: também não suas palavras, mas o tom horrivelmente inarticulado e inumano dessa silhueta. Se pelo menos ela falasse como os seres humanos...[47]

Desde a sua descoberta tardia, muito se citou essa nota, que sem dúvida faz pensar no conto *O Horla*, para querer diagnosticar os primeiros sinais de alucinações patológicas. Por fim, pouco importa que Nietzsche tenha acreditado realmente ver essa silhueta ou que tenha transcrito de maneira metafórica uma violenta crise de angústia – a angústia, esta sim, é bastante real. Fato é que nessa época Nietzsche tem a sensação de precisar aguçar o ouvido para escutar uma mensagem incompreensível. Algo, de todo modo, intima-o a decifrar um enigma, aquém ou além da língua e do humano.

O duplo gênio (1869-1872)

Em 23 de março de 1869, a Universidade de Basileia concede a Friedrich Nietzsche o título de doutor em filologia. Fato sem precedentes: ele obtém seu grau sem ter defendido o doutorado, apenas com base em seus trabalhos para a *Rheinisches Museum*. Em 14 de abril, renuncia à nacionalidade prussiana a fim de ser dispensado de qualquer convocação militar em caso de conflito, demonstrando assim fidelidade à sua nova universidade. Todavia, não obtém nacionalidade suíça, por nunca ter vivido nesse país. Nietzsche não voltará a reivindicar sua nacionalidade alemã, permanecendo apátrida por toda a vida.

Ele chega a Basileia em 19 de abril. Em 28 de maio, dá sua aula inaugural, dedicada a "Homero e a filologia clássica". Assim, a definição que propõe da filologia causa a primeira polêmica: a filologia é um centauro, meio científico, meio artístico, que nunca passa de uma propedêutica ao exercício de uma visão de mundo e encontra seu coroamento na filosofia. Essa declaração, amplamente programática, por parte de um doutor de 24 anos, sem tese, não deixaria de despertar as primeiras suspeitas de uma comunidade universitária tão ciosa do brilho de seus diplomas quanto de uma rígida delimitação de sua disciplina.

No entanto, Nietzsche encanta rapidamente: os alunos o descrevem como um professor estimulante, cordial, que improvisa com maestria, a partir de algumas anotações, a explicação das obras. Seus seminários são frequentados por sete ou oito estudantes, número normal em se tratando de Basileia. Por essa razão, mas também porque a universidade, que depende diretamente de uma gestão municipal, está inserida no cotidiano da cidade, os professores devem igualmente ensinar nas turmas finais do *Paedagogium*, o ensino secundário clássico de Basileia. Aliás, é dando aula para esses alunos que Nietzsche terá mais prazer em ensinar.

Durante o primeiro semestre, dá aulas sobre Ésquilo e os líricos gregos; o segundo será dedicado às biografias de Sócrates e de Platão escritas por Diógenes Laércio, a Hesíodo, a Ésquilo outra vez e à métrica da tragédia ática. Ele se vale, naturalmente, de seus estudos em Leipzig. Apaixonado pela questão do ensino e suas possibilidades de reforma, logo se envolve em um terreno mais amplo, o de uma reflexão sobre a cultura – ampliação decisiva, como veremos.

Porém, nesse primeiro ano, o verdadeiro interesse de Nietzsche na nova cidade continua sendo a proximidade com Wagner, já que a mansão do compositor em Tribschen, próximo a Lucerna, encontra-se apenas a cerca de cem quilômetros de Basileia. Nesse meio-tempo, Wagner oficializou sua relação com Cosima von Bülow, que deixou o marido para se juntar ao amante na Suíça. O divórcio ocorrerá em 25 de junho de 1870, e o novo casamento será celebrado dois meses depois.

Na suntuosa mansão que se ergue às margens do lago, Wagner vive no luxo, cercado de inúmeros empregados e de grande quantidade de animais aos quais dedica verdadeira paixão. As visitas, os concertos e as festas se sucedem. Não obstante, quando o gênio está trabalhando, Tribschen torna-se um santuário, e Cosima, a inflexível guardiã. Durante seu encontro em Leipzig, Wagner convidara Nietzsche a lhe fazer uma visita em Tribschen, talvez por mera questão de educação. Contudo, Nietzsche faz questão de honrar esse convite e aproveita uma excursão ao lago dos Quatro Cantões, na parte de Uri, para fazer um desvio a Lucerna, por meio de barco a vapor, e se apresenta em Tribschen de maneira inesperada. Como Wagner estava em plena composição do terceiro ato de *Siegfried*, Cosima propõe ao rapaz, ao que tudo indica, para voltar na segunda-feira. Essa visita deve ter causado grande impressão sobre Nietzsche, pois em 22 de maio, data de aniversário de Wagner, ele escreveu aos anfitriões:

> Se tive a audácia de me incluir entre os *pauci*, foi depois de ter constatado que quase todas as pessoas que conhecemos

> se revelam inaptas quando se trata de apreender sua personalidade como um todo, de sentir o percurso unificado, profundamente ético, que perpassa sua vida, seus escritos e sua música, em suma, de perceber a atmosfera de uma visão de mundo mais séria e mais rica de alma, que foi furtada de nós, pobres alemães, do dia para a noite, após todas as misérias políticas possíveis, nossas desordens filosóficas e a invasão judaica. Devo ao senhor e a Schopenhauer o fato de ter permanecido firmemente ligado até aqui à seriedade da vida, a uma consideração aprofundada dessa existência tão misteriosa e tão inquietante.[1]

Essas linhas são importantes, pois revelam como Nietzsche trata com seriedade as grandes esperanças depositadas na figura de Wagner: este representa uma unidade existencial, em que ética e estética trabalham juntas, sob o amparo de Schopenhauer, para uma reforma possível, para uma verdadeira renovação da cultura alemã. A dedicatória a Wagner em *O nascimento da tragédia* – limiar da obra pública do filósofo – não dirá algo diferente.

Talvez caiba uma observação sobre "a invasão judaica". Toda a produção de Nietzsche atesta com clareza a falta de antissemitismo na obra do filósofo que, aliás, se transformará em um "anti-antissemitismo" declarado e ativo. Contudo, duas razões explicam esse deslize e alguns outros ao longo de 1869: em primeiro lugar, estamos às vésperas da guerra de 1870, e Nietzsche ainda não compreendeu realmente a articulação funesta que se estabelece entre o nacionalismo prussiano, o militarismo e o antissemitismo. Ele reproduz ainda, sem questioná-lo, o argumento de "invasão judaica" como um preconceito dominante entre a maior parte daqueles a quem inquieta confusamente o futuro da cultura alemã. Em segundo lugar, constata-se no jovem Nietzsche certa propensão à bajulação: é muito provável que tenha querido agradar a Wagner através de um antissemitismo de bom-tom.

Assim, em diversas de suas cartas, apresenta uma postura (bastante reprovável, há de se reconhecer) volátil, jurando por exemplo a Sophie Ritschl, esposa de seu professor em

Leipzig, que Basileia não passa de uma cidade atroz e que seu eminente intelectual, Jacob Burckhardt – que ele no entanto admira –, é um ser grosseiro... Sobre a complacência do jovem Nietzsche em matéria de antissemitismo, um detalhe revela o procedimento: Nietzsche remetia aos Wagner os textos de suas futuras conferências, e o rascunho de "Sócrates e a tragédia", sem dúvida submetido à aprovação dos Wagner, termina com um ataque dirigido contra o "jornalismo *judeu*". A versão final, lida em público em 1º de fevereiro de 1870, foi corrigida para "jornalismo *de hoje*" [2], para a sorte de Nietzsche.

O fascínio de Friedrich por Wagner tem algo de alienante, e serão necessários muito tempo e energia para que possa se libertar dessa atração. Isso porque o artista, confessa ele, tem "um encanto cativante".[3] Tribschen e Basileia tornam-se antípodas entre as quais Nietzsche leva de certa maneira uma vida dupla: por um lado, na presença dos Wagner, deixa-se levar por arroubos artísticos e ostentações mundanas; por outro, a universidade o reconduz à ascese das bibliotecas e à monotonia do círculo de colegas.

Ao longo do semestre de inverno de 1869-1870, Nietzsche trabalha com intensidade: além da continuação das aulas e dos trabalhos para a *Rheinisches Museum*, prepara a publicação de um artigo sobre Homero e se vê encarregado por Wagner da releitura e das correções das vastas memórias do compositor, que serão publicadas com o título de *Minha vida*. Parece que Nietzsche não se esquecerá do particularíssimo processo wagneriano de reconstrução e interpretação retrospectiva de si quando, vinte anos depois, escrever *Ecce homo*. Porém, acima de tudo, realiza sucessivamente, em 18 de janeiro e 1º de fevereiro, duas conferências públicas sobre "O drama musical grego" e, na sequência, "Sócrates e a tragédia".

Esses dois trabalhos representam um verdadeiro laboratório para obra a seguir, *O nascimento da tragédia*. À leitura desses dois textos, Wagner reage através de uma carta, datada por volta de 10 de fevereiro, que se assemelha a uma verdadeira "ordem" e que terá uma profunda influência, durante diversos anos, sobre a direção das reflexões de Nietzsche:

> O senhor poderia agora me liberar de grande parte e até de metade da minha missão. E talvez desta forma o senhor seguiria totalmente a sua. Veja a que mísera situação cheguei com a filologia e como, em contrapartida, foi bom que o senhor tenha chegado mais ou menos ao mesmo ponto com a música. Se o senhor tivesse se tornado músico, seria mais ou menos o que eu teria me tornado se houvesse insistido com a filologia. Porém, sinto a filologia sempre em mim – como atividade significativa – e ela me dirige até como "músico". Permaneça, pois, filólogo, para nesta condição se deixar dirigir pela música [...]. Mostre para que serve a filologia e me ajude a instaurar o grande "Renascimento" no qual Platão abraçará Homero e no qual Homero, repleto de ideias de Platão, então se tornará realmente o grande Homero.[4]

Em Tribschen, Nietzsche gostava, não sem certa ingenuidade, de que ouvissem suas próprias composições. Wagner põe um fim nas secretas esperanças musicais do jovem amigo e volta a conduzi-lo para a esfera universitária, embora o encorajando a trilhar um caminho extremamente singular, o de uma filologia "no espírito da música", e tal será, de fato, a expressão que define *O nascimento da tragédia*. Encarregado de semelhante missão espiritual, mas restrito por seu mestre aos trabalhos filológicos, Nietzsche pouco a pouco se fecha e trabalha sem descanso.

Durante o inverno, vai apenas três vezes a Tribschen e revela em suas cartas que sente falta dos amigos Rohde, Gersdorff e Deussen. Gostaria em especial que Rohde se juntasse a ele em Basileia e faz diversas tentativas para favorecer a nomeação de seu amigo e tê-lo por perto. Por outro lado, reserva momentos de solidão que lhe são necessários: "De minha parte, tiro pouco proveito de caminhadas em grupo com seis ou oito colegas, infinitamente menos do que das caminhadas solitárias que faço sem ser perturbado e para mim mesmo. Pouco a pouco as pessoas se habituam a me deixar sozinho, não sem algum sentimento de compaixão".[5]

As observações amargas sobre a estupidez dos colegas e de seus raros alunos se multiplicam. Em uma carta a Deussen, datada de fevereiro de 1870, revela uma tendência taciturna, mas sobretudo o sentimento fortalecido de sua missão excepcional ao lado de Wagner:

> Estamos cada vez mais silenciosos – há certos dias, e são muitos, em que só abro a boca para as exigências da minha profissão e ponto final. Tenho, é verdade, a inestimável sorte de ter como amigo o verdadeiro irmão espiritual de Schopenhauer, aquele que está para ele na mesma medida que Schiller esteve para Kant, um gênio a quem coube a sorte extraordinariamente sublime de vir um século antes de poder ser compreendido de verdade... Por isso, meu olhar mergulha mais a fundo nos abismos desta visão idealista do mundo; constato também que todos os meus esforços filosóficos, morais e científicos convergem para um único fim e que – talvez o primeiro de todos os filólogos – eu alcanço a totalidade.[6]

Como ele se satisfaria, em semelhantes condições, com o horizonte limitado da Universidade de Basileia? Nietzsche sente-se cada vez mais fora de lugar, mas suas dúvidas não o impedem de empregar grande zelo profissional, recompensado em 7 de abril de 1870 com sua efetivação. Quanto mais intimamente se afasta do estreito círculo da filologia universitária, mais esse círculo se fecha sobre ele.

O semestre de verão é ainda mais pesado, com vinte horas de aula por semana. Apesar da alegria que sente pela visita de duas semanas de seu amigo Rohde, em junho, Nietzsche fica preocupado com o novo projeto dos Wagner, que poderiam se mudar para Bayreuth, ao norte da Baviera, na Francônia. O magnífico teatro barroco da cidade desperta interesse no compositor, que abriu negociação com o município para estabelecer no local seu festival há tanto sonhado. Um lugar poderia até lhe ser concedido para que se construísse, com a ajuda de Luís II, uma nova sala de ópera.

Diante da ideia de ver Richard e Cosima se distanciarem, e com eles desaparecer o idílio de Tribschen, Nietzsche se perturba, a ponto de propor se demitir e seguir os amigos a Bayreuth para se dedicar de corpo e alma ao projeto do festival. Cosima responderá com alguma aspereza recusando – definitivamente, para os Wagner, Nietzsche deve permanecer onde está.

Nesse período de trabalho árduo e solidão, Nietzsche tem no entanto um encontro feliz: um novo professor de teologia acaba de ser nomeado na Universidade de Basileia e instala-se na mesma casa de Nietzsche. Franz Overbeck, sete anos mais velho que seu colocatário, é proveniente de uma família cosmopolita, que viajou por Londres, São Petersburgo e Paris. Para ele, a teologia não é a antessala do pastorado, mas antes uma disciplina filológica, científica e liberal. Sua nomeação em Basileia se revelará, do ponto de vista de um município que queria reforçar a influência religiosa entre os filólogos liberais, um erro estratégico. Para Nietzsche, contudo, foi o começo de uma amizade providencial e eterna.

> Para toda uma geração de jovens intelectuais reclusos nas universidades e completamente dedicados às humanidades clássicas, a guerra de 1870 é uma bomba repentina e incompreensível.
> Terrível catástrofe: a *Guerra Franco-Prussiana* foi declarada e toda a nossa civilização, corroída até os ossos, precipita-se para as garras do mais terrível demônio! Que experiências não vamos viver! Amigo, caríssimo amigo, voltaremos a nos ver no crepúsculo da paz. Como lhe sou agradecido! Se neste momento a existência se tornar para você insuportável, regresse a minha casa. O que será de tudo a que aspiramos? É possível que já seja para nós o começo do fim! Que vastidão desoladora! Teremos outra vez necessidade de monastérios. E seremos os primeiros *fratres*.
>
> O fiel suíço.[7]

Essas linhas, acrescentadas *in extremis* a uma carta de 19 de julho de 1870 enviada a Rohde, expressam a estupefação de Nietzsche perante a declaração de guerra. Entretanto, quem observava a política europeia poderia entrever a ameaça. Como Napoleão III quisera tirar proveito da rivalidade entre a Prússia e a Áustria para enfraquecer seu vizinho alemão, a vitória prussiana de 1866 forçara a França a se reaproximar da Áustria e da Itália. As tensões franco-prussianas foram se acumulando para culminar em torno do problema da sucessão ao trono da Espanha.

Apoiado por Guilherme I e Bismarck, o príncipe Leopoldo de Hohenzollern-Sigmaringen se apresenta como pretendente à coroa. A França, naturalmente, opõe-se a isso. Segue-se um passe de mágica diplomático em que, após a retirada da candidatura do príncipe, Bismarck (pelo despacho de Ems) faz parecer que o embaixador da França foi dispensado de maneira humilhante, exacerbando a indignação francesa. Napoleão III é pacifista, mas a Assembleia, levada pela opinião pública, decide a favor da guerra. Mal preparada para um conflito armado, ainda assim a França mobiliza suas tropas, desconsiderando o poder militar da Prússia e a aliança dos estados alemães em torno dela. A guerra de 1870 marcará a conclusão da unificação alemã, a onipotência de Bismarck e a derrocada francesa.

Em Basileia, apesar da formação de um comitê de apoio dos alemães residentes na Suíça, não existe uma simpatia muito clara pela Prússia. Os Wagner, embora deem prova de sua fidelidade à Alemanha, não têm a fibra prussiana: Richard desejava com ardor uma grande Alemanha confederada ao redor da Baviera, e Cosima, de ascendência francesa por parte de mãe, sente-se dividida. A francófila Tribschen acolhera Catulle Mendes e Théophile Gautier. Nietzsche também não deixara de expressar suas reservas acerca do poder prussiano. Contudo, sob efeito de uma estranha exaltação (que denuncia provavelmente um descontentamento quanto à sua situação em Basileia), descobre em seu âmago um arroubo patriótico a que, não sendo mais prussiano propriamente dito, nada o obrigava.

Sabe, no entanto, que "uma guerra nacional sem piedade como aquela *arriscaria* a aniquilar até as tradições da cultura".[8] Não pode mais ficar de braços cruzados: sentindo-se de repente impotente e à margem, tem necessidade de agir e de se sentir engajado em um movimento coletivo. No começo de agosto, solicita licença da universidade: quer participar da guerra. Cosima considera esse arroubo absurdo e manifesta isso sem rodeios:

> Não posso de modo algum aprovar sua decisão, ainda que a compreenda e respeite o motivo dela; e isso não devido ao eventual perigo a que o senhor se expõe, mas à perfeita inutilidade, no presente, de semelhante ato [...]. Há muito mais necessidade, neste momento, de doações do que de voluntários, e o senhor contribuiria mais oferecendo uma centena de cigarros do que sua própria pessoa, com todo o seu patriotismo e seu espírito de sacrifício.[9]

Deussen tampouco compreende o que pode passar pela cabeça do amigo. Porém, de nada adianta: em 11 de agosto, Nietzsche troca Basileia pelo hospital militar de Erlangen, onde recebe uma rápida formação de enfermeiro. Lá conhece um jovem pintor recrutado, Adolf Mosengel, com quem estabelece uma amizade passageira, mas a quem nunca mais verá depois da guerra. Durante todo o seu percurso, em Bischwiller e Haguenau, Saverne, Lunéville, Nancy, Pont-à-Mousson, depois Ars-la-Moselle, Nietzsche se depara com os horrores do front, recuperando os feridos em meio à carnificina. Acompanha-os a Karlsruhe, expondo-se a infecções contagiosas. Como ele próprio começa a sofrer de febre, disenteria e difteria, é repatriado em setembro a Erlangen, onde deve ficar de cama.

As cartas que escreve então à família, aos Ritschl e aos Wagner testemunham um mesmo sentimento: a compaixão por aqueles que sofrem, a miséria da existência e o consolo de ter ajudado, conforme suas possibilidades, a aliviar a dor de seus irmãos humanos. "Confesso que a atmosfera dessas experiências vividas se espalhara ao meu redor como uma bruma sombria; durante certo tempo ressoavam em meus ouvidos intermináveis gemidos [...]. Por ora, devo me contentar em olhar de longe e em me *compadecer*."[10]

Aquele que se tornará o mais selvagem crítico de uma moral da piedade deixa-se levar naquela oportunidade por uma compaixão que sua educação cristã, transfigurada pelo pensamento schopenhaueriano, arraigara profundamente em si. Tudo contra o que Nietzsche sempre lutou, precisou invariavelmente arrancá-lo de seu próprio âmago, através de uma violência exercida contra si mesmo. Seja qual for a interpretação que ela receberá (como máscara da crueldade, por exemplo), a compaixão permanecerá em Nietzsche um *problema* íntimo e constante.

Para Nietzsche, portanto, a guerra terminou. Em meados de setembro, para grande alegria da mãe e da irmã, encontra-se em Naumburg para um período de convalescença. Lá escreve o essencial de um texto que deveria de início se chamar "A tragédia e os espíritos livres".

> Tomada nas mãos com alguma neutralidade, *O nascimento da tragédia* é uma obra bastante extemporânea: ninguém jamais chegaria a sonhar que ela foi *começada* sob os trovões da Batalha de Wörth. Eu pensei e elaborei esses problemas ante os muros de Metz, em frias noites de setembro, em meio ao serviço no corpo médico; seria mais fácil pensar que a obra é cinquenta anos mais velha do que de fato é.[11]

Essa dupla temporalidade do primeiro grande texto de Nietzsche é uma de suas características profundas: o movimento de vai e vem entre um problema filológico e uma experiência traumática, entre a análise aguçada de um fenômeno estético antigo e a reivindicação de uma reforma da cultura contemporânea, remete à definição que o filósofo logo se dará de "extemporâneo" (*unzeitgemäss*) na segunda de suas *Considerações extemporâneas* (1874):

> Esta consideração também é extemporânea porque procuro compreender como um mal, um prejuízo, uma carência, algo de que a época se vangloria com razão, a saber, a cultura histórica, porque acredito inclusive que estamos todos corroídos pela febre historicista e que deveríamos pelo menos nos dar conta disso [...]. É igualmente verdade que sou o discípulo de épocas mais antigas, em particular da Antiguidade grega, e que foi apenas nessa medida que pude fazer sobre mim mesmo, como filho do tempo presente, descobertas tão extemporâneas. Isso, minha profissão de filólogo clássico

me dá o direito de dizer, pois não sei que sentido a filologia clássica poderia ter hoje senão o de exercer uma influência extemporânea, isto é, agir contra o tempo, portanto sobre o tempo, e, esperemos, em prol de um tempo a vir.[12]

E a guerra é antes de tudo uma experiência concreta do sofrimento como acontecimento histórico, da maneira como a própria História se sucede no sofrimento. O tema geral do sofrimento universal na obra de Schopenhauer se incorpora repentinamente na violência histórica contemporânea. Esta se torna o sintoma e o sentido de uma determinada época. Para que uma ética seja ao menos possível, deve-se saber qual sentido cada época confere ao sofrimento.

A reflexão acerca do pessimismo grego, que está no cerne do interesse filológico de Nietzsche desde que descobriu Schopenhauer, deve unir-se à constatação de um insolente otimismo contemporâneo. É da guerra que nasce em seu íntimo a profunda desconfiança quanto à vitória alemã, à superioridade e à autossatisfação da cultura alemã. No fim de 1870, expressa tal sentimento diversas vezes em suas cartas a Gersdorff, sob uma forma que atingirá sua mais poderosa expressão em 1873, na primeira de suas *Considerações extemporâneas*:

> Porém, de todos os desdobramentos deploráveis produzidos pela nossa recente guerra contra a França, o mais deplorável talvez seja um equívoco amplamente disseminado, senão geral: o erro que leva a opinião pública e todos os formadores de opinião a crer que a civilização [*Kultur*] alemã teria também participação nessa vitória e deveria, por conseguinte, ser coroada como convém depois de acontecimentos e de triunfos tão extraordinários. Tal ilusão é extremamente funesta: não porque uma ilusão – de fato, existem equívocos salutares e benéficos –, mas porque suscetível de transformar nossa vitória em uma derrocada total: *a derrocada, e até a extirpação do espírito alemão em prol do "Império alemão"*.[13]

Nietzsche pode agora desenvolver essa posição essencial influenciado pelas aulas ministradas pelo grande Jacob Burckhardt (1818-1897), que ele acompanha a partir do semestre de inverno de 1870-1871. Nietzsche manifestará ao longo de sua vida uma profunda admiração por esse professor, a quem ainda escreverá – em 4 de janeiro de 1889, no momento de seu colapso psíquico – um bilhete desvairado assinado como Dionísio: "A meu venerado Jacob Burckhardt... [...] Agora o senhor é – você é – nosso grande, grandíssimo mestre...".[14]

Em *Considerações sobre a história universal* (obra que sintetiza suas pesquisas e só será publicada postumamente em 1905), Burckhardt se opõe, contra Hegel, a qualquer ideia de teleologia do progresso histórico. Distingue, ao contrário, constantes e ciclos em que três poderes fundamentais se afrontam sob relações de força diversas em combinação infinita: o Estado, a religião e a cultura. Os dois primeiros são estáticos e reivindicam a universalidade, ao passo que só a cultura é dinâmica, chegada espontânea de figuras exemplares do *espírito* de uma civilização. Ora, ainda que não tenha destino final, a História de nosso tempo é, contudo, tanto para Burckhardt quanto para Nietzsche, um período de *decadência*.

Em Nietzsche, o Estado e a religião logo receberão sua interpretação; entretanto, por ora, o futuro autor de *O nascimento da tragédia* tem necessidade de se unir à dinâmica da cultura que ele, por sua vez, subdivide em dois movimentos antagonistas e complementares, a arte e a ciência. Ambas, aos olhos da cultura grega, encontram-se marcadas por uma tonalidade fundamental, ou seja, certo tipo de ligação com a existência: a arte tem do mundo uma visão pessimista; a ciência, uma visão otimista. Dessa interpretação resultará toda uma genealogia da decadência. As dimensões estética e metafísica de *O nascimento da tragédia* devem ser compreendidas como uma resposta por deslocamento a uma problemática contemporânea, como crítica da decadência europeia.

Nessa questão, Nietzsche é profundamente tributário da tradição intelectual de Basileia[15], representada por Burckhardt e seu predecessor, Johann Jakob Bachofen (1815-1887). Este, oriundo de uma rica família de comerciantes suíços, fora banido e tachado de apostasia pela universidade alemã por conta de sua crítica virulenta à filologia de seu tempo.

Burckhardt, de cuja família saíra desde o século XVII quase um terço dos prefeitos, é, assim como Bachofen, um firme oponente do otimismo histórico da Universidade de Berlim dos anos 1830, rejeitando o pressuposto liberal segundo o qual a arte se desenvolveria na esteira da democracia moderna e o Estado-nação, centralizado e imperialista, poderia ser portador de valores democráticos.

No fundo, a Universidade de Basileia é um anacronismo à época do Estado-nação. Ela não tolera mais o poderoso Estado moderno nem tampouco os excessos revolucionários e os levantes populares; desconfia de seus teóricos, de que forçosamente ouviu falar. Lembremos que os três congressos da Internacional de Marx e Engels ocorreram na Suíça naquela época: em Genebra, em 1866; em Lausanne, um ano depois; e em Basileia, em 1869. De estrutura oligárquica, a cidade se opõe tanto ao Estado-nação moderno quanto ao internacionalismo proletário. A reação conjunta de Burckhardt e de Nietzsche à notícia (na verdade, falsa) do incêndio do Louvre pelos comunalistas franceses, em 23 de maio de 1871, é típica: um dos símbolos da cultura universal sendo alvo do populacho se mostrou um pensamento insuportável a ambos. Em 21 de junho, Nietzsche escreve a Gersdorff:

> Para além do conflito entre nações, ficamos chocados por essa cabeça de hidra internacional que de súbito brotou de modo terrível, anunciando para o futuro diferentes lutas. Se pudéssemos conversar pessoalmente, teríamos a mesma opinião ao constatar justamente em que medida, através desse fenômeno, nossa vida moderna, ou melhor, toda a velha Europa cristã e seu Estado, mas sobretudo a "civilização" romana hoje dominante por toda parte, revelam o enorme mal de que padece nosso mundo; em que medida nós todos, com o nosso passado, *somos responsáveis* pelo surgimento de semelhantes atos de terror; de tal modo que devemos estar bem distantes de nos vangloriar do nosso valor para só imputar àqueles desafortunados o crime de uma luta contra a cultura. Sei o que isso significa, a luta contra a cultura. Quando ouvi dizer que Paris queimava, fiquei durante alguns dias

completamente prostrado, entregue a lágrimas e dúvidas: toda a existência de um sábio e de um filósofo-artista me pareceu como um absurdo a partir do momento em que bastava um único dia para eliminar as mais esplêndidas obras de arte e até mesmo épocas inteiras da arte: eu me apeguei com seriedade e convicção ao valor metafísico dessa arte que não poderia existir em razão dos míseros homens, mas que deve cumprir as mais elevadas missões.[16]

E, em 1878, Nietzsche anotará em seus cadernos:

Outono – sofrimento – folhas secas – viscárias, ásteres. Exatamente a mesma sensação experimentada durante o suposto incêndio do Louvre – sentimento de um outono da civilização. Nunca sofrimento mais profundo.[17]

Em resposta a essa desesperança diante do "outono da civilização", *O nascimento da tragédia* será também um hino à primavera dionisíaca dos primórdios da civilização grega.

Em 1870, Nietzsche passou as festas de final de ano com os Wagner. Richard o presenteou com um exemplar de sua obra *Beethoven* e ofereceu uma serenata a Cosima, ao som do magnífico *Idílio de Tribschen* (conhecido pelo título de *Idílio de Siegfried*). Nietzsche ofereceu a Cosima uma bela impressão de um texto intitulado *O nascimento do pensamento trágico* (mais tarde *A visão dionisíaca do mundo*) e, para Wagner, uma reprodução da célebre gravura de Dürer, *O Cavaleiro, a Morte e o Diabo*. Não se trata de um acaso: a obra em breve será mencionada em *O nascimento da tragédia* para prestar homenagem não a Wagner, mas ao incomparável Schopenhauer:

O que poderíamos indicar, na desolação e na extenuação da cultura atual, que pudesse despertar em nós a esperança de um consolo para o futuro? Em vão procuramos uma só raiz vigorosa, um só pedaço de terra fértil e sadio: por toda parte pó, areia, torpor, decadência. Quem se afastasse disso, solitário e desesperado, não acharia melhor símbolo do que o *Cavaleiro escoltado pela Morte e pelo Diabo*, como Dürer o gravou: o cavaleiro protegido pela armadura, com o olhar duro e inabalável, que segue seu caminho de terror, impassível ante seus horríveis companheiros e, no entanto, sem esperanças, sozinho com o seu corcel e o seu cão. Nosso Schopenhauer foi esse cavaleiro de Dürer: toda esperança lhe faltava, mas queria a verdade. Não há nenhum outro que se possa comparar...[18]

Desde o fim dessa visita idílica, a partir de 1º de janeiro de 1871, a redação definitiva do ensaio sobre a tragédia grega se revela um período de grande tensão nervosa, que se manifesta fisicamente através de insônias, crises de hemorroidas, astenia e uma inflamação gastrintestinal que os médicos atribuem à exaustão. De modo característico, é também nesse exato momento que Nietzsche tenta ser nomeado professor de filosofia, esperando ocupar a vaga que abrira com a saída de Teichmüller. Escreve então uma carta repentina e arriscada a Vischer-Bilfinger, pedindo sua mudança e sugerindo Rohde para seu próprio lugar. Suas palavras denunciam uma profunda perturbação:

> Vivo aqui em um singular conflito, que me deixou exausto e, mesmo fisicamente, me corrói. Enquanto meu temperamento o impele com máximo vigor a unificar filosoficamente minhas reflexões, a persegui-las em longas concatenações de pensamento, a me deter em um problema sem ser distraído, sinto-me sempre tomando atitudes contraditórias devido às múltiplas exigências cotidianas da minha profissão e, desse modo, desviado de meu caminho. Por fim, mal consigo continuar suportando a justaposição dessas duas tarefas, a do *paedagogium* e a da universidade. Isso porque, eu o sinto, minha verdadeira tarefa, à qual, em caso de necessidade, *eu deveria sacrificar qualquer profissão*, minha tarefa de *filósofo* sofre com essa circunstância, ou, melhor dizendo, encontra-se rebaixada ao nível de atividade secundária. Penso que essas palavras traduzem do modo mais exato o que me corrói com tanta força, o que me impede de cumprir com regularidade e serenidade minhas obrigações profissionais e, por outro lado, esgota minhas forças físicas e me conduziu a um grau de sofrimento que me oprime nesse momento, sofrimento tão forte

que, ao se repetir com frequência, me obrigaria, por razões meramente físicas, a abandonar todo trabalho filológico.[19]

Vischer-Bilfinger, por uma atitude de benevolência, parece não ter reagido de modo algum a essa correspondência que, vinda a público, poderia ter comprometido a carreira de Nietzsche. Esse pedido para mudar de especialidade encobre, na verdade, a incompatibilidade fundamental entre a profissão de professor e a pesquisa filosófica. Nietzsche sabe que não tem chance alguma de obter uma cadeira de filosofia; autodidata, sem outra recomendação além da sua própria, apresenta vastas lacunas em história da filosofia: de Aristóteles, só leu a *Retórica*; ignora quase a totalidade absoluta do pensamento clássico e só abordou Kant através de Schopenhauer; se leu a terceira crítica de Immanuel, dedicada à estética, apenas conhece o restante de maneira indireta, pelos trabalhos de Kuno Fischer.

Diante do estado de saúde preocupante do jovem professor, e talvez também para lhe dar tempo de reconsiderar suas veleidades de mudança, a Universidade de Basileia lhe concede uma licença, que ele utilizará a partir de meados de fevereiro, em companhia da irmã, na região dos lagos italianos. Trata-se da primeira de uma longa série de licenças de saúde que desembocarão, em 1879, na retirada definitiva de Nietzsche. É também o momento da descoberta dos céus meridionais e das paisagens italianas que terão uma influência libertadora sobre a sua escrita. No fim de março, em Lugano, escreve a Rohde:

> Estou me habituando pouco a pouco à vida de filósofo e já retomei a confiança pessoal; precisaria além disso me tornar poeta, é uma perspectiva em que já pensei. Não disponho absolutamente de nenhuma bússola do saber que me indicaria ao que estou destinado; no entanto, afinal de contas, tudo me parece estar tão bem ajustado como se até então eu tivesse obedecido a um bom gênio. Que com essa incerteza quanto aos fins, na falta de qualquer grande aspiração a cargos públicos, fossem experimentadas tanta seriedade e paz como eu

experimento, eis aí o que eu nunca teria imaginado possível. Que sensação ver diante de si, como uma linda bola, seu mundo pessoal se encher! Ora é uma porção de metafísica nova, ora uma nova estética que vejo crescer; em seguida, dedico-me outra vez a um novo princípio de educação, que implica a total rejeição de nossas escolas e universidades.[20]

E um pouco mais adiante a pena lhe arranca esta exclamação: "Ai de mim! Como aspiro à saúde!".

Para *O nascimento da tragédia*, de início Nietzsche tece os resultados de suas cinco conferências em Basileia. A partir de fevereiro de 1871, escreve a dedicatória a Wagner. Em maio, acrescenta todas as referências à arte wagneriana. O texto está pronto desde o começo do verão, mas o editor Engelmann, de Leipzig, recusa o manuscrito, e Nietzsche deve publicar excertos por conta própria. "O livrinho que tinha comentado com você", escreve ele a Rohde em meados de julho, "não encontrou editor algum; é por fragmentos que agora lhe dou à luz; que tortura para a parturiente!"

No entanto, em novembro, Ernst Wilhelm Fritzsch, o editor de Wagner, aceita publicar a obra, que é enfim lançada em 2 de janeiro de 1872, ornamentada com uma gravura de Leopold Rau representando o "Prometeu libertado". Nietzsche logo envia exemplares com dedicatória a Tribschen. Wagner está impressionado, conforme observa Cosima: "Ao meio-dia, encontro R[ichard] excitado e remoendo os pensamentos despertos pelo livro do professor Nietzsche. Está feliz por ter a possibilidade de viver isso, diz que depois de mim vêm Nietzsche e [o pintor] Lenbach e que, caso tivesse morrido há dez anos, sua vida teria sido bem vazia".[21] No dia 18, ela envia para Nietzsche uma carta de agradecimentos que vale por uma bênção:

> Oh, como seu livro é belo, como é belo, profundo e audacioso! [...] O senhor conjurou, neste livro, os espíritos que eu acreditava obedientes apenas a nosso Mestre; o senhor lançou a mais viva luz sobre dois mundos – um dos quais, muito distante, nos é invisível, e outro, muito próximo, nos

permanece desconhecido –, de modo que percebemos agora as belezas que pressentíamos com êxtase e compreendemos as feiuras por que quase sufocávamos.[22]

Com *O nascimento da tragédia*, Nietzsche pretende examinar muitas questões ao mesmo tempo e relacionar motivos e objetivos múltiplos. De início, trata-se de desempenhar o papel de filólogo, determinando as causas que nortearam a invenção do gênero da tragédia ática, seu desenvolvimento e sua decadência, de Ésquilo a Eurípides. Em seguida, há de se fazer trabalho de filósofo sob quatro aspectos, a saber, uma contribuição estética, que sinaliza dois princípios formais distintos e complementares estabelecendo tipos diferentes de relações com o prazer estético e os gêneros artísticos correspondentes: o apolíneo e o dionisíaco, cuja aliança milagrosa se materializa na tragédia esquiliana; uma contribuição metafísica, que liga esses dois princípios às duas faces da essência do mundo: o sofrimento do ser e a beleza da aparência; uma contribuição psicológica, que determina tipos de homens em função de seu grau de anuência a um ou outro princípio: o tipo artista e o tipo teórico; por fim, uma contribuição ética, que determina o valor desses tipos psicológicos considerando sua ligação fundamental à vida e ao conhecimento: o pessimismo trágico e o otimismo socrático.

Porém, isso não é tudo: com base nessa avaliação, Nietzsche pode definir a evolução da cultura grega antiga, no que concerne àquela do gênero dramático, no sentido de uma ascensão, de um apogeu e de uma decadência, encontrando assim os meios para definir o que são uma cultura superior e a decadência de uma cultura. Dessa forma, sente-se autorizado a avaliar comparativamente a cultura europeia de seu tempo e a criticar a decadência em que ela ainda se encontra desde o fim do milagre grego.

Para poder ligar o destino da Grécia e o da Alemanha (como fizeram antes dele Goethe, Schiller, Winckelmann, Hölderlin e muitos outros, nesse sentido dos "clássicos"), Nietzsche apoia-se em duas analogias originais que são, no fundo, como passes de mágica para reivindicar suas submissões: fundar os dois princípios fundamentais da estética grega sobre a metafísica schopenhaueriana do mundo como vontade e como representação, e reaproximar a essência da tragédia grega daquela da ópera wagneriana. Essa distorção, que nada mais tem de filológica, tornou-se necessária pela missão de reformador e de educador da cultura alemã que Nietzsche pretende confiar a seus dois mestres, Schopenhauer e Wagner, e da qual ele se faz o mensageiro, repleto de angústia diante da decadência da Europa.

A primeira etapa é, pois, o estabelecimento de Apolo e Dionísio como encarnação – e deificação – de dois princípios antagonistas da sensibilidade dos gregos, o que Nietzsche chama de seu "duplo gênio"[23]; esse antagonismo é produtor, assim como a diferença dos sexos é geradora, pois todo vir a ser se faz da guerra entre os opostos. Trata-se de início de um conflito entre as artes plásticas (incluindo a poesia) e as artes não plásticas (entendamos, a música), mas também de tipos diferentes de percepção: por analogia, Apolo, o deus solar da bela aparência, remete ao mundo do sonho, atividade em que no repouso do corpo o espírito faz imagens distintas surgirem – a poesia tem esse poder. Dionísio, o deus do transe, do frenesi erótico e da libertação de todos os grilhões, remete ao mundo da embriaguez em que o desvario dos sentidos faz desaparecer o equilíbrio subjetivo e os limites individuais – a música tem esse poder.

A experiência dionisíaca liberta-nos da individualidade, possibilita-nos acesso a um pertencimento coletivo e até nos reconcilia com a natureza inteira, "como se o véu de Maia tivesse sido rasgado e não tremulasse mais do que retalhos diante do Uno originário".[24] Nietzsche faz aqui uma alusão direta a Schopenhauer, que assimilara Maia, a divindade indiana da ilusão de uma dualidade entre o ser e a aparência, ao princípio de individuação do mundo como representação. Logo se compreende a estratégia: Apolo está para o mundo como representação, e Dionísio para o mundo como vontade, o que permite a Nietzsche retomar por conta própria não só a metafísica de Schopenhauer, como também sua estética e o papel central nela representado pela oposição das artes plásticas e da música.

Para os gregos primitivos, de sensibilidade apolínea, as forças dionisíacas são bárbaras, ataques violentos e frenéticos vindos do Oriente; de tanto lhes resistir, precisaram se conciliar com eles. Diante do assombro do Uno originário desvelado (que é sofrimento, dissolução, contradição, caos), procuraram um prazer estético que o tornasse suportável. Não cabe aqui explicar em pormenores a maneira como se organizaram, segundo Nietzsche, o ditirambo musical dionisíaco e a poesia épica apolínea, o coro coletivo e o ator individual, o mito e o drama, o religioso e o teatro para formar a tragédia. O importante é compreender como o filósofo une o sofrimento e a arte, o ser conflituoso e a aparência reconciliadora, a vulnerabilidade humana e o poder criador.

A medida apolínea contém a desmedida dionisíaca e resiste a ela com toda a sua força criadora e plástica, ao passo que o dionisíaco, em contrapartida, suscita nela essa força de resistência. Os gregos estavam dotados para o sofrimento: eles o infundiram no mundo dos deuses e o transfiguraram no mundo da arte. Para eles, a arte *justifica* o mundo. Aqui, chega-se à aquisição mais importante do começo da obra. Dessa forma, Nietzsche modifica, sem explicitar, a perspectiva schopenhaueriana. O dionisíaco, na época de *O nascimento da tragédia*, ainda está do lado do pessimismo integral: Dionísio é acompanhado por seu companheiro, o sábio Sileno, para quem teria sido melhor não ter nascido.

Uma existência totalmente dionisíaca significaria sofrimento até a destruição e a libertação pelo nada. Ora, em virtude de sua inextrincável combinação com o apolíneo, a estética dionisíaca, sem autonomia, não implica mais uma moral da resignação e da negação da vontade, mas, ao contrário, uma justificação, isto é, uma *afirmação* do terrível e do sofrimento da existência. Dionísio é ao mesmo tempo ameaça de destruição e intensificação da vida.

Nietzsche aqui lança mão de um conceito contraditório, tentando associar o pessimismo e a afirmação, o sofrimento e o prazer, o conhecimento trágico e a ilusão salvadora. Existe uma hesitação de saída entre a glorificação de Apolo e a revelação de Dionísio, uma indecisão quanto à avaliação de uma estética e de outra, a tal ponto que Nietzsche quase não saberá pensá-las separadamente. Ele vai precisar de muito tempo para superar essa aporia de uma dualidade estética que cria insolúveis contradições éticas: Apolo e Dionísio desaparecem praticamente de todo durante treze anos e, quando apenas Dionísio reaparecer, só por volta de 1885, terá incorporado inúmeros atributos apolíneos.[25] E aparecerá necessariamente sob duas espécies complementares: o deus artista e o deus filósofo. Para isso, terá sido necessário que Nietzsche se libertasse de Schopenhauer.

A dualidade Apolo/Dionísio é com frequência o aspecto mais lembrado de *O nascimento da tragédia*. Contudo, Nietzsche menciona um ponto mais importante (isto é, carregado de porvir) quando aborda a morte da tragédia na pessoa de Eurípides. Até ele, a tragédia era o espetáculo renovado sem cessar, sob a máscara dos diferentes heróis, de Dionísio dilacerado, sofrendo mistérios da individuação. Porém, Eurípides deseja justificar de diferente modo o sofrimento trágico: ele delibera, argumenta, negocia – transforma o lamento trágico em debate sofístico, ou seja, contenta-se em refletir a vida da cidade, o público, o *demos*.

Eurípides é crítico e democrático, mas sobretudo dialético: vitória apenas de Apolo, fortalecido em "esquematismo lógico" quando o dionisíaco o abandona. "O poeta, em Eurípides, é, portanto e antes de tudo, o eco de seu pensamento consciente." Sua máxima: "Tudo, para ser belo, deve ser racional".[26] Nesse sentido, Eurípides tem um aliado extremamente poderoso: o próprio Sócrates. Ele encarna, assim, o "socratismo estético". Isso porque a dialética comporta em sua própria essência um otimismo: a equação do saber e da virtude, da virtude e da felicidade. O otimismo contamina Dionísio e o destrói.

Sócrates é o antagonista profundo da arte dionisíaca. O próprio conhecimento torna-se medida, reconciliação, superação da aparência e ascensão a um ser não mais trágico, e sim lógico. Ele não justifica mais a existência mas a torna inteligível e, dessa maneira, a *corrige*. Com Sócrates nasceu o homem teórico, cuja única divindade é a "verdade". Nietzsche chega a dizer que Sócrates é apolíneo: contudo, de modo mais preciso, a arte apolínea e a ciência socrática são duas formas de luta contra o poder suicida do dionisíaco (esse pessimismo, sem contraposto, levaria a "pavorosa moral do genocídio por compaixão"[27]).

O parágrafo quinze marca uma mudança decisiva: a sombra de Sócrates paira ainda hoje sobre nossas cabeças e talvez para todo o porvir. A ciência substituiu a arte na justificação da existência, com todas as suas consequências morais. Nietzsche se posiciona então no que convém chamar de uma dialética que lhe permite questionar o socratismo do presente e as possibilidades de futuro. Isso porque a evolução da ciência acaba sempre por esbarrar no infinito, por reencontrar o sofrimento e o caos. Nas mais altas esferas, o conhecimento otimista e a necessidade trágica da arte se opõem:

> O sublime poder de ilusão metafísica está ligado à ciência como um instinto e não cessa de reconduzi-la até este limite que é a ciência e no qual ela se transmuta de uma só vez em arte – que é a que propriamente visa esse mecanismo.[28]

A questão é saber o que significaria para o nosso futuro um retorno do dionisíaco, o que seria um *conhecimento trágico*. Aqui Nietzsche introduz Wagner, em quem vê a encarnação do artista dionisíaco, reencontrando com o drama musical a aliança milagrosa entre Apolo e Dionísio. Somente ele parece ser o redentor possível de uma cultura alemã minada pelo otimismo científico e que relegou a arte ao plano de mera distração prazerosa: Wagner schopenhaueriano artista do sofrimento e de sua redenção, músico dionisíaco da dissonância perpétua como eco do vir a ser e da vontade, e dramaturgo apolíneo do relato mítico e épico. O importante é tornar possível um *ouvinte artista*, isto é, um homem não teórico, suscetível de ser educado para o conhecimento trágico e de conduzir assim a uma renovação da cultura, ao mesmo tempo por uma vitória da sabedoria pessimista sobre a ciência otimista e pela vitória da arte sobre um sofrimento novamente justificado.

A exaltação profética que insufla o último terço de *O nascimento da tragédia* não deve esconder certo enfraquecimento do pensamento ou, antes, lutas internas contra as contradições de seu desenvolvimento, amplamente devidas à submissão a Wagner. Nietzsche não deixa de ter consciência desse grilhão que o liga a seu mestre. Em 4 de fevereiro de 1872, escreve a Rohde:

> A audácia no projeto, a honestidade na execução, de tudo isso ninguém faz a mínima ideia, e talvez menos ainda da enorme obrigação que assumi perante Wagner, a qual, no fundo do meu ser, com frequência e de modo considerável, tem me entristecido.[29]

A mais grave concessão feita a Wagner reside talvez na exaltação gratuita desse "espírito alemão" que era considerado tão importante para o compositor. Inicialmente pensando na música alemã (de Bach a Wagner), Nietzsche afirma que "do fundo dionisíaco do espírito alemão uma força surgiu" (§19). Não se sabe por que precisamente a Alemanha deveria ter uma natureza originalmente dionisíaca, que teria sido infectada pela romanidade – exclusivamente apolínea – em seu conjunto. O filósofo é tributário aqui não apenas de Wagner, mas de toda uma tradição romântica que exaltou o irracional, o inconsciente, a noite e, enfim, a totalidade, fazendo da afinidade com essas forças obscuras uma especificidade profunda do povo alemão. Porém, isso seria tema de outro estudo. Em todo caso, vê-se Nietzsche correndo risco de ceder a uma paranoia que, também aqui, copia de Wagner:

> E o mais doloroso para nós... é o interminável aviltamento sob o qual o gênio alemão, tornado estrangeiro em sua casa e em sua terra natal, viveu a serviço de anões pérfidos. Vocês entendem estas palavras.[30]

Cada um, de fato, compreenderá essas palavras como ele quer: Nietzsche evoca, por "anões pérfidos", os jornalistas ("escravos de papel do dia") e os filólogos eruditos ("borboletas da cultura"). Wagner, ao ler essas linhas, provavelmente terá se convencido de que se tratava também dos judeus. Quando em breve, em suas *Considerações extemporâneas*, Nietzsche retomar a decadência da cultura alemã, evitará com cuidado exaltar o espírito mítico de uma Alemanha primitiva dionisíaca e beberá de uma fonte mais fecunda, o espírito helênico. Todavia, desde *O nascimento da tragédia*, ele reivindica, para uma reforma da cultura, que a Alemanha aprenda com os gregos. Goethe, Schiller e Winckelmann bem que tentaram, mas se enganaram diante dessa famosa "serenidade grega", fruto não de uma frívola inclinação natural à harmonia, mas resultado adquirido com grande sacrifício de uma sabedoria trágica.

Assim como à ideologia wagneriana, Nietzsche também se submete à metafísica schopenhaueriana; ele toma emprestado ainda uma terminologia essencialista: "Uno originário", "as mães do ser", um mundo por trás do véu, um mundo *em si*, mesmo que possa ser vontade. Ao mesmo tempo, manipula a analogia, fazendo *como* se houvesse o Ser por trás da aparência; na realidade, quando ele faz o inventário dos tipos possíveis de civilização, qualifica apenas níveis de ilusão, como se, de fato, nada existisse além da ilusão, além da aparência: a civilização socrática (ou alexandrina) alimenta a ilusão de curar a existência pelo conhecimento, a civilização artística (ou helênica) sobrevive das ilusões produzidas pela beleza, a civilização trágica (ou budista) encontra consolo na ilusão de que a eternidade do Ser está por trás da aparência.

O nascimento da tragédia deixa transparecer, na complexidade de seus sistemas de oposições, linhas de fuga pelas quais Nietzsche atingirá a autonomia de um pensamento livre, mas que a fidelidade a Wagner e a Schopenhauer ainda o impede de traçar por conta própria. No balanço da filosofia nietzschiana, essa primeira obra não é obsoleta, é impossibilitada; ela não se contradiz, ela luta. Para se fazer justiça e compreender o que se inaugura em *O nascimento da tragédia*, deixemos a palavra para o próprio Nietzsche, com um olhar retrospectivo de um "ensaio de autocrítica", elaborado dezesseis anos depois:

> Seja o que for que possa estar no fundo deste livro problemático, deveria ter sido um problema de primeira ordem e de grande fascínio, além disso um problema profundamente pessoal.
> [...]
> Adivinha-se em que lugar era colocado desde então o grande ponto de interrogação quanto ao valor da existência. Será o pessimismo *necessariamente* um sinal de declínio, de ruína, de fracasso, um sinal do esgotamento e do enfraquecimento dos instintos – como era o caso entre os indianos ou como é, segundo todas as aparências, entre nós, os homens "modernos", os europeus? Há um pessimismo da força? Uma predileção intelectual para tudo o que há de duro, de assustador, de cruel, de problemático na existência? Talvez haja um sofrimento da própria abundância? Uma implacável coragem do olhar que exige o *terrível* como inimigo, o digno inimigo contra quem testar sua força – diante de quem se aprende o que é o "terror"?
> [...]
> No entanto, não quero reprimir o quanto [este livro] me parece hoje desagradável, o quanto, dezesseis anos depois, tornou-se para mim estranho – estranho a um olhar que envelheceu, que ficou cem vezes mais exigente, mas que de maneira alguma se tornou mais frio, nem mais estranho à própria tarefa que este livro audacioso se atrevera pela primeira vez a começar – *examinar a ciência na óptica do artista, mas a arte, na da vida...*[31]

Agir contra seu tempo (1872-1876)

O nascimento da tragédia deveria atrair muitos inimigos a Nietzsche e desacreditá-lo aos olhos de seus colegas. Quando em janeiro de 1872 ele recebe um convite por parte da venerável Universidade de Greifswald, na Pomerânia, para ocupar a cadeira de filologia, está aproveitando uma última licença. Sua recusa, muito bem acolhida em Basileia, sem dúvida testemunha mais sua fidelidade a Wagner do que à universidade a que está ligado, em um momento em que considera abandonar tudo para se dedicar somente à causa de Bayreuth ao lado de seu mestre.

No entanto, o audacioso filólogo deve ter desconfiado de que *O nascimento da tragédia* traria problemas, pois, dois anos antes, as conferências que ministrara em Basileia, verdadeiros trabalhos preparatórios para a futura obra, já haviam sido mal recebidas: "Adoraria lhe enviar o quanto antes", escreveu então a Paul Deussen, "minhas recentes conferências, das quais a última ('Sócrates e a tragédia') foi considerada aqui como uma sequência de paradoxos e, em parte, suscitou fúria e ódio. É necessário chocar. Já abri mão de qualquer precaução quando se trata do essencial".[1] A publicação de *O nascimento da tragédia*, em 2 de janeiro de 1872, logo desencadeará uma polêmica[2] que, embora tenha permanecido praticamente restrita ao mundo universitário, obrigou Nietzsche a assumir sua posição periférica no campo filológico.

O leal e clarividente Erwin Rohde, contudo, preparou o terreno. Desde 29 de janeiro, vinha tentando publicar uma resenha na *Literarisches Zentralblatt*. Entretanto, o diretor Zarncke recusara o texto. Em sua análise, o filólogo Rohde tem a capacidade de ressaltar implicações que ultrapassam a estrita filologia, procurando desse modo neutralizar a reação dos especialistas:

> O objetivo deste livro está definido com clareza e precisão por seu título. Ele quer abrir um novo caminho que permi-

> ta compreender o segredo estético mais profundo, o das extraordinárias criações da arte trágica; a fim de ter uma compreensão aprofundada delas, busca elucidá-las por assim dizer a partir de seu interior, eis que, consideradas de certo modo a partir de seu lado externo, como realizações preestabelecidas, permaneciam até então totalmente inexploradas e insubordinadas a inúmeras tentativas de esclarecimentos, sejam eles triviais ou profundos.
>
> Devemos aprender o que elas são em sua essência verdadeira, considerando o modo como elas se tornaram o que são. O caminho de exploração, portanto, é histórico, mas aquele de uma autêntica história da arte, aquele que, em vez de brincar de uma forma infantil, e como boba, com as míseras indicações dadas pelas crônicas e poéticas, sabe questionar as obras de arte na profundeza do recolhimento para descobrir a solução final do enigma. Apenas essa forma superior de abordagem histórica conserva seu parentesco com a arte, porque suas descobertas conferem ao mesmo tempo conhecimento de valor geral sobre a essência eterna da vontade e das faculdades do homem.[3]

Não obstante, embora exprimindo a Rohde seu mais profundo agradecimento pela perspicácia de seu apoio, Nietzsche o previne contra o perigo de salientar a dimensão filosófica do texto em detrimento da perspectiva histórica:

> Considere, aliás, que acerca da estratégia a ser adotada para resenhar meu livro existe uma divergência entre nós, na medida em que, *de minha parte*, eu queria afastar tudo o que é metafísico, tudo o que é dedutivo; pois é exatamente isso que, como imagem em um espelho côncavo, longe de dar vontade de ler o livro, produz um efeito contrário [...]. Não queremos tornar a tarefa tão fácil aos bravos filólogos a ponto de fazê-los se retirar por nossa conta – eles devem se safar sozinhos dessa situação.[4]

Seguindo esse conselho, Rohde consegue publicar, em 26 de maio, uma resenha no *Norddeutsche Allgemeine Zeitung*. Porém, justamente, o recado aos filólogos é muito bem entendido. A polêmica logo é desencadeada por um brilhante filólogo de Berlim, Ulrich von Wilamowitz-Moellendorff, quatro anos mais novo que Nietzsche e recém-titulado com um "verdadeiro" doutorado. Ele publica sem demora um venenoso panfleto com um título ironicamente wagneriano: "A filologia do futuro!".

Que Nietzsche tome para si, se quiser, a lira dos poetas, mas que abandone a cadeira universitária; seu exemplo prejudica sobremaneira a jovem geração de filólogos alemães, educados na ascese e na abnegação, em prol da única verdade. Rohde reage de imediato e também publica um texto mortífero: "Pseudofilologia". O próprio Wagner entra na polêmica, divulgando em 23 de junho uma carta aberta em que exalta seu jovem amigo. No esboço de *Ecce homo*, em 1888, Nietzsche se lembrará com emoção do apoio de Wagner, citando com orgulho uma passagem dessa carta aberta:

> Quem, entre meus "amigos" alemães (– na minha vida, a palavra "amigo" se escreve sempre entre aspas), poderia ter de fato se aproximado da profundeza do olhar com a qual, *há dezesseis anos*, Wagner se fez meu profeta? Ele me apresentou então aos alemães, em uma carta publicada no *Norddeutsche Zeitung*, com estas palavras: "O que esperamos do senhor só pode ser a missão de toda uma vida, e da vida de um homem de que temos a mais urgente necessidade e que, como o senhor, apresenta-se a todos aqueles que pedem às fontes mais puras do espírito alemão, à profunda seriedade que ele confere a todas as coisas a que se dedica, esclarecimentos e indicações sobre o que deve ser a cultura alemã, para poder ajudar a nação ressuscitada a atingir seus objetivos mais nobres". Wagner teve afinal razão: tem razão *hoje*. Sou a única *force majeure**, bastante forte para salvar os alemães e, enfim, não apenas os alemães...[5]

O envolvimento de Wagner teve repercussão entre seus amigos artistas (Von Bülow, Liszt), mas, enfim, causou pouquíssima impressão entre os filólogos, confirmando ao

---

* Em francês, no original. (N.A.)

contrário a suspeita despertada pela obra. Em fevereiro de 1873, Wilamowitz-Moellendorff deu uma última resposta, e depois a polêmica perdeu força. Os filólogos relegaram a questão à pior consequência, a lei do silêncio.

Não se falou mais sobre *O nascimento da tragédia*, mas os estudantes desertaram das aulas de Nietzsche. Até o paternal Friedrich Ritschl teve que exprimir sua desaprovação: discreta em público, porém mais franca na esfera privada. Ao se dirigir a Vischer-Bilfinger, manifestou surpresa com as duas facetas contraditórias de Nietzsche: de um lado, professor escrupuloso e competente; de outro, entusiasta ludibriado por Wagner e Schopenhauer. Chegou até a confessar, em seus diários, sua inquietação quanto à megalomania de seu discípulo.

Para se fazer completa justiça a Wilamowitz-Moellendorff, também se deve acrescentar que, em suas tardias memórias, de 1928, arrependeu-se de ter se enfurecido de modo tão infantil contra Nietzsche, de quem não podia prever o desenvolvimento posterior. No entanto, caracterizou esse desenvolvimento em palavras que manifestam sua definitiva incompreensão, evocando "o profeta de uma religião irreligiosa e de uma filosofia afilosófica".[6]

A recepção catastrófica de *O nascimento da tragédia* revela o imenso mal-entendido em torno do modo de pensar de Nietzsche. Os filólogos não apreenderam as implicações metodológicas do texto; míopes por definição, só podiam ficar chocados ante as inexatidões factuais, como a proximidade pessoal duvidosa de Eurípides e Sócrates, a origem improvável do coro satírico, uma compreensão de Dionísio influenciada pela tradição órfica tardia e não pela religião tradicional dos gregos etc.

Ora, Nietzsche pratica um método feito de deslocamentos, de panoramas, que consiste em arrancar a filologia ao historicismo e ao cientificismo, a fim de fazê-la servir à educação do homem e à reforma da cultura, em prol de uma vida mais bem justificada. Nietzsche só fundará explicitamente esse gesto que estabelece uma ligação entre o passado e o futuro, essa *extemporaneidade* da filologia, a partir de suas *Considerações extemporâneas*. A extemporaneidade é um descentramento, e Nietzsche passará a ser incompreendido ou, para ser mais preciso, compreendido como um *excêntrico*:

> Na Alemanha, queixam-se muito das minhas "excentricidades". Contudo, como não sabem onde está meu centro, terão dificuldade em atingir a verdade, onde e quando fui "excêntrico" até o momento. Por exemplo, o fato de que fui filólogo – nesse caso também estava fora do meu centro (o que não significa, felizmente, que tenha sido um mau filólogo).[7]

É evidente que, na época de *O nascimento da tragédia*, o próprio Nietzsche se confunde de certa maneira sobre seu centro. A influência de Wagner – de seus escritos e de suas conversas – sobre a concepção da arte e da reforma da cultura alemã desenvolvida no texto convence o jovem professor de que seu lugar é em Bayreuth, ao lado do mestre. Suas veleidades de abandonar tudo para se dedicar de corpo e alma à causa de Bayreuth não são contestadas à toa por Richard e Cosima: os Wagner concebem a missão de Nietzsche como uma reforma com os mesmos objetivos que a sua, mas por meios específicos.

É em Basileia, no próprio cerne da instituição universitária, que Nietzsche deve preparar o povo que será capaz de ser também o público de Bayreuth. Há generosidade em Wagner ao pedir para Nietzsche permanecer onde está, pois reconhece desse modo a virtude de sua pedagogia e lhe poupa a alienação de servir como um faz-tudo do festival a ser realizado. Nietzsche parece compreender essa situação no final de janeiro de 1872, quando escreve a Rohde no dia 28:

> O que trago dentro do coração agora e o que preparo para o futuro, eis aí o que por carta não se pode sequer tratar superficialmente. – Concluí minha aliança com Wagner. Você não pode de modo algum imaginar como estamos próximos no momento e como nossos projetos coincidem.[8]

Essa aliança, apoiada em uma vontade mútua de reformar a cultura alemã, pressupõe que Wagner fica encarregado dessa missão em um teatro e Nietzsche em uma universidade. Porém, que a universidade seja o melhor *centro* para empreender uma luta, não passa de uma segunda ilusão que Nietzsche levará mais de dois anos para superar, no período que vai das cinco conferências *Sobre o futuro dos nossos estabelecimentos de ensino* (de janeiro a março de 1872) até "Schopenhauer como educador", a terceira de suas *Considerações extemporâneas*.[9]

Nas conferências em Basileia, a reflexão sobre o ensino é ainda de todo determinada por uma preocupação nacional, a saber, a continuidade entre as instituições pedagógicas alemãs e a cultura cuja identidade elas devem garantir. Nietzsche ainda é tributário de uma concepção orgânica da cultura alemã. Todavia, a partir dessa época, tal cultura alemã só serve como modelo hipotético: trata-se menos de estabelecer a superioridade cultural alemã (e menos ainda na medida em que a reflexão toma como ponto de partida a constatação de um declínio) do que de considerar através dela o que é o caráter orgânico e unitário de toda cultura, "a unidade de estilo artístico" pela qual a segunda de suas *Considerações extemporâneas* definirá a cultura.

As conferências revelam que a democratização da universidade e sua instrumentalização político-econômica são precisamente as causas do declínio cultural da Alemanha, a que Nietzsche opõe a tese aristocrática das condições de surgimento de personalidades de exceção, de *gênios*. O evangelho wagneriano (a boa-nova da existência de tal gênio na pessoa de Wagner) continua no horizonte da reflexão, e o velho filósofo que conversa com seu discípulo no texto das conferências de Basileia assume implicitamente os traços do solitário Schopenhauer – ora, justamente, nem Wagner nem Schopenhauer pertencem à universidade. Deve-se aventar a hipótese de que, em Nietzsche, a articulação entre o surgimento do gênio e a reforma dos estabelecimentos de ensino esconde uma reflexão sobre sua própria vocação, seu próprio surgimento como gênio. Provavelmente por isso, o modo de exposição das conferências denota a ambiguidade irônica de um tom crepuscular e melancólico, que se conhece em Nietzsche desde seus anos em Schulpforta e em que se manifesta implicitamente a necessidade da solidão, fundamentalmente incompatível com a vida pública do ensino.

Nietzsche observa um primeiro sinal dessa solidão que o chama e o espreita no final próximo do idílio de Tribschen. Wagner está terminando a ópera *O crepúsculo dos deuses* e com ela o conjunto de *O anel do nibelungo*; além disso, obteve enfim o terreno em que mandará construir sua mansão, a futura Wahnfried, e se apressa a se instalar em Bayreuth para conduzir *in loco* seu projeto de festival. No fim de março, Nietzsche celebra com Richard e Cosima a última Páscoa de Tribschen; ovos são escondidos no jardim para as crianças, mas a atmosfera é acima de tudo de tristeza.

Nietzsche vê se afastar as duas pessoas que mudaram sua vida. Wagner está totalmente imerso na tensão de seu projeto enfim próximo de se concretizar, e Cosima observa com amorosa atenção as mínimas mudanças de humor do marido. Em 22 de abril, este deixa Tribschen de maneira definitiva. Em 1º de maio, Nietzsche escreve a Gersdorff uma carta em que revela sua profunda melancolia:

> Em Tribschen, não sobrou nada: como debaixo de verdadeiros escombros, perambulávamos de um lado a outro; a emoção reinava por todo lado, nas nuvens, no cachorro que não comia, nos empregados que, quando se falava com eles, soltavam intermináveis suspiros. Embalamos os manuscritos, a correspondência e os livros – que desolação! Como são importantes para mim esses três anos vividos na proximidade de Tribschen – durante os quais estive por lá de visita 23 vezes. Se não tivessem existido, o que eu seria?[10]

Seja qual for a crescente violência com que, nos anos seguintes, Nietzsche se voltará contra Wagner, nunca deve ser esquecida a enorme gratidão devotada ao amigo e artista que foi o mais importante para ele. Durante o último ano de seu período criador, na época de *O caso Wagner* e de *Nietzsche contra Wagner*, Nietzsche escreverá em *Ecce homo*:

> Eu vendo barato todo o resto das minhas relações humanas; e não cederia, a nenhum preço, os dias de minha vida que passei em Tribschen: foram dias de confiança, de alegria, de acasos sublimes – de instantes *profundos*... Não sei o que outras pessoas vivenciaram com Wagner: sobre o nosso céu jamais pairou uma nuvem...[11]

Em 22 de maio de 1872, data em que Wagner completa 59 anos, a pedra fundamental do futuro Festspielhaus é lançada em Bayreuth. Nietzsche e Gersdorff já se encontram há três dias no local e puderam assistir aos ensaios de *A marcha do imperador*, de Wagner, e da *Nona sinfonia*, de Beethoven, que devem ser executadas durante a inauguração, por ideia de Cosima. Em seguida, chegaram Gustav, amigo de infância a quem Elisabeth cedeu seu convite, e Rohde, que veio direto de Kiel.

Centenas de celebridades foram convidadas de todos os cantos da Alemanha. Os preparativos foram extremamente árduos, visto que uma cidade tão pequena não possuía a infraestrutura necessária para uma manifestação desse porte. Depois do concerto às cinco da tarde, os convidados se dividiram entre o Hotel do Sol e duas pousadas vizinhas.

Fiel à sua posição em favor da Baviera contra a hegemonia prussiana, Wagner faz uma homenagem a Luís II em sua fala e nem sequer menciona o imperador. De acordo com as testemunhas do outro discurso, que ocorreu na Ópera Margrave, Wagner teria contestado a expressão "teatro nacional", duvidando de que a "nação" atual estivesse à altura de se prover, por livre e espontânea vontade, de um teatro como aquele. Wagner, o extemporâneo, também tinha contas a acertar com a Alemanha bismarckiana, o que Nietzsche abordará em *Wagner em Bayreuth* (julho de 1876), a quarta de suas *Considerações extemporâneas*:

> [...] o próprio Wagner, em seu discurso de inauguração de 22 de maio de 1872, não se dirige a todos, nem a todas as épocas, nem mesmo à totalidade do povo alemão em sua manifestação atual. E a esse respeito não há nenhum de nós que possa, de modo consolador, lhe fazer objeções [...].[12]

Nietzsche, como em cada vez que for a Bayreuth, e em parte em razão de sua própria "extemporaneidade", sofre de uma tensão nervosa bastante violenta para suscitar a irrupção de um herpes-zóster no pescoço. Mesmo em meio à agitação geral, ele sabe reconhecer em seu mestre e amigo a expressão dessa solidão interior que caracteriza o gênio e o atormenta:

> Quando naquele dia de maio de 1872, sob forte chuva e céu sombrio, a primeira pedra foi colocada na colina de Bayreuth, Wagner retornou em silêncio com alguns de nós à cidade e viu, olhando longamente para dentro de si, o que não era possível descrever em uma palavra. Ele começou nesse dia seu sexagésimo ano de vida: tudo até então havia sido a preparação para esse momento. [...] Mas o que naquele dia Wagner viu em seu interior – o que ele foi, o que ele é e o que será –, isto podemos nós, seus próximos, procurar ver até certo ponto: e somente a partir desse olhar wagneriano poderemos também compreender seu grande feito – *a fim de garantir, com essa compreensão, sua fecundidade*.[13]

Entre os amigos próximos presentes em Bayreuth naquele dia, encontra-se também Malwida von Meysenbug, que conheceu Wagner em Londres em 1855 e estabeleceu com ele uma amizade fiel a partir de 1861. Schopenhaueriana convicta, ela está muito curiosa para se encontrar com o jovem professor de quem leu, aconselhada por Richard, e admirou *O nascimento da tragédia*. Uma profunda amizade logo nasce entre eles.

Malwida von Meysenbug (1816-1903) representa, de modo magnífico, o progressismo liberal do século XIX. Oriunda da nobreza huguenote, filha do ministro de Hesse, Carl Rivalier von Meysenbug, emancipou-se muito moça do rigor conservador de seu meio para frequentar os círculos democráticos. Durante a revolução de 1848, acompanhou com fervor os debates preliminares do Parlamento de Frankfurt e se uniu a um grupo de oposição religiosa católica que reivindica a igualdade social, a das mulheres em particular.

Dois anos mais tarde, matriculou-se na universidade das mulheres de Hamburgo, lugar memorável de um feminismo novo, que nasceu no ímpeto revolucionário. Contudo, uma sangrenta repressão reacionária acabou interrompendo sua atividade política. Vários de seus amigos foram executados, a revolução iniciada em Baden terminou em um banho de sangue, e seu próprio irmão, Wilhelm, teve participação nessa manobra.

Sob vigilância policial e ameaçada de prisão em 1852, exilou-se em Londres, onde conheceu o grande autor revolucionário russo Alexandre Herzen. Preceptora de seus filhos, ela se tornará a mãe adotiva de Olga Herzen, o amor de sua vida. Essa maternidade por livre escolha faz com que Malwida abandone toda atividade revolucionária e se estabeleça em Florença e depois em Roma. Na época de seu encontro com Nietzsche, está atormentada pelo casamento que em breve ocorrerá entre Olga e o brilhante historiador francês Gabriel Monod, que vive em Paris.

Prestes a ter que se separar de seu bem mais valioso, é possível que Malwida, com quase o dobro da idade de Nietzsche, o tenha acolhido rapidamente como um filho. Nietzsche logo responde a esse sentimento com uma afeição muito filial – revelada desde as suas primeiras trocas de correspondência –, que culmina nesta carta, enviada por ele em 14 de abril de 1876:

> Um dos temas mais elevados, que só entrevi através da senhora, é o do amor maternal sem laço físico entre mãe e filho; trata-se de uma das mais magníficas manifestações de *caritas*. Ofereça-me um pouco desse amor, minha venerabilíssima amiga, e veja em mim alguém que tem necessidade, e tanta!, de ser o filho de semelhante mãe.[14]

No mês seguinte a esse encontro, Malwida e Nietzsche vão juntos a Munique para assistir às representações de *Tristão e Isolda*. Em seguida, Nietzsche mergulha nas memórias de Alexandre Herzen, que Malwida traduziu do russo, depois se encanta com as recordações da própria amiga, *Memórias de uma idealista*, que ela lhe oferece em 31 de agosto. Desde as suas primeiras cartas, Malwida sugere que Nietzsche passe um tempo ao seu lado na Itália, que ela exalta pelo clima e pela beleza propícios para a escrita. Tal projeto só se realizará quatro anos mais tarde, mas Nietzsche encontrará então as condições favoráveis para elaborar *Humano, demasiado humano*.

Após as representações de *Tristão e Isolda* em Munique, ocorre um incidente repleto de consequências para a relação de Nietzsche com a composição musical. Impressionado pela regência de Hans von Bülow, ex-marido de Cosima, Nietzsche tem a infeliz ideia de lhe dedicar uma composição para piano a quatro mãos, a *Manfredo-Meditação*, realizada em abril. Essa obra deveria ser uma renovada homenagem a lorde Byron e uma "contra-abertura"[15] à obra de Schumann. Von Bülow admirou *O nascimento da tragédia* na mesma proporção em que foi extremamente severo ao dar seu veredicto sobre essa peça musical. Em uma carta de 24 de julho, o eminente maestro reagiu com estas palavras:

> Sua Meditação sobre Manfredo é o cúmulo da extravagância fantástica, a coisa menos reconfortante e menos musical como havia muito não encontrava registrada sobre a pauta. Precisei me perguntar diversas vezes se tudo isso era simples pilhéria ou se talvez o senhor tivesse a intenção de parodiar a suposta música do futuro. [...] Não consegui encontrar na obra vestígios de elementos apolíneos e, no que se refere ao dionisíaco, abertamente confessei que deveria pensar antes no dia seguinte a um bacanal do que no bacanal em si [...]. Deveria talvez direcionar uma parte de minha irritação contra mim mesmo, na medida em que, ao reger de novo *Tristão e Isolda*, tive culpa direta ao provocar em um espírito tão elevado e esclarecido quanto o seu, honorável professor, tão deploráveis cãibras pianísticas.[16]

E Von Bülow aconselha Nietzsche a continuar escrevendo outras obras tão brilhantes quanto *O nascimento da tragédia*... Com certeza, Nietzsche reconheceu as graves deficiências de sua composição (abriu-se com Krug a respeito disso, como um pressentimento, em uma carta datada do mesmo dia em que Von Bülow escrevera a sua), mas o golpe recebido é cruel. No dia 29, envia a Von Bülow uma resposta de tom modesto, explicando como para se desculpar que a música lhe é uma necessidade de ordem física.

Não obstante, mal Nietzsche sai da polêmica ao redor de *O nascimento da tragédia* – episódio em que foi negado como filólogo e encaminhado ao seu delírio artístico –, e ei-lo, pois, negado como músico e encaminhado de novo à filologia. Eternamente *fora do centro*, deve outra vez encontrar seu lugar ou, antes, assumir a obrigação de abandonar qualquer lugar marcado. Ao mesmo tempo, a relação com a música se torna cada vez mais problemática, e não se trata de um acaso que essa reconsideração, ainda secreta, se esboce no mesmo momento da inauguração de Bayreuth. Fato é que Nietzsche se recusa a voltar a ouvir *Tristão e Isolda* no começo de agosto com Malwida, como previsto. Cada vez mais a audição da obra-prima de Wagner lhe parecerá implicar um risco considerável, essa "fascinação perigosa" evocada em *Ecce homo*.

No fim de 1872, Nietzsche recusa com educação o convite dos Wagner para passar o Natal em Bayreuth. Parece irritado, e o tom geral de suas cartas é mais polêmico. A perspicaz Cosima percebe sinais de certo distanciamento e encarrega Gersdorff de garantir a Nietzsche sua sólida amizade. Para compensar sua ausência no Natal, que ofendeu Richard de modo evidente, Nietzsche envia a Cosima uma elegante cópia de *Cinco prefácios para cinco livros não escritos*.

Também polêmicos, os pequenos ensaios que compõem essa obra exaltam a disputa (em Homero) e a guerra (em "O estado grego"). Contudo, o ataque mais fundamental, que aparece no primeiro desses "prefácios", é o que Nietzsche desfere contra a própria noção de verdade: "Sobre o *pathos* da verdade" inaugura uma série de textos que, de 1873 a 1875, começam a articular a crítica da cultura com a da metafísica. Antes de abordar esse movimento com mais detalhes, deve-

-se ressaltar ainda que ele ocorre em uma conjuntura de crise pessoal profunda. Nos fragmentos póstumos dessa época, aparece um texto singular, que Nietzsche dedica a Édipo, esse rei para quem a verdade foi uma maldição:

> Édipo
> Conversas do último filósofo consigo mesmo.
> Um fragmento extraído da história da posteridade.
> O último filósofo, eis como me chamo, pois sou o último homem. Ninguém fala comigo além de mim, e minha voz me chega como a de um moribundo. Deixe-me, querida voz, deixe-me passar só mais uma hora com você, que me traz o último sopro da lembrança de toda felicidade humana; graças a você ludibrio minha solidão e me concedo a ilusão das multidões e do amor, pois meu coração se recusa a acreditar que o amor morreu, não suporta o horror da mais solitária das solidões e me obriga a falar como se eu fosse dois.
> Ouço-a ainda, ó, minha voz? Sussurra uma maldição? E sua maldição deveria fazer rebentar as entranhas deste mundo! Porém vive ainda, este mundo, e o olhar impiedoso de suas estrelas não me fita senão com mais brilho e frieza; ele vive, mais estúpido e mais cego do que nunca, e só o homem morre. E no entanto... Ouço-a ainda, querida voz! Não sou o único, eu, o último homem, a morrer neste universo: o último suspiro, seu suspiro, morre comigo, esse longo suspiro ai! ai! que sinto sobre mim, o homem das dores, Édipo.[17]

A partir de janeiro de 1873, o estado de saúde de Nietzsche se agrava. Enxaquecas insuportáveis afetam sua visão. Vê-se obrigado a ditar seus escritos e dar aulas sem olhar suas anotações, que decora. Desse momento até 1876, Nietzsche trabalha em três frentes complementares que correspondem a três tipos de atividade: as aulas ministradas na universidade, que tratam principalmente da retórica antiga[18], ou seja, da dimensão plástica e estética da linguagem, de sua afinidade com uma arte da ilusão; os textos mais propriamente teóricos, que serão reunidos (apenas em 1903) sob o título de *O livro do filósofo*[19] e prolongam a reflexão retórica em uma crítica radical da relação da linguagem com o conhecimento e do conhecimento com a verdade; e, por fim, as quatro *Considerações extemporâneas*, que examinam o estado de uma pseudocultura moderna de todo condenada a ser mentirosa e clamam enfaticamente por uma cultura que seria de novo *veraz*.

Nietzsche filólogo rompe com a crença de toda a filosofia clássica em uma afinidade natural da linguagem com a verdade; nascida da necessidade e da paixão, a linguagem é em sua própria fonte uma atividade artística, transfiguradora, a tradução sonora de certa percepção visual do mundo; uma tradução da tradução, por conseguinte, em que a cada etapa se pratica arbitrariamente "um salto completo de uma esfera a outra".[20] A essência da linguagem é *metafórica*, e os conceitos gerais são apenas fixações convencionais e prescritivas de metáforas primitivas, metáforas das metáforas, portanto. Longe de ser fundada em *logos*, a linguagem é ao contrário *pathos*, atividade artística inconsciente do homem até nas formas mais estritas da racionalidade lógica. O conhecimento não visa à verdade, mas ao poder, isto é, a se apropriar de um mundo, a capturá-lo nas redes da linguagem.

Desse modo, Nietzsche não cessa de voltar a representar a revolução kantiana que afirmava a inacessibilidade fundamental do mundo em si, esse em-si que os textos de Nietzsche dessa época qualificam diversas vezes de "X enigmático". A essa altura, a reconsideração da filosofia de Schopenhauer se tornou inevitável. O mestre afirmava, de fato, a possibilidade de um conhecimento do em-si do mundo "como vontade". Todavia, tratava-se ainda de uma metáfora, uma interpretação, a expressão de uma força plástica de apropriação (de representação) do mundo. Como vimos, *O nascimento da tragédia* articulava a aparência e o Uno originário para voltar a representar de um ponto de vista estético a metafísica de Schopenhauer, e o texto fingia hesitar entre uma revelação verdadeira do Ser (o véu de Maia rasgado) e o singular poder de ilusão.

Agora, compreende-se que o *Uno originário* é já uma metáfora do artista; em *Verdade e mentira no sentido extramoral*, ditado a Gersdorff durante o verão de 1873, Nietzsche substitui o termo kantiano *Erscheinung* por *Schein*: o fenômeno como aparência e não como aparição, porque a aparição é sempre aparição de algo e porque nada nos assegura, em contrapartida, que exista algo além de aparência. A afirmação da aparência, e apenas dela, é uma rigorosa necessidade filosófica, isto é, uma exigência de *probidade*: o que não podemos conhecer pode tanto existir quanto não existir, qualquer hipótese nesse sentido leva a um impasse, a incognoscibilidade estrita da coisa em si imporia o silêncio e nos forçaria a reconhecer que, cada vez que a linguagem enuncia uma "coisa", um "ser", um "universal", um "em-si", ela se movimenta no elemento da ilusão, da mentira, da invenção artística das palavras. *Mensagem e mentira no sentido extramoral* oferece então uma definição célebre da "verdade":

> O que é a verdade? Uma profusão movediça de metáforas, de metonímias, de antropomorfismos, em síntese, uma soma de relações humanas que foram poética e retoricamente realçadas, transpostas e adornadas e que depois de um longo uso parecem estabelecidas, canônicas e obrigatórias aos olhos de um povo: as verdades são ilusões que esquecemos serem ilusões, metáforas gastas que perderam sua força de sentido, moedas que perderam o seu cunho e já não são mais consideradas como tais, apenas como metal. [21]

Houve por parte de alguns a alegação de que Nietzsche então se afasta de Schopenhauer e muda de ideia[22] sobre o mundo em si; acreditamos, ao contrário, que ele nunca deixou de contrariar na cognoscibilidade do em-si, como atestam as reservas evocadas mais acima no texto, feitas em 1868.

A transformação ilícita de hipóteses em asserções é o que Nietzsche (rigoroso filólogo) não vai mais deixar de combater por toda parte. Ele se proíbe qualquer chão firme em que poderia pisar com segurança, e não há conceito, racionalidade e verdade que possam oferecer fundamento sólido. O isolamento em que mergulha por conta dessa postura radical se revela cada vez mais contraditório com sua vontade de ser compreendido e de impor o que compõe a outra faceta de sua atividade filosófica, o projeto de reforma concreta da cultura sobre a base dessa abordagem crítica. No entanto, não é por falta de tentar desenvolver uma versão "popular e exotérica"[23] de seu pensamento, assim como o previra em suas conferências de 1872 em Basileia, para fazer contrapeso à opacidade de *O nascimento da tragédia*.

Burckhardt, que esteve presente nessas conferências, confessa a extrema dificuldade vivida por seu aluno: "O senhor deveria ter visto aquilo!", escreve ele a Von Salis em 21 de abril. "Por momentos, foi um verdadeiro encantamento, mas em seguida emanava disso uma profunda agonia, e continuo sem entender como os *auditores humanissimi* puderam ficar *consolados*."[24] E, de fato, uma agonia associada a uma vontade de ser compreendido norteia o projeto das *Considerações extemporâneas*. Com previsão inicial de treze, depois de doze e afinal de dez, elas se limitarão por fim a quatro.

Apoiados, e até mesmo solicitados por Wagner, os posicionamentos adotados nas *Considerações extemporâneas* nascem, no entanto, de uma comparação com o novo universo wagneriano de Bayreuth, onde se revela, a pretexto de admiração pelo "artista do futuro", tudo o que a burguesia culta da Alemanha tem de mais pretensioso e de mais raso; assim como Nietzsche percebeu a solidão de Wagner durante as celebrações, pôde ver com seus próprios olhos o profundo mal-entendido entre o reformador da cultura e a inércia desse "povo" a ser reformado. Em estado inexprimível até a última de suas *Considerações extemporâneas*, dedicada justamente a "Wagner em Bayreuth", essa decepção permeia o conjunto do projeto. Prestes a terminar a primeira delas, Nietzsche escreve para Rohde em 5 de maio de 1873:

> [Meu trabalho] não deixará de irritar os teólogos por todos os lados. Gersdorff está certo ao escrever que Basileia se torna um vulcão. Também eu outra vez expeli um pouco de lava: um texto contra David Strauss está quase pronto, ao menos como um primeiro esboço – mas peço que guarde

silêncio, pois estabeleceremos uma vasta mistificação. Voltei de Bayreuth atormentado por tão duradoura melancolia que só pude enfim encontrar refúgio na santa cólera.[25]

David Strauss sectário e escritor é lançado em 8 de agosto. David Friedrich Strauss, que no momento da publicação do panfleto contra ele só tem mais alguns meses de vida, é então um historiador e teólogo festejado na Alemanha; por conta dele, o jovem Nietzsche tivera a discussão teológica com sua mãe, após a leitura da célebre *Vida de Jesus*. Porém, foi a publicação em 1872 de *A antiga e a nova fé*, evangelho moderno de uma religiosidade otimista e de inspiração hegeliana, que desencadeou a cólera de Nietzsche.

Através do retrato tendencioso de um autor que representa toda a autossatisfação da Alemanha moderna, Nietzsche esboça os contornos de um personagem inquietante: o "filisteu da cultura". Quando os românticos alemães se ergueram contra a figura do filisteu, visaram ao burguês materialista hostil à cultura; Nietzsche, em um movimento diretamente herdado desses mesmos românticos, demonstra o passo então dado pela burguesia alemã: o "filisteu da cultura" ama a arte, a ciência, a filosofia, a história, na medida em que elas servem para a sua diversão, para o seu sentimento de pertencer ao grande Reich alemão, para abrilhantar sua posição de elite.

Assim, Nietzsche quebra um tabu: o das consequências nefastas da vitória militar. Esta *não é*, apesar de tudo o que o império quer fazer acreditar, a vitória da cultura alemã sobre a francesa – a prova disso é que a cultura francesa permaneceu intacta e que a Alemanha não para, nas questões de espírito, de querer imitá-la. Nietzsche amplia aqui a reflexão iniciada em *O nascimento da tragédia* e dá sua definição do conceito de cultura: "unidade de estilo artístico através de todas as manifestações da vida de um povo".[26] Ora, a "cultura" alemã caracteriza-se por um *caos* de todos os estilos, pelo acúmulo grotesco de toda uma série de pretensões estéticas e intelectuais de empréstimo; a pseudocultura alemã é na verdade uma *barbárie*, um sistema uniforme de negações da cultura.

O filisteu da cultura se tornou um tipo psicológico que execra em seu íntimo tudo o que busca e experimenta, tudo o que se distingue e se eleva – ele detesta o gênio. Nietzsche não perdoa Strauss por ter qualificado o pensamento de Schopenhauer de "mórbido e improdutivo".[27] A pretensa "saúde" do filisteu nada mais é do que uma satisfação de ter nivelado tudo: religião racional e historicista, arte divertida e inofensiva, filosofia enaltecendo o presente como fim e apogeu da história, ciência útil e produtiva. Tudo isso é apenas a ascensão da mediocridade, da impotência, do ódio.

A coragem testemunhada por Nietzsche nesse texto não se vale mais do prestígio de seus estudos gregos, como em *O nascimento da tragédia*, mas ataca de frente o Império, a sociedade e a cultura alemães. Traça sobretudo o perfil psicológico do homem moderno, um tipo *reativo* – ou seja, que reage a tudo o que é maior que ele com um ódio dissimulado, porém feroz, que envenena a vida a pretexto de apaziguá-la, que reside na cultura como um câncer.

Essa vitória da fraqueza sobre a força, da vingança do fraco sobre tudo o que quer se elevar e crescer, esse processo paradoxal do triunfo *efetivo* do mais fraco se tornarão o objeto quase exclusivo, sob todas suas formas, do método de avaliação nietzschiano. A ocorrência de um fato histórico não justifica em nada seu valor, seu progresso, sua superioridade do ponto de vista da vida: ao contrário, a História parece até o triunfo do mórbido, do vil, do decadente. E, quando todos os hegelianos louvam a consagração do Espírito no Estado, na cultura e no homem modernos, Nietzsche ergue uma voz discordante, carregada de agonia quanto ao presente e pessimista em relação ao futuro.

Naturalmente, os fanáticos do presente triunfante se enfurecem contra a primeira de suas *Considerações extemporâneas*. Em 17 de outubro de 1873, Nietzsche escreve a Gersdorff:

> Os cadernos verdes do jornal *Grenzboten* acabam de publicar um *non plus ultra* com o título "Senhor Nietzsche e a cultura

alemã". Convocam todas as forças contra mim, polícia, autoridades, colegas; declaram expressamente minha quarentena em todas as universidades alemãs; esperam que a Universidade de Basileia siga o exemplo. Afirmam que foi graças a um passe de mágica de Ritschl e à estupidez do pessoal de Basileia que o estudante que eu era passou para a posição de prof. tit. etc. Insultam Basileia como uma "universidade traseira", denunciam-me como inimigo do Império alemão e como um adepto da Internacional etc. Em suma, um documento de todo recomendável e repleto de serenidade.[28]

Os próprios wagnerianos não querem um aliado tão incômodo. A delegação das associações wagnerianas reunida em Bayreuth, que pedira a Nietzsche um "Apelo aos alemães" concebido como uma contribuição, recusa seu texto, escrito em 22 de outubro, o qual ressoa como uma imprecação:

Contaram a vocês que festa foi celebrada em Bayreuth em maio do ano passado: havia lá uma pedra fundamental a inaugurar e de importância; com ela enterramos para sempre muitos de nossos receios e acreditamos, ou, como seria necessário dizê-lo hoje, imaginamos que ela selara definitivamente nossas mais nobres esperanças. Isso porque, infelizmente, alimentávamos muitas ilusões e, hoje, nossos receios continuam vivos. E, embora nunca tenhamos deixado de acreditar, nosso pedido de ajuda e nosso preâmbulo de hoje nos fariam compreender que estamos mais carregados de apreensão do que de esperanças. Porém, é a vocês que se voltam nossos receios: vocês não querem saber nada do que está acontecendo e talvez até queiram impedir, por ignorância, que algo aconteça.[29]

Nietzsche alimenta a dolorosa suspeita de que Wagner, o mesmo que representa o "artista do futuro", tenha surgido em uma época não só fechada, como hostil a todo porvir, isto é, à chegada de tudo o que for novo, reformador, criador. Deve-se considerar a dimensão da grande coerência da missão que Nietzsche estabeleceu para si: através de *O nascimento da tragédia*, ele arrancara a história de um gênero literário antigo à filologia universitária para transformá-la em um *problema vital*, ou seja, a avaliação das maneiras com que um povo, pela arte ou pela ciência, responde ao problema da vida. Estabelecera que uma cultura bastante saudável para afirmar todo o terrível e o problemático da existência obtinha um tipo de conhecimento superior (o pessimismo trágico do artista) àquela que se desviava disso para inventar outro tipo de ficção, o otimismo lógico do homem teórico. Tendo descrito, com a morte da tragédia, a passagem de uma a outra, Nietzsche deixara entrever que estávamos ainda hoje, de certo modo, situados em uma cultura que nega a unidade da vida em prol de verdades abstratas, ideais e mentirosas.

A partir de então, a primeira de suas *Considerações extemporâneas* poderia divulgar o resultado presente desse diagnóstico: a falta de unidade vital se tornou uma ideologia, uma negação premeditada de toda força plástica prodigiosa, perigosa e excepcional, e por consequência um ódio geral do gênio, antigo ou futuro, em quem se encarna essa força. Nossa cultura moderna apaga ao mesmo tempo o passado e o futuro, esvaziando-os de qualquer vitalidade plástica, e dedica um culto mórbido ao presente, às circunstâncias, à "realidade tal qual ela é", ou seja, uma ficção, como tudo o que nega a vida como vir a ser criador.

O filisteu só gosta dos "clássicos atuais", dos gênios medíocres, da arte divertida, da ciência proveitosa, todas essas proposições monstruosas e, sobretudo, hostis tanto ao passado quanto ao futuro. O passado nada mais é do que a documentação apropriada para justificar e exaltar a mediocridade do presente. O que há de vivo no passado, esse mesmo vir a ser que permeia o passado, é negado em prol do historicismo, isto é, da ossificação, da museificação, do acúmulo quantitativo do passado.

A essa altura, em semelhante desvio do sentido histórico, compreende-se a necessidade da segunda de suas *Considerações extemporâneas*, intitulada *Sobre a utilidade e os inconvenientes da história para a vida*, que Nietzsche começa em novembro de 1873 e publica em 25 de fevereiro do ano seguinte. Para trabalhar no texto, refugiou-se em Naumburg e recusou o convite para passar o Natal em Bayreuth. Abertamente ofendida, Cosima só lhe envia em 20 de março uma palavra de agradecimento pelos votos de feliz Ano-Novo e pelo texto da nova de suas *Considerações extemporâneas*, enviado contudo em fevereiro. A se dar crédito ao *Diário* de Cosima, a reação de Wagner é muito moderada:

> R[ichard] leu esta manhã a última obra de nosso amigo Nietzsche e resumiu assim sua opinião: "Trata-se da obra de um homem verdadeiramente importante e, caso ele se torne célebre, será levada em conta. Porém, falta a ela muita maturidade, todo caráter visual, porque não oferece nenhum exemplo extraído da história e porque há muitas repetições e nenhum projeto verdadeiro. Esse livro nasceu muito cedo. Não conheço ninguém a quem o daria para ler, porque ninguém pode segui-lo".[30]

Jacob Burckhardt, por sua vez, reage de um modo evasivo que nada traz de bom presságio. Em 25 de fevereiro, escreve a Nietzsche: "Antes de tudo, devo dizer que minha pobre cabeça nunca esteve à altura, e falta muito, de refletir como o senhor é capaz, às últimas razões, aos propósitos e às aspirações da ciência histórica".[31] De fato, o pensamento de Nietzsche eleva-se a partir de então a uma altura em que nem o artista do futuro nem o filólogo do passado podem segui-lo.

Seu modo de pensar resolutamente antropológico articula a história com a atividade do homem e sua relação com o tempo, o esquecimento e a memória, interpreta as diferentes formas do sentido histórico em função de certo tipo psicológico de homem e de uma cultura que lhe corresponde. Não cabe aqui prosseguir uma análise detalhada da segunda de suas *Considerações extemporâneas*, apesar de sua importância decisiva para a história do pensamento, e não apenas nietzschiano. Nós nos limitaremos, pois, a esboçar as implicações.

O ponto de partida de Nietzsche é a crítica do historicismo contemporâneo, isto é, essa transformação generalizada do passado em mero objeto do conhecimento. Um objeto passado tornado inteiramente cognitivo está morto, sua força vital escapou ao historiador. Nietzsche faz uma redução voluntária da função da história: temos necessidade dela para viver e agir; só nos serviremos dela enquanto ela serve a vida e a ação. Ora, toda ação necessita do esquecimento, toda criação implica a destruição e a negação do que já foi criado. O momento de esquecimento (em que se deposita o fardo do passado) é ingrato, limitado, cego ante o perigo, injusto. Contudo, se o homem tivesse uma faculdade de memória infinita, seria vencido pela legião infinita de tudo o que foi: não se atreveria mais a mover uma palha. Se, ao contrário, o homem fosse um ser sem memória alguma, infinitamente esquecido, seria um animal, escravo de um único instante, inconsciente da mínima continuidade de seu ser e do tempo.

Para avaliar o homem, Nietzsche pretende determinar a natureza do equilíbrio entre memória e esquecimento: "O elemento histórico e o elemento não histórico são igualmente necessários para a saúde de um indivíduo, de um homem, de uma civilização".[32] A história está a serviço de uma força não histórica, plástica, que é a própria vida. Nietzsche distingue então dois tipos de histórias em sua relação com a vida: a "história monumental", que tem necessidade de selecionar no passado modelos excepcionais, mestres consoladores que podem servir de exemplos permanentes para conduzir sua ação; é o sentido histórico que Nietzsche poderia louvar, seguindo Goethe e Schiller, se o perigo próprio dessa perpetuação não fosse a generalização absoluta, a abstração da temporalidade, suscetível de se tornar ódio do presente e sentimento da inanidade de qualquer ação presente ou futura: o "Chegamos demasiado tarde. Tudo já foi dito" de La Bruyère. É o perigo do idealismo, que acaba por negar a própria ideia de tempo em prol da forma eterna.

A segunda forma é a "história tradicionalista", que, ao contrário, não extrai nem seleciona nada, mas digere tudo, em uma veneração de tudo o que foi; o tradicionalista vê no palimpsesto (o "*polypseste**", chega a dizer Nietzsche)[33] de

---

* "Polypseste": neologismo criado por Nietzsche para designar um palimpsesto de múltiplas camadas. (N.A.)

todo o passado a justificativa de sua própria existência, ele não passa da soma de todo o passado acumulado, valor quantitativo sem unidade sintética alguma, ou seja, não valor. Tudo o que é se vê justificado nisso sem distinção, é o reino das mentes mesquinhas, dos ruminantes, dos impotentes: sim e *amém* ao mais ínfimo fato. E é exatamente aí que nos encontramos. O homem moderno está sobrecarregado com o caos do passado interiorizado, ele interpôs, entre a história e a vida, a *ciência*, isto é, o contrário da unidade sintética da vida.

Nietzsche apresenta então uma terceira forma de história, a "história crítica", que é a necessidade de libertação, de atividade, de esquecimento temporário, tempo da ação e da criação. Trata-se de reconhecer que, como produtos da história, somos herdeiros do passado, da educação, de nossos institutos inatos, mas essa herança é precisamente o resultado do que o passado teve de impiedoso, de injusto, de destruidor e de criador. Trata-se a cada instante de se construir uma segunda natureza mais livre do que a primeira, de se dar *a posteriori* um outro passado, de representar novamente por conta própria o que no passado foi grande, o que Nietzsche chama: "fixar o sublime". E de marcar, assim, a existência com o selo da eternidade.

O julgamento é impiedoso: "a história só é tolerável às personalidades fortes; quanto às fracas, ela acaba apenas por sufocá-las". Toda a crítica nietzschiana da cultura girará daqui para frente ao redor da determinação do nível de força e de fraqueza na atividade humana, de saúde e de doença, de vitalidade e de morbidade. Nesse estágio, Nietzsche, contra o historicismo, celebra uma limitação consciente da ciência, que implica renunciar à sua pretensão de universalidade, mas também à ilusão democrática do bem-estar para todos, do conhecimento para todos, da igualdade, ou seja, da equivalência generalizada das existências.

Desse modo, ele realiza uma dupla ruptura: levantando-se contra a universalidade da ciência, rompe com a geração anterior, a de seus professores Ritschl e Burckhardt; erguendo-se contra sua democratização, afasta-se dos movimentos liberais de sua época, que influenciam até a Universidade de Basileia; com a morte de Vischer-Bilfinger em 5 de julho de 1874, e segundo o testemunho do próprio Burckhardt, que deplora a situação, Basileia toma um rumo "ultrademocrático".[34] Semelhante radicalização das posições de Nietzsche não deixa de isolá-lo, mas também de levantar dúvidas que, em particular em 1874, o atormentam. Não só ele tem dificuldades de aceitar a ideia cada vez mais presente de que suas esperanças wagnerianas poderiam ser ilusórias, como fica contrariado de questionar seu próprio nível de força no combate iniciado. Abre-se a respeito disso com Gersdorff, em 1º de abril:

> Caro amigo leal, se pelo menos você não me tivesse em tão alta conta! Estou prestes a acreditar que chegará um dia em que o decepcionarei um pouco; e é o que farei agora lhe declarando, seguro do excelente conhecimento que tenho de mim mesmo, que de todos os seus elogios *não* existe *nenhum* que eu *mereça*. Se você pudesse saber que juízo desencorajador e melancólico tenho *no fundo* sobre mim como criador! Nada procuro além de um pouco de liberdade, um pouco de ar respirável, e me protejo, me revolto contra todos os elementos de servidão, numerosos, indescritivelmente numerosos, pelos quais me sinto afetado. De uma verdadeira atividade produtiva não poderia de modo algum se tratar enquanto não escaparmos da servidão, do sofrimento e do sentimento de opressão causado pela perplexidade; conseguirei isso algum dia? Duvido cada vez mais. O objetivo está muito distante e bem ou mal o atingimos, mas na maioria dos casos esgotamos nossas forças em uma longa busca e em um longo combate; alcançamos a liberdade tão extenuados de cansaço quanto o efêmero ao final do seu dia. Eis minha grande apreensão. Que azar estar a essa altura consciente de seu combate, e tão rápido! Não, não posso colocar na balança nenhuma ação, como podem fazer o artista ou o asceta.[35]

Os Wagner ficam preocupados com a melancolia do amigo e lhe propõem que se estabeleça de modo permanente na casa deles. Contudo, o que teria sido a realização de um sonho alguns anos atrás agora se tornou algo impossível. Assim, por meio de uma carta sem serenidade, Nietzsche recusa essa proposta que chegou tarde demais. Todavia, uma visita a Bayreuth está programada para o mês de agosto. Nietzsche tem seus motivos para preceder essa viagem de uma excursão à montanha, que fará com Romundt em Bergün, a 1.400 metros de altitude, no limiar da Engadina. Dessa maneira, desde a sua chegada ao lar dos Wagner, em 4 de agosto, sofre de violentas dores gástricas e digestivas. No dia 15, deve partir. Só voltará a Bayreuth em 1876, pela última vez.

Essa curta estadia de onze dias é marcada por um incidente mais grave do que parece. Dois meses antes, Nietzsche ouviu na catedral de Basileia um concerto em homenagem ao Império alemão em que, em pessoa, Johannes Brahms regeu seu *Canto de triunfo* para coro misto, orquestra e órgão. Ele fica tão impressionado com essa peça que volta a escutá-la em Zurique, confessando a Rohde que esse entusiasmo suscita em si uma verdadeira crise de consciência, pois Wagner abomina Brahms. Dois dias após sua chegada a Bayreuth, Nietzsche não se contém mais e toca no piano uma redução da obra diante de Richard e Cosima, exaltando suas belezas com fervor. Wagner a princípio ri, de embaraço ou de incredulidade diante de tanta insolência. Porém, passados dois dias, não consegue mais dominar um violento acesso de fúria. Toda a diplomacia de Cosima é necessária para evitar a ruptura total entre os dois homens. A disputa se encerra ali, mas pela primeira vez Nietzsche manifestou abertamente uma divergência de gosto, e, quando se trata de Brahms, Wagner não tolera nenhuma oposição. Ora, parece que Nietzsche está atrás de conflito e logo o encontrará, mesmo que a hora ainda não tenha chegado.

Por enquanto, a terceira de suas *Considerações extemporâneas*, em que trabalha durante a primavera e o verão de 1874, provoca entusiasmo em Wagner. Trata-se de uma extensa homenagem ao primeiro mestre de Nietzsche e é lançada em 15 de outubro, com o título *Schopenhauer como educador*. A obra é publicada então pelo editor Schmeitzner, uma vez que Fritzsch se retirou dos negócios. A escrita desse texto exigiu violentos esforços da parte de Nietzsche, que escreve a Gersdorff em 24 de setembro:

> A impressão, que está muito acelerada e constitui por isso uma despesa suplementar, está quase no fim; quando chegar, você já vai encontrar um exemplar pronto. Houve dias penosos e noites impiedosas – infelizmente! E com frequência desejei que irrompesse de fora algum acontecimento apaziguante e favorável, pois por si só não podia extrair mais nada que fosse apaziguante![36]

Deve recobrar suas forças e se refugiar em Rigi, às margens do lago dos Quatro Cantões, e depois em Lucerna. Em 23 de outubro, Cosima registra em seu *Diário*: "Enquanto R. vai repousar, começo a ler o livro do professor Nietzsche, *Schopenhauer als Erzieher*, que R. já leu e que o fascinou no mais alto grau".[37]

Nietzsche continua com uma lógica implacável o combate contra seu tempo. Diante do conformismo da opinião, da preguiça de uma época que vive e pensa em manada, como o homem pode se tornar ele mesmo? O conhecimento de si não é uma introspecção, mas a tensão em busca de um objetivo elevado que liberta da interioridade enlameada em que estamos atolados:

> Uma vez que sua verdadeira essência não está escondida no fundo de você, ela está infinitamente acima de você ou, ao menos, do que você geralmente toma por seu.[38]

O primeiro esforço em direção a esse eu superior passa pelo conhecimento do que se amou e admirou de verdade, porque nossos educadores são nossos libertadores. Nietzsche afirma que Schopenhauer foi seu *único* mestre. De agora em diante, trata à parte, e com diferentes medidas, os casos de Schopenhauer e de Wagner, este sendo tema da quarta e última de suas *Considerações extemporâneas*.

O cerne da relação de Nietzsche com Schopenhauer não concerne mais à doutrina, que, ao longo das páginas de *Schopenhauer como educador*, não é discutida uma única vez. Nietzsche mantém-se fiel aqui ao que escrevia em *A filosofia na era trágica dos gregos*, quando afirmava que todos os grandes sistemas filosóficos são refutáveis, mas que os grandes filósofos não o são: "quero extrair de cada sistema somente o fragmento que é um pedaço de personalidade e que pertence ao que há de irrefutável e indiscutível, aquilo que a História deve guardar".[39] Trata-se agora, desde a segunda de suas *Considerações extemporâneas*, de compreender em que o contato com um gênio nos eleva e nos aperfeiçoa, nos faz pensar e agir:

> Nada descrevo além da primeira impressão, por assim dizer fisiológica, que Schopenhauer despertou em mim, esta magnífica efusão da energia mais íntima que se comunica de um ser da natureza a outro e que sobrevém ao primeiro e ao mais leve contato; e se depois analiso essa impressão, encontro-a composta de três elementos, a impressão de sua honestidade, da sua serenidade e da sua constância.[40]

Schopenhauer soube superar os três grandes perigos que espreitam qualquer filósofo hoje: o de se abandonar à solidão, o de perder as esperanças na verdade e o de se desviar da vida. Para a geração pós-kantiana, a incognoscibilidade da coisa em si era uma perspectiva (ou uma falta de perspectiva) vertiginosa. Pode-se viver no conhecimento do fenômeno somente? Pode-se viver sem verdade definitiva?

Mais do que o retorno a um conhecimento possível da coisa em si no conceito de Vontade, Nietzsche admira em Schopenhauer as consequências éticas que ele tira disso, ou seja, a aspiração ao gênio, à santidade ou ao nirvana, que cada um escolha como preferir a metáfora estética, cristã ou budista. A implicação é essa transfiguração da *physis* que toda verdadeira cultura é, uma avaliação sem julgamento da existência em geral, um grande sim à vida. Nietzsche negligencia aqui, de propósito, o projeto schopenhaueriano de *negação* implicado pela renúncia ascética à vontade.

Mais tarde, terá todo o tempo para denunciar enfaticamente essa expressão de um niilismo acabado; o que lhe importa aqui é, a princípio, o movimento de uma elevação infinitamente acima de si, uma moral que não busca no mundo em si um consolo fictício, mas que, ao contrário, insere nele a própria origem de todo o sofrimento e o princípio para superá-lo. Se Nietzsche celebra aqui Schopenhauer como um grande afirmador da vida, contra o conteúdo manifesto da doutrina, isso decorre tanto em virtude do reconhecimento de uma *personalidade* irrefutável cujos motivos psicológicos não correspondem necessariamente àqueles reconhecidos por uma metafísica que pode ser errônea, quanto de um projeto velado que permeia todo o texto de *Schopenhauer como educador*: é da sua própria pessoa, no fundo, que Nietzsche está falando. A introdução, no entanto, já o assinalava: conhecemo-nos primeiramente pelas venerações que fazemos. Porém, será preciso esperar a retrospectiva de *Ecce homo* para descobrir uma das chaves desse texto:

> *Schopenhauer como educador* é, ao contrário, a minha história mais íntima, incluído meu *vir-a-ser*. E antes de tudo minha *promessa!*... [...] Sobre a minha compreensão dos filósofos como um tremendo material explosivo, ante o qual tudo está em perigo; sobre a renovação que promovo com meu conceito de "filósofo", colocando-o a milhas de distância de um conceito capaz de ainda encerrar em si um Kant – sem contar os "ruminantes" acadêmicos e outros professores de filosofia... O meu texto dá uma aula impagável, reconhecido inclusive o fato de que no fundo não é "Schopenhauer como educador", mas sim sua *antítese*, "Nietzsche como educador", que é chamado às falas...[41]

Depois do esforço feito na terceira de suas *Considerações extemporâneas*, o "ruminante" continua sua vida de professor, na qual despende sem cessar uma constante energia. Ele passa o Natal de 1874 ao lado da família em Naumburg, onde se põe a fazer o balanço de suas composições de juventude (admirando nessa tarefa a imutabilidade de seu caráter[42]) e retoma uma peça para piano a quatro mãos, começada em abril, cuja elaboração o ocupará durante anos: "Hino à amizade" será também sua última produção musical e deverá esperar oito anos até tomar sua forma definitiva, tornando-se *lied*, e encontrar sua poetisa na pessoa de Lou von Salomé, com o título de "Hino à vida".

O retorno à música sempre significa para Nietzsche a busca dessa paz que inevitavelmente lhe foi arrancada pela luta filosófica contra o seu tempo. A Malwida von Meysenbug, escreve no dia 2 de janeiro de 1875: "A duração da música [do "Hino à amizade"] é de exatos quinze minutos – a senhora sabe tudo o que pode se passar nesse lapso de tempo, a música é precisamente o argumento claro em prol da idealidade do tempo. Ah, se minha música pudesse ser uma prova de que é possível esquecer seu tempo e de que aí reside a idealidade!".[43] Contudo, nessa mesma carta, expressa pressentimentos sombrios: "Ontem, primeiro dia do ano, vi o futuro e tive realmente um arrepio. É perigoso e assustador viver – invejo quem morrer de uma maneira conveniente. De resto, estou resoluto a *envelhecer*; pois do contrário isso não leva a nada. Todavia, não é por conta do prazer de viver que pretendo envelhecer. A senhora compreende minha resolução".

Em meados de janeiro de 1875, Cosima pede a Elisabeth, por intermédio de seu irmão, que venha cuidar das crianças durante as três semanas da turnê de concertos de Wagner. Elisabeth aceita com prontidão e permanecerá ao todo mais de um mês, associada às mundanidades dos Wagner uma vez de volta e exercendo com zelo sua autoridade doméstica na casa de Bayreuth. É selada uma amizade entre Cosima e ela, como confirma o fato de se tratarem por "você". Essa aproximação não é interesseira, pois, quando a oposição de Nietzsche e Wagner for manifestada, Elisabeth ficará do lado de Bayreuth, às custas de tensões cada vez mais fortes com seu irmão.

De fato, Nietzsche sente-se cada vez mais isolado: Overbeck deve se ausentar de Basileia para seguir um longo tratamento em Karlsbad, e Elisabeth preenche então a vaga de colocatária. Romundt também deixa Basileia, na primavera de 1875. Mais ainda do que sua partida, seu brusco desejo de se converter ao catolicismo magoa seu amigo. Todos esses desgostos repercutem de modo direto na saúde de Nietzsche, que piora seriamente. No final de julho, não pode assistir aos ensaios de *O anel do nibelungo* (como se sua doença devesse *protegê-lo* de Bayreuth) e queixa-se com amargura para Gersdorff:

> Estou saindo de uma *péssima* fase e começando talvez outra pior ainda. Incapaz de controlar meu estômago apesar de um regime dos mais espuriamente severos, arrasado dias inteiros pelas mais violentas enxaquecas, apenas entrecortadas por alguns dias de trégua, extenuado por horas de vômito, de jejum, em suma, estive em um estado em que a máquina parecia querer cair aos pedaços e que me levou por vezes a desejar isso. Uma grande lassidão, dificuldades para caminhar na rua, uma grande sensibilidade à luz. Immermann tratou isso como uma úlcera e imagino o tempo todo vomitar sangue. Ele me receitou soluções de pedra-infernal durante catorze dias, sem efeito. Está me dando no momento, duas vezes por dia, enormes doses de quinina. Ele não quer que eu vá para Bayreuth durante as férias, não dei resposta, você pode imaginar como estou me sentindo.[44]

Não se deve abdicar de citar amplamente as cartas em que Nietzsche descreve e deplora seu estado de saúde, pois a doença torna-se uma companheira habitual, associada a cada linha da obra, verdadeiro sismógrafo dos estados de seu pensamento. Nietzsche garante, contudo, a continuação de todas as suas aulas, trabalha para fazer acontecer uma reforma do ensino do grego e luta para manter sua posição dupla de escritor e de professor (aliás, é provavelmente essa assiduidade que o leva a se aproximar uma vez mais de Burckhardt, que a publicação da segunda de suas *Considerações extemporâneas* afastara).

Nietzsche passa o verão em tratamento em Steinabad, ao sul da Floresta Negra. Os médicos começam a relacionar a afecção gástrica a problemas nervosos e cerebrais. Quanto a Nietzsche, percebe cada vez melhor a complexidade de sua doença, como se sentisse todo o seu organismo atingido e ameaçado de colapso. No entanto, com obstinação, trabalha na quarta de suas *Considerações extemporâneas*. Deve-se agora atacar o problema de frente – a última de suas *Considerações extemporâneas* levará o título de *Wagner em Bayreuth*.

Na véspera de seu retorno a Basileia, em 11 de agosto, escreve a Carl Fuchs: "Céus, permita-nos ser *espíritos livres*, pode reservar para você todo o resto".[45] Nietzsche ainda não conquistou essa liberdade de espírito. Ele centraliza suas inquietações em Bayreuth, ainda se recusando a aceitar que esse nome se confunde com o do próprio Wagner. E o que o prende à inquietação é recear tanto o fracasso quanto o sucesso de Bayreuth, porque Bayreuth cristaliza todo o problema do "mundo moderno" e o sofrimento que esse mundo lhe causa. Rapidamente, o texto sobre Bayreuth entra em contradições, a tal ponto que Nietzsche se recusa a publicá-lo. Em 7 de outubro, confessa a Rohde:

> *Wagner em Bayreuth*, uma das minhas *Considerações extemporâneas*, não será impressa. Ela está quase pronta, mas fiquei muito aquém do que exijo de mim mesmo; desse modo, ela não tem para mim outro valor senão o de uma nova orientação, depois do que foi o momento mais difícil de todas as nossas experiências até hoje. Não alimento ilusões e vejo que essa orientação não é um pleno sucesso para *mim* – e que estou ainda menos à altura de ajudar os outros![46]

Por volta do Natal, Nietzsche se encontra em um estado de saúde particularmente ruim. As dores acabam obrigando-o a suspender suas aulas em fevereiro de 1876. Sua mãe, inquieta, vai vê-lo em Basileia em 18 de fevereiro e fica até 30 de março. No mês de abril, Nietzsche passa uma temporada em Genebra e lá frequenta a casa de Hugo von Senger, um maestro wagneriano com quem estabelecera há pouco uma amizade sem futuro. Nessa ocasião, conhece também sua jovem aluna de piano, uma tal de Mathilde Trampedach.

Ocorre então um estranho acontecimento que inaugura um mecanismo típico da personalidade de Nietzsche que se tornará recorrente. Depois de três encontros dos mais formais, pede a mão da senhorita, por intermédio de Senger. Nessas circunstâncias, evidentemente Mathilde Trampedach recusa (ela se casará em breve com Senger, trinta anos mais velho do que ela). Nietzsche não se alarma e, em uma carta a Gersdorff de 15 de abril, a respeito das perspectivas de casamento de seu amigo, deixa escapar uma palavra de ordem resoluta: "*Por nada no mundo* um casamento de conveniência [...]! Não vamos vacilar no que se refere à pureza do caráter! É preferível mil vezes continuar só".[47] Tudo se passa como se, teleguiado pelo conselho dado por Wagner para que encontrasse uma esposa, ele tivesse arriscado sem convicção. Porém, teremos oportunidade de retomar a relação enigmática de Nietzsche com o casamento. Em todo caso, semelhante lógica de insucesso no pedido de casamento demonstra bem um fundo de angústia.

No final de abril, Malwida von Meysenbug convida Nietzsche a acompanhá-la em uma longa temporada em Fano, às margens do mar Adriático. O projeto entusiasma Nietzsche o suficiente para que faça, em 19 de maio, um requerimento de licença à Universidade de Basileia, que o libera de outubro de 1876 a outubro de 1877. Paralelamente, Nietzsche sai do impasse da quarta de suas *Considerações extemporâneas* graças ao encontro com um novo estudante, compositor mas apaixonado por filologia, que se tornará um amigo leal: Heinrich Köselitz, dez anos mais novo do que ele e vindo de Leipzig, onde estudou composição e filosofia.

Wagneriano convicto, ficou impressionado alguns meses antes ao ler *O nascimento da tragédia* e decidiu, com seu amigo Paul Widemann, ir para Basileia a fim de acompanhar as aulas de Nietzsche e de Overbeck. Como fora Widemann que convencera Schmeitzner de publicar os dois professores, estes acolheram bem, em meados de outubro, os recém-chegados. Nietzsche deposita então toda a sua confiança em Köselitz, a quem dará em 1881 seu nome artístico: "Peter Gast". Na segunda quinzena de abril de 1876, Nietzsche lhe fala de seu texto sobre Bayreuth e do seu desejo de, sem publicá-lo, oferecer uma cópia a Wagner, quando de seu aniversário, em 22 de maio. Mergulhando na leitura, e logo nas correções e nas mudanças, Köselitz consegue convencer Nietzsche a publicar a totalidade da obra, ampliada de três capítulos, por ocasião da abertura do primeiro festival de Bayreuth, durante o verão. Essa decisão confere a Nietzsche uma sensação de libertação, perceptível em sua correspondência entre abril e julho, em Basileia.

Wagner em Bayreuth, publicado em julho, causa grande impressão em Richard: "Amigo, seu livro é maravilhoso! Onde foi que aprendeu a me conhecer assim?".[48] Como um texto que fora abarrotado de dúvidas profundas quanto à missão de Wagner pôde receber o seu assentimento? Como conceber, acima de tudo, que essas inquietas dúvidas tenham resultado em um ensaio tão ardentemente admirativo, em uma síntese tão brilhante do papel que Nietzsche esperou de Wagner?

Sem dúvida, há na obra diversos níveis de leitura para explicar nosso espanto. Em primeiro lugar, de modo muito concreto, a versão final apaga amplamente as passagens em que há críticas explícitas, graças às intervenções de Köselitz e às mudanças então consentidas por Nietzsche visando à publicação. A leitura dos fragmentos póstumos (em particular de janeiro-fevereiro de 1874) deixa transparecer claras suspeitas que o texto definitivo ocultará através de uma sutil dialética: Wagner presunçoso, medíocre em sua juventude, compositor brutal e sem ritmo nos detalhes, capaz de subjugar qualquer resistência ou repulsão à sua música, mestre do efeito imediato etc. Finalmente: "Eu mesmo, ao longo desses últimos anos, senti nascer em mim duas ou três vezes esta dúvida insensata: Wagner tem realmente um talento musical?".[49]

Porém, a lealdade do texto publicado não é o simples efeito de uma autocensura hipócrita. Nietzsche expõe ali, de modo dialético, as contradições inerentes à época moderna, da qual Wagner, afinal, é o fruto mais bem-acabado. Extemporâneo e profético, só pode ser acolhido pelo tempo presente de maneira paródica; na realidade, ele não tem público *hoje*, e seu sucesso é resultado (consciente e calculado) de um mal-entendido. Wagner aceitou produzir um efeito imediato, deixar-se reduzir a uma "arte de grande ópera", ciente de trabalhar para seu significado futuro.

Sua natureza profundamente moral, desinteressada e fiel, está em conflito permanente e produtivo com uma obscura e selvagem vontade que "aspira ao poder".[50] Esse demônio tentador desenvolve em si uma tirania capaz de se apoderar do ouvinte por todos os meios possíveis, de quebrar sua resistência e sua vontade. Eis aí o que *diz* a quarta de suas *Considerações extemporâneas*, sem rodeios. Entretanto, Nietzsche articula a essa análise a força que faz de Wagner um artista, ou seja, um "simplificador do mundo"[51], um homem não teórico que *pensa* em mitos e em sons, que força o invisível a se manifestar e exprime em troca a tonalidade fundamental desse fundo obscuro.

Nesse ponto, Nietzsche permanece fiel à sua obra *O nascimento da tragédia* e expõe até de maneira muito mais clara e sintética a relação artística do "dramaturgo ditirâmbico" com o trágico. Wagner fala a linguagem original da natureza restaurada, isto é, a linguagem do sentimento apropriado. Nietzsche se "trai" assim de duas formas: ao descrever a natureza conflituosa de Wagner, desvela-o no que tem de "moderno"; na aproximação renovada de Wagner com o poeta trágico grego, matiza a admiração exaltada pelo artista do futuro levantando, no final do texto, tanto a questão de sua relação presente com o passado quanto a de sua relação futura com o presente:

> Quem levanta essas questões e as levanta em vão voltará os olhos para o futuro; e, caso descobrisse em alguma região afastada esse "povo" que poderá decifrar sua própria história a partir dos sinais da arte wagneriana, compreenderia também na mesma ocasião o que *Wagner será para esse povo* – o que não pode ser para todos nós, a saber, não o vidente que sonda um futuro, como talvez tivéssemos imaginado, mas o intérprete que transfigura um passado.[52]

Acreditamos em duas coisas: em primeiro lugar, que o entusiasmo de Richard com o texto que lhe é dedicado não decorre de uma leitura superficial; a percepção que Nietzsche demonstra a respeito da personalidade de Wagner foi extraída precisamente de suas contradições internas, isto é, do próprio impulso de seu destino artístico. Wagner, o primeiríssimo a ter sofrido *mal-entendidos* que ele suscitou, só podia estimar o ouvido incrivelmente aguçado que Nietzsche direcionou para a sua obra. Como um ser tão atento para consigo mesmo como Wagner não teria aproveitado o raro privilégio de ouvir suas contradições?

Do que logo sofrerá Wagner é a *injustiça* de Nietzsche a seu respeito. No entanto, acreditamos que Nietzsche, em *Wagner em Bayreuth*, é extremamente *justo*. E justo porque as razões para sua admiração por Wagner são precisamente *as mesmas* que desencadearão sua violência contra ele. Sua interpretação quanto ao significado de Wagner no mundo moderno, no que tem de fundamental, não muda; o que mudará em breve é a avaliação de seu próprio significado nesse mundo em que surgiu Wagner, o sintoma de "uma aberração geral", dirá em *Ecce homo*.[53] Com essa única condição Wagner poderá se tornar – última homenagem – o *antípoda*.

Depois de um ano de extrema tensão nervosa, Nietzsche receia não ter forças suficientes para assistir ao primeiro festival de Bayreuth. Em meados de julho, Malwida já se encontra no local para acompanhar os ensaios e aconselha Nietzsche a vir assim que possível, uma vez que o tempo dos ensaios permitia a preparação para o grande choque emocional que as próprias apresentações suscitariam. Nietzsche, que previra sua chegada para 10 de agosto, resolve antecipar sua partida e chega em 25 de julho para presenciar os ensaios de *Crepúsculo dos deuses*, depois de *A Valquíria*.

Em 1º de agosto, escreve a Elisabeth: "Não estou bem, percebo! Dores de cabeça incessantes, ainda que não sejam das piores, e lassidão. Ontem, só pude ouvir *A Valquíria* em uma sala escura; absolutamente impossível de ver. Estou ansioso para partir. Seria muito insensato continuar aqui. Cada uma dessas longas noites me causa horror, mas não consigo evitá-las".[54] Alguns dias mais tarde, na véspera da chegada de sua irmã, Nietzsche refugia-se na floresta bávara, em Klingenbrunn, e só os cuidados de Malwida o convencem a voltar.

Quanto a Wagner, está furioso; pela primeira vez vê a obra desenvolvida durante décadas se concretizar sobre o palco, com todas as necessidades e todos os problemas expostos pela montagem de cena: roupas ridículas, cantores mal preparados, diversos problemas técnicos. Seja como for, a abertura do festival ocorre em 13 de agosto de 1876, com a presença de Guilherme I. O imperador fica apenas dois dias, para *O ouro do Reno* e *A Valquíria*.

Nietzsche resiste até 27 de agosto, mas deixa Bayreuth em um estado preocupante. Do efeito desastroso produzido por esse primeiro festival, Nietzsche revela as causas em *Ecce homo* – com certeza muito mais tarde, mas com a violência intacta que experimentara doze anos antes (percebe-se que Wagner, nessa diatribe, permanece intocado):

> Quem tem ideia a respeito das visões que já naquela época atravessaram meu caminho pode adivinhar como foi que eu me senti ao despertar em Bayreuth, certo dia... Exatamente como se eu tivesse sonhado... Onde é que eu estava? Eu não reconhecia mais nada, eu mal reconhecia Wagner. Em vão folheei em minhas recordações. Tribschen – uma distante ilha dos bem-aventurados: nenhuma sombra de semelhança. Os dias incomparáveis da colocação da pedra fundamental, a pequena companhia de *iniciados* que a festejou e que mostrou dedos suaves no manejo das coisas: nenhuma sombra de semelhança. *O que havia acontecido?*... Haviam traduzido Wagner para o alemão! O wagneriano se tornou senhor sobre o próprio Wagner!... A arte *alemã*! o mestre *alemão*! a cerveja *alemã*!... Nós, os outros, que sabíamos bem até demais que a arte de Wagner é capaz apenas de falar de perto ao cosmopolitismo do gosto, estávamos fora de nós ao reencontrar Wagner coberto de "virtudes" alemãs... [...] O pobre Wagner! Onde é que ele foi acabar!... Se pelo menos tivesse se lançado entre os porcos! Mas entre os alemães!...[55]

Nós, espíritos livres (1876-1881)

Urgia afastar-se dos efeitos nocivos dessa atmosfera "alemã". Nietzsche retorna a Basileia, onde se encontra sozinho: Overbeck se casou e Elisabeth voltou para Naumburg. Ele se instala então na solidão um pouco monástica de sua pensão de Schützengraben. Para se curar da celebração de Bayreuth, espera com impaciência a partida para a Itália ao lado de Malwida.

Ela há muito alimentava a ideia de uma viagem à Itália na companhia de Nietzsche e, desde as suas primeiras cartas, evocara vagamente o projeto. Só que, em abril de 1876, um interesse duplo a leva a realizá-lo assim que possível: Malwida está preocupada, de fato, com a condição moral e física de um estudante de direito em Basileia, Albert Brenner, um rapaz de apenas vinte anos, brilhante mas frágil, que Nietzsche havia pouco lhe apresentara. Um ano antes, Nietzsche falara de Brenner a Gersdorff nestas palavras: "um jovem de Basileia muito capaz e muito precoce (porque precocemente testado)".[1]

Brenner, que em breve será levado pela tuberculose, pôs seu destino nas mãos da maternal Malwida, que pretende tirá-lo de sua família e da depressão. Ela também está apreensiva quanto à saúde de Nietzsche e lhe propõe assim uma temporada a três na Itália, não em Roma, cujo custo de vida está muito caro, mas em Fano, uma cidadezinha banhada pelo mar Adriático, onde cada um poderia se dedicar a seus trabalhos com toda tranquilidade. Nietzsche poderia ditar suas obras para Brenner e lhe oferecer seu ensino. "Nós três", pensa ela, "poderíamos talvez, já que representamos todos os níveis de idade e assim a maneira habitual de ver e sentir de cada um desses níveis, resolver juntos certos problemas que têm uma importância para o mundo".[2]

A proposta de Malwida coincide com um desejo presente desde muito em Nietzsche: fundar uma pequena comunidade retirada do mundo em que os integrantes se dedicariam à filosofia, um ideal epicurista que, naqueles anos, aparece com frequência em seus textos. Durante o mês de setembro de 1876, Nietzsche sofre novas crises de enxaqueca e precisa seguir novo tratamento de atropina. Malwida partiu para fazer o reconhecimento de terreno em Fano, mas, não tendo encontrado o lugar propício, acabou decidindo por Sorrento, na província de Nápoles. Fica preestabelecido que se encontrariam com os Wagner, que também estão por lá.

Nietzsche ao mesmo tempo receia e deseja esses encontros, cuja perspectiva o leva a mergulhar em um estado de extrema agitação. Porém, adere ao projeto de Sorrento, sobretudo depois que outro amigo também se associa: um certo Paul Rée. Em 24 de setembro, Nietzsche escreve ao barão Von Seydlitz:

> Tenho encontro marcado com minha saúde em *Sorrento*: viverei na companhia de minha venerada amiga, a sra. De Meysenbug (o senhor conhece as *Memórias de uma idealista*? Stuttgart, 1875); um amigo e um aluno vão me acompanhar – todos dividimos os mesmos interesses superiores e ocuparemos a mesma casa; será uma espécie de claustro para espíritos livres. No que se refere ao amigo que mencionei, não esconderei que se trata do autor anônimo de um livro de todo notável, *Considerações psicológicas* (Berlim: Carl Duncker, 1875). Por que lhe contei tudo isso? Oh, o senhor adivinhará minha esperança secreta – permaneceremos cerca de um ano em Sorrento. Voltarei em seguida a Basileia, a menos que construa em um estilo mais nobre meu claustro, quero dizer, "a escola dos educadores" (em que estes se educam a *si mesmos*).[3]

Paul Rée, o autor anônimo de *Considerações psicológicas*, representa aos olhos de Nietzsche um aliado perfeito para realizar sua ambição de uma comunidade de "espíritos livres". Nesse ponto, deve-se retornar ao mês de maio de 1873, quando Romundt apresentara a Nietzsche um jovem estudante de 24 anos, filho de um rico proprietário de terras pomerânio, a quem a guerra de 1870 permitira interromper seus estudos de direito para se dedicar enfim à filosofia: "um homem muito reflexivo e muito capaz, schopenhaueriano"[4], Nietzsche confessava então a Rohde. Após defender sua tese sobre Aristóteles em Leipzig em 1875, Rée viera a Basileia e acompanhara as aulas de Nietzsche sobre os filósofos pré-platônicos.

Sua primeira obra, uma compilação de aforismos que denunciava tanto a influência dos moralistas franceses quanto a dos psicólogos ingleses, impressionou vivamente Nietzsche por seu pessimismo sem ilusões a respeito da vaidade humana. Por isso, recomendou o trabalho a seu editor, Schmeitzner. Quanto a Paul Rée, alimentava uma profunda admiração por Nietzsche e lhe escreveu uma carta, em 21 de fevereiro de 1876, pedindo a permissão para considerá-lo como seu "melhor amigo". Assim, com toda a naturalidade, Nietzsche pretende associar Paul Rée ao projeto na Itália.

Em 26 de setembro, escreve a Malwida: "Sabe que o dr. Rée deseja me acompanhar, imaginando que a senhora não verá inconveniente nisso? Encontro grande prazer em seu espírito claríssimo, assim como em sua alma repleta de delicadeza e verdadeiramente amigável".[5] Em outubro, os dois amigos começarão, pois, a viagem para Sorrento, passando por Bex, no Cantão de Vaud, em seguida Genebra, onde encontram Brenner. De Gênova embarcam para Nápoles: lá Malwida os espera. Após a chegada a Sorrento, os quatro fazem uma visita a Richard e Cosima. Esse encontro, o último entre Nietzsche e Wagner, ninguém se atreve a comentar: Nietzsche observa um silêncio obstinado em suas cartas, ao passo que Cosima, em seu *Diário*, menciona apenas sua presença ao lado de Malwida.

O grupo se estabelece em uma magnífica mansão, a Villa Rubinacci. Malwida explica: "Os terraços se abrem de cada lado. As janelas da sala têm vista direta para Nápoles, banhada de sol, para minha querida ilha Ísquia e para o Vesúvio. Diante da casa há uma verdadeira floresta de oliveiras e de laranjeiras, que desenha um limiar de verdor à moldura do quadro".[6] Todos logo se põem ao trabalho: as leituras conjuntas abrangem sobretudo autores franceses (La Rochefoucauld, Chamfort, Voltaire, Stendhal, Michelet) e o Novo Testamento, submetido a uma escrupulosa análise filológica.

Brenner escreve novelas, Malwida, seu romance *Fedra*. Rée e Nietzsche trabalham respectivamente em seus projetos individuais, mas com uma afinidade de temas que sugere constantes trocas intelectuais. Os dois amigos manifestam em suas conversas, de fato, duas preocupações complementares: por um lado, uma reflexão sobre a psicologia humana, iniciada pelo projeto de Rée, que consiste em desmascarar os motivos secretos, egoístas e utilitários, das manifestações morais e sociais. Por outro, como Schopenhauer antes deles, admiram a perspicácia e o estilo de um La Rochefoucauld, de quem cada máxima, perfeitamente cinzelada, parece selar uma verdade perene e sombria. Em *Humano, demasiado humano*, Nietzsche reconhece:

> La Rochefoucauld e outros mestres franceses do estudo psicológico (aos quais também se juntou nos últimos tempos um alemão, o autor das *Observações psicológicas*) parecem atiradores que miram com precisão e geralmente acertam no escuro – mas no escuro da natureza humana. Sua destreza impressiona, mas um espectador que é guiado pelo amor aos homens e não pelo espírito da ciência acabará amaldiçoando esta arte que parece inculcar na alma humana a tendência a diminuir e suspeitar dos homens.[7]

Nietzsche encontra aí diversas armas afiadas: em primeiro lugar, um estilo aforístico que obriga, por seu caráter aparentemente definitivo, a fazer uma leitura exigente e reinterpretações constantes. Máximas e sentenças impressionam a tal ponto o filósofo que seções inteiras de *Humano, demasiado humano* imitarão pura e simplesmente o modo de La Rochefoucauld e lhe permitirão, daí para frente, cultivar a forma curta do aforismo na maior parte de sua obra. Em segundo, sob os aparentes paradoxos da fórmula, Nietzsche pode trabalhar no que se torna pouco a pouco seu método fundamental: *desmascarar* motivos imorais por baixo das condutas morais, esclarecer causas que parecem contraditórias com seus efeitos e desconstruir assim a estrutura moral: por trás da humildade, o orgulho; do amor, o ódio; da piedade, o desprezo. Trata-se de arrancar a máscara das vaidades e descobrir o insaciável desejo de poder que está escondido nela.

O pessimismo moral de Paul Rée é para Nietzsche um estimulante essencial, mas ao mesmo tempo traz à tona uma diferença fundamental de visão ou de *profundidade* de visão. Rée tem consciência disso e relatará em uma carta a Nietzsche, datada de junho de 1877, um encontro com um tal de Lippiner, que procurará se informar a respeito de sua afinidade de pensamento com o filósofo: "Eu lhe disse que, de fato, o senhor partilhava de todos meus pontos de vista, mas que tinha um sem-número de outros aos quais eu não tinha nenhum acesso".[8] De que se tratava?

Em Sorrento, Rée trabalha no que se tornará seu principal tratado: *Da origem dos sentimentos morais*. Em 18 de dezembro, Nietzsche recomenda Rée a seu editor Schmeitzner com estas palavras:

> Hoje, em primeiro lugar, gostaria de lhe informar que meu amigo, dr. Rée, está prestes a lhe enviar seu manuscrito. O senhor vai receber em sua editora algo que eu só poderia qualificar, com toda franqueza, como preciosíssimo, um escrito que trata da origem dos sentimentos morais com um método tão rigoroso e tão novo que representará provavelmente uma reviravolta decisiva na história da filosofia moral.[9]

Paul Rée expressa essa reviravolta em sua obra pela seguinte fórmula (que Nietzsche citará de maneira parcial em *Humano, demasiado humano*):

> Desde que Lamarck e Darwin escreveram suas obras, os fenômenos morais podem, assim como os fenômenos físicos, ser reduzidos a suas causas naturais: o homem moral não está mais próximo do mundo inteligível que o homem físico.[10]

O aspecto psicológico da teoria darwiniana da luta pela vida e da adaptação supunha que se reconhecesse nos valores superiores da moral o resultado de uma longa evolução, que deixa transparecer motivos não morais: a utilidade, o interesse, o egoísmo. Esse modo de pensar regressivo, primeiro passo em direção a uma *genealogia* tal como Nietzsche a entenderá, apresenta todavia, segundo ele, um defeito imperdoável: uma vez recusado o caráter incondicional da moral, cabe lembrar que essa evolução tem um caráter bom em si, que é um progresso moral da humanidade, mesmo que possa estar fundado sobre um desenvolvimento biológico.

Herbert Spencer pensava até que a evolução podia assim aspirar a atingir uma *perfeição* moral. O utilitarismo amoral encontrava sua assunção em uma esfera moral que em si mesma não era questionada. Para Nietzsche, ao contrário, a reconsideração deve abranger a própria ideia de progresso moral. Porém, mais ainda, ele desconfia profundamente que o primeiro objetivo da evolução seja a utilidade e a adaptação, isto é, uma *reação* às condições externas; para ele, o desejo de poder vem primeiro, poder *de agir* indiferente à utilidade ou à conservação, e igualmente ávido de perigos, de destruição e de autodestruição.

O ser humano é a coisa mais frágil, a menos adaptada que existe, e por exceção, por acaso e por loucura se desenvolveram nele tendências morais, sentimento de si extraído da vontade de enganar a si mesmo. Embora admire em Paul Rée a análise psicológica dos fatos morais, Nietzsche não aceitará o dualismo psicológico segundo o qual o altruísmo seria, do mesmo modo que o egoísmo, um instinto original. Em seu prólogo de *A genealogia da moral*, dez anos depois, Nietzsche, esclarecendo que seu vasto projeto a respeito da origem da moral se inaugura em *Humano, demasiado humano*, explicará sua posição acerca de Paul Rée:

> O que a princípio me motivou a expor algumas das minhas hipóteses sobre a origem da moral foi um opúsculo claro, inequívoco, inteligente, aliás de uma inteligência um pouco hipertrofiada, no qual encontrei pela primeira vez essas hipóteses genealógicas contrárias e perversas, próprias de um gênero *inglês*, opúsculo que me atraiu com essa força de atração produzida por tudo o que lhe é diametralmente oposto. Seu título era: *A origem dos sentimentos morais*; seu

autor, o doutor Paul Rée; o ano de publicação, 1877. Talvez eu nunca tenha lido nada que suscitasse em mim com tanta força a contradição, a cada frase, a cada conclusão, sem no entanto experimentar o menor sinal de contrariedade ou de impaciência.[11]

Junto com o estudo psicológico, Nietzsche encontra na temporada em Sorrento um segundo grande benefício: o desejo comum de um projeto educativo. Tal desejo dessa vez é dividido sobretudo com Malwida. O problema da educação fora a preocupação central das *Considerações extemporâneas*; a renúncia progressiva à atividade universitária necessitava encontrar formas alternativas de transmissão pedagógica. De seu lado, Malwida tornara-se extremamente sensível à questão da educação por suas atividades em prol da emancipação feminina. Na leitura de *Memórias de uma idealista*, fica perceptível o quanto as esperanças alimentadas em Sorrento a esse respeito foram grandes:

> Tratava-se de fundar uma espécie de missão para acolher adultos dos dois sexos e conduzi-los ao livre florescimento da mais nobre vida espiritual, de modo que pudessem plantar por todo o mundo as sementes de uma cultura nova, espiritualizada. Essa ideia repercutiu da maneira mais inflamada entre esses senhores; Nietzsche e Rée logo se dispuseram a propagar seu ensino. Eu estava convencida de que podia atrair inúmeras estudantes a quem dispensaria cuidados muito particulares para fazer delas as mais nobres representantes da emancipação feminina, a fim de que contribuíssem tanto para proteger essa obra cultural importante e significativa dos mal-entendidos e das deformações, quanto para desenvolvê-la na pureza e dignidade até seu pleno desabrochar.[12]

Será necessário lembrar esse projeto no momento em que Nietzsche conhecer Lou von Salomé, pois ele explica em muitos aspectos a força repentina com que Nietzsche depositou na figura da moça suas esperanças de educação. Também permite uma compreensão melhor do alcance das sentenças por vezes celeradas que se encontram na sétima seção de *Humano, demasiado humano*: "A mulher e a criança". A célebre misoginia de Nietzsche apenas tem sentido se relacionada à articulação entre psicologia e educação, em que se aprende que "a mulher" não é uma essência, mas o longo resultado de certo tipo de educação, como toda pretensa essência.

De modo geral, os projetos educativos da época de Sorrento marcam uma continuidade com a utopia nietzschiana de uma educação "extemporânea" de modelo grego, como revelam uma vez mais as recordações de Malwida:

> Mais abaixo, na praia, tínhamos encontrado diversas grutas amplas, como salas no interior das rochas, que foram sem dúvida aumentadas pela mão do homem; havia até uma espécie de tribuna que parecia ter sido expressamente destinada a um orador. Achávamos muito propício de ministrar ali, em pleno calor de verão, nossas horas de aula, ainda que o conjunto do ensino devesse se inspirar na arte dos peripatéticos e com mais frequência em um modelo grego do que em um moderno.[13]

Por sua vez, Nietzsche passa por profundas mudanças, meditadas há muito tempo, mas que se manifestam de maneira abrupta, como sói acontecer com ele. Em 19 de dezembro de 1876, escreve uma carta a Cosima, por ocasião do aniversário dela, em que confessa:

> O distanciamento exigido pelo meu modo de vida atual, imposto pela doença, é tão grande que os últimos oito anos quase se apagaram da minha mente, e os períodos mais longínquos de minha existência, nos quais de modo algum pensei durante esses anos de constante trabalho, impõem-se com violência. Passo quase todas as minhas noites sonhando com pessoas esquecidas desde muito e acima de tudo com mortos. Minha infância, minha vida de menino e meus anos de escola voltaram por inteiro à lembrança. Se eu considerar os objetivos que estabelecia quando era jovem e os resultados que alcancei, constato que ultrapassei em muito o que a juventude em geral pode desejar; porém, só consegui atingir pela metade o terço de tudo o que estabeleci para mim de

> maneira deliberada [...]. Uma vez em dia com as *philologica*, tarefas árduas me esperam: a senhora ficaria surpresa se lhe garantisse que me oponho a Schopenhauer? Essa oposição se formou pouco a pouco, mas tomei consciência dela de uma só vez. Em quase todos os pontos da doutrina, estou do outro lado da trincheira: já na época em que escrevi meu livro sobre Sch., notei que eu ultrapassara todo seu dogmatismo: só o humano me importava.[14]

Essas linhas, provavelmente difíceis de serem escritas, estabelecem por fim o movimento de ruptura que se realiza entre Nietzsche e Wagner: saltando por cima dos oito anos dessa amizade para regressar a si na figura da criança, Nietzsche rompe os grilhões que o prenderam a seu mestre; a libertação passa também pela rejeição da figura tutelar que eles têm em comum, Schopenhauer, que daqui para frente passa a estar "do outro lado da trincheira" – e Nietzsche sabe que Wagner permanece sempre ao lado de Schopenhauer. Nada mais de atividade filológica, em que Wagner quisera restringir seu jovem amigo; nada mais de mito, enfim, de metafísica da arte, de utopia estética para o futuro. Agora é *o humano* que importa e, sem dúvida, demasiado humano para o idealista Wagner. O movimento de emancipação será doravante irrefreável.

Em fevereiro de 1877, Nietzsche decide não continuar o projeto das *Considerações extemporâneas*, tão intimamente ligado às esperanças wagnerianas. Em abril, Rée e Brenner partem de Sorrento, deixando Nietzsche e Malwida sozinhos. Porém esta, que também sofre de problemas de visão, em nada pode ajudar seu amigo na leitura e na escrita. Esse impasse em que esbarra o trabalho faz nascer em ambos singulares projetos matrimoniais, que eles acreditam que resolveriam a situação de Nietzsche.

Com assiduidade, Malwida passa a fazer as vezes de Cupido e lhe sugere uma série de nomes de moças. Embora tudo tenha começado como uma brincadeira, parece que Nietzsche acaba ficando obstinado por essa ideia. Quando em 8 de maio tiver deixado Sorrento para seguir um tratamento em Rosenlauibad (perto de Meiringen, no Oberland bernês), logo escreverá à amiga: "Tenho agora uma encantadora tarefa: até o outono quero encontrar uma mulher, nem que tenha de buscá-la em um covil".[15] Obsessiva demais para ser honesta, essa necessidade de se casar será sistematicamente desconstruída em *Humano, demasiado humano* como algo incompatível com a própria atividade de filosofar, salvo se, como Xântipe, a esposa no lar sirva para afugentar o marido, a ponto de forçar um Sócrates a perambular noite e dia pelas ruas de Atenas...

Antes de Rosenlauibad, Nietzsche tenta um tratamento em Bad Ragaz, no vale do Reno. Ao longo de todo o período na Itália, negligenciou os amigos, que nesse meio-tempo contraíram matrimônio ou pretenderam fazê-lo: com Rohde, casado, já não se corresponde mais há quase um ano. Gersdorff planejava se casar, também por intermédio de Malwida. Só que os noivos foram prejudicados por um verdadeiro imbróglio com a família da noiva, e Gersdorff culpou Malwida. Como Nietzsche ficou do lado desta, os dois amigos se indispuseram e romperam relações durante vários anos.

Até mesmo a Overbeck, cuja amizade mais serena é também menos sujeita a turbulências, Nietzsche escreve menos; ainda assim, o novo casal formado por Franz e Ida será o confidente privilegiado de Nietzsche, que por aquela época lhes confessará que pensa em pedir demissão de seu cargo na Universidade de Basileia. Por fim, quando no verão de 1877 Paul Deussen envia para Nietzsche sua obra *Elementos de metafísica*, torna-se evidente o quanto suas divergências se acentuaram e justamente em relação à metafísica de Schopenhauer.

Em suma, Nietzsche cava sua solidão com todo o cuidado. Em Rosenlauibad, escolhe ficar no isolamento total de um hotel deserto. Lá ele se volta a um longo monólogo interior, do qual nasce aos poucos *Humano, demasiado humano*, a partir do material acumulado em Sorrento. A Overbeck, escreve em 28 de agosto: "Mas meus pensamentos agora me empurram para frente [...]. Se pelo menos eu tivesse em algum lugar uma casinha, iria, como aqui, caminhar cada dia de seis a oito horas e meditaria no que lançar em seguida sobre papel, às pressas e com total segurança".[16] No entanto, retorna a Basileia no começo de setembro. Contudo, às vésperas de seu regresso, escreve a Marie Baumgartner, sua tradutora francesa de *Considerações extemporâneas*:

> Agora percebo cada vez com mais clareza que, de fato, as excessivas obrigações que precisei infligir a mim mesmo, em Basileia, são a *ultima ratio* de minha doença; a resistência fora enfim quebrada. Sei, sinto que fui chamado para um destino mais elevado do que aquele que me reserva a posição tão honorável que ocupo em Basileia; sou mais do que um filólogo, seja qual for o uso que eu possa fazer da filologia na *minha* missão superior. "Estou sedento de mim mesmo", tal foi, na verdade, o tema permanente de meus últimos anos. Agora que a oportunidade de viver um ano comigo mesmo me permitiu abarcar tudo claramente com o olhar – não poderia dizer a que ponto, *apesar* de todas as minhas dores, sinto-me próspero e alegremente criador desde que me deixem sozinho – agora, eu lhe digo com toda franqueza: não volto a Basileia para *permanecer lá*.[17]

Em outubro, antes da retomada das aulas, Nietzsche faz uma viagem a Frankfurt para uma consulta com o médico Otto Eiser, wagneriano convicto e admirador das *Considerações extemporâneas*. Este diagnostica tanto uma afecção ocular considerável quanto distúrbios nervosos decorrentes do esgotamento. Prescreve a seu paciente um regime rígido e um repouso drástico: proibição total de ler e escrever. Como Nietzsche poderia se submeter a essas recomendações? Em fevereiro de 1878, o diagnóstico se tornará mais preciso:

> A existência de uma correlação entre as cefaleias e a afecção ocular representava uma hipótese de chance mínima, pela qual eu tinha esperanças, se não de cura, pelo menos talvez de suavização e de uma estabilização suportável dos sofrimentos de Nietzsche; mas além desta existia outra possibilidade, a de um comprometimento direto e material do cérebro, com um prognóstico muito mais sombrio: o exame de meu colega de Basileia parece ter feito dessa infeliz possibilidade uma triste certeza.[18]

Preocupado com um prognóstico tão sombrio, Nietzsche decide abdicar de suas horas de ensino no Paedagogium. Está cada vez mais sozinho: seu amigo Köselitz, que lhe servia de secretário, partiu para Veneza a fim de tentar a sorte como músico; chamada por sua mãe, Elisabeth deixou o irmão e Basileia. Nietzsche se muda outra vez e se instala em seu derradeiro apartamento em Basileia, no térreo. Surpreendentemente, ainda tem energia para ministrar suas aulas na universidade, mas reaproveita as antigas anotações, já que está incapacitado de preparar novas. Por ironia do destino, a frequência de alunos em seus seminários volta a crescer de modo notável... Seria uma vidinha limitada, reduzida, moderada, se desse período não tivesse emergido uma obra luminosa, enérgica, transbordante de uma saúde paradoxal. *Humano, demasiado humano: um livro para espíritos livres. Dedicado à memória de Voltaire, em comemoração do aniversário de sua morte, em 30 de maio de 1778, por Fried. Nietzsche.*

Com exceção de Burckhardt, antiwagneriano resoluto, Rée e Köselitz, que não compreenderam verdadeiramente a importância da ruptura com Wagner e Schopenhauer, a nova obra vai parecer profundamente escandalosa para a maioria. Nietzsche, sem dúvida, tivera com muita antecedência o pressentimento de que a recepção de sua obra seria violenta. Já em 1875, escrevia para si mesmo:

> Tenho a intenção de expressar ideias que *passam* por *ignominiosas* para aquele que as sustenta; por isso, mesmo os amigos e os conhecidos ficarão chocados e amedrontados. Também devo cruzar esse fogo. Em seguida, eu me pertencerei cada vez mais.[19]

Malwida, depois de expressar alegria por receber a nova obra em 30 de abril de 1878, exprime progressivamente em suas cartas uma amigável reserva. Considera a abordagem psicológica do homem como uma etapa talvez necessária, mas que deverá ser em breve superada. Concordando com Overbeck e Rohde a esse respeito, julga muito forte a influência de Rée sobre os novos pontos de vista de Nietzsche. Ela lhe escreve em meados de junho:

> O senhor beberá o cálice dos solitários, com coragem, com bravura, tenho certeza. Porém, atravessará ainda mais de uma fase em sua filosofia, também estou certa disso. O senhor não nasceu para a análise como Rée; o senhor deve criar de modo artístico e, ainda que se insurja contra a unidade, seu gênio o conduzirá de novo para ela como em *O nascimento da tragédia*, só que ela não será mais metafísica. Logo lhe mostrarei como concebo isso. O senhor não pode, como Rée, dissecar pernas e braços com o bisturi e dizer: assim se compõe o homem. No seu caso, Minerva avança com todo o esplendor de sua divindade virginal, como uma figura inteira; é interessante para o senhor que tal seja a característica de seu gênio e, para nós, que o senhor retorne a ela depois de uma breve incursão no domínio da análise.[20]

Em contrapartida, a recepção da obra em Bayreuth, em 25 de abril, suscita uma reação violenta. Cosima escreve em seu *Diário*: "Sentimento de viva inquietação após dar uma breve passada de olhos no texto; R[ichard] diz que faz um favor para o autor ao não lê-lo e que este mais tarde lhe agradecerá. Vejo aí, parece-me, muito ódio contido e muita amargura".[21] E, de fato, Wagner só lê *Humano, demasiado humano* no final de junho.

O *Diário* de Cosima nos mostra que Wagner está preocupado e agitado, que sempre retorna ao tema, ao passo que ela lhe recomenda o silêncio. Sente-se traído – de modo sincero, sem sombra de dúvidas. Com certa pusilanimidade, acusa Nietzsche de ter se deixado contaminar pelo judeu Paul Rée e com certeza terá pulado da cadeira ao ler o parágrafo 475, filossemita com ardor. Nele Nietzsche faz dos judeus os melhores europeus, perseguidos pela única razão de que o ódio nacionalista tem necessidade de bodes expiatórios. Citando o judeu Jesus como "o mais nobre dos homens" e o judeu Spinoza como "o mais puro dos sábios", Nietzsche conclui com esta frase, absolutamente escandalosa para o "espírito alemão":

> Se o cristianismo fez todo o possível para orientalizar o Ocidente, o judaísmo contribuiu fundamentalmente para ocidentalizá-lo outra vez e sem descanso; o que equivale em certo sentido a fazer da missão e da história da Europa *a continuação daquela da Grécia*.²²

Entretanto, para além de seu antissemitismo (compartilhado pela maioria de seus compatriotas), Wagner percebe uma implicação bem mais perigosa para o seu próprio significado: a rejeição nietzschiana de Schopenhauer implica uma reconsideração profunda da metafísica da arte e da relação íntima da música com o ser. Reduzida a uma manifestação entre outras do processo cultural, a arte cada vez com mais frequência é colocada frente a frente com a ciência, em uma balança em que perde suas prerrogativas e em que, fazendo-se a consequência e o revezamento do sentimento religioso, torna-se um traço tipológico da psique humana, e não uma entidade metafísica:

> *Em si, nenhuma música* é profunda ou significativa, fala da "vontade" ou da "coisa em si". O intelecto só podia imaginar isso em uma época que conquistara toda a dimensão da vida anterior ao simbolismo musical. O próprio intelecto e apenas ele *introduziu* esse significado nos sons.²³

Embora a arte não esteja banida de um projeto de civilização superior (mas Nietzsche admira perigosamente a coragem que Platão teve de querer excluir o artista da cidade), deve estar regulada pela ciência, pois sua essência, como a religião e a metafísica, é a mentira e a ilusão, e seu reinado exclusivo levaria à barbárie:

> Assim, uma civilização superior deverá dar um cérebro duplo ao homem, algo como dois compartimentos cerebrais, um para ser sensível à ciência e, o outro, ao que não pertence à ciência: justapostos, sem superposição, separáveis, estanques; isso é o que exige a saúde. A fonte de energia se encontra em uma esfera e, na outra, o regulador: deve-se acalentar as ilusões, as ideias limitadas, as paixões, e recorrer à ciência

clarividente para prevenir as consequências nocivas e perigosas de um entusiasmo exagerado. – Se não for satisfeita esta condição de civilização superior, é possível prever quase com certeza o curso que a evolução humana tomará: o pendor pelo verdadeiro desaparecerá à medida que oferecer menos prazer; as ilusões, as quimeras vão reconquistar passo a passo, associadas ao prazer, o terreno que ocupavam em outros tempos; a ruína das ciências e a volta à barbárie serão a consequência imediata disso.[24]

Como Wagner não se sentiria desautorizado, destituído de seu papel de guia da cultura, de gênio salvador? Embora alegue a todo momento que não é afetado pela traição de Nietzsche, ela o obceca. Em 2 de agosto, Richard explode e declara a Cosima: "Esse ser malvado parece ser um outro homem, até as armas que utiliza agora são contra mim. Ser tão perverso, tão refinado e ao mesmo tempo tão baixo!".[25]

Em março de 1879, ele retoma o tema de sua amizade traída, em conversas relatadas por Cosima em seu *Diário*:

Ontem, antes de começarmos a tocar, o modo como Nietzsche se comportou voltou à lembrança de R[ichard]: "Nietzsche escreveu *Considerações extemporâneas* reconhecendo dessa forma que o que ele admira não convém ao nosso tempo, ultrapassa seus limites, e agora encontra matéria para crítica no fato de que minha obra não está de acordo com o espírito do tempo! Pode-se imaginar algo pior?!...".[26]

A própria Cosima não se contém mais e se queixa com amargura para Elisabeth Nietzsche, que por sua vez se sente dividida entre sua admiração incondicional por Friedrich, sua fidelidade aos Wagner e sua moralidade cristã profanada pelos assaltos de seu irmão.

Wagner tem razão: foi traído. Só que Nietzsche sabe o que faz, ele que escreve em 1877: "Vivam os nobres traidores!"[27] e no ano seguinte: "Não tenho o talento de ser fiel, nem tampouco, o que é pior ainda, a vaidade de parecê-lo".[28] Ainda hoje, calcula-se mal o impacto do posicionamento de Nietzsche contra o wagnerismo, o nacionalismo e o antissemitismo. Trata-se de uma coragem que deveria fatalmente isolá-lo quase de todo da vida cultural alemã. Nada se compreenderia, por outro lado, da ruptura com Wagner se ela fosse considerada apenas como uma traição ou uma repentina inimizade na esfera privada.

Nietzsche, uma vez mais, age provocando a mais drástica das consequências. A evolução de sua filosofia o impele à ruptura e, antes de tudo, consigo mesmo. Sem cessar Nietzsche repetiu que, por toda parte em que escreveu o nome de Wagner, era possível também substituí-lo pelo seu próprio. Sem cessar e até em seus últimos textos, prestou homenagem a Wagner como uma etapa dele mesmo, uma fase de seu vir a ser, um perigo e uma sedução sempre possíveis, uma salvação e uma oportunidade sempre abertas. A reprovação mais perceptível e mais constante de Nietzsche consiste em que Wagner o acorrentou, o desviou de sua missão fundamental alienando sua *liberdade*. Em *Ecce Homo*, retomando *Humano, demasiado humano*, Nietzsche escreverá:

> O que se decidiu em meu interior naquela época não foi um rompimento com Wagner – eu sentia uma aberração geral de meu instinto, da qual a única decisão equivocada, fosse ela chamada de Wagner ou de cadeira de professor em Basileia, era apenas um sinal. Uma *impaciência* comigo mesmo tomou conta de mim; eu reconheci que havia chegado o tempo de *me* voltar para mim mesmo. De uma vez por todas ficou claro para mim, de uma maneira terrível, quanto tempo já havia sido desperdiçado – quão inútil e arbitrariamente toda a minha existência de filólogo destoava da minha verdadeira tarefa. Eu me envergonhei por essa *falsa* humildade...[29]

Se Nietzsche considera *Humano, demasiado humano* mais frio, mais impessoal do que seus escritos anteriores, isso ocorre acima de tudo porque a liberdade e a verdade exigiram que sacrificasse o amor e a simpatia. Em uma carta de 20 de agosto de 1880 a Köselitz, encontra-se a mais triste confissão de Nietzsche acerca do sofrimento causado por seu rompimento com Wagner:

De minha parte, sofro de modo atroz quando sou privado de simpatia. E para mim, por exemplo, nada poderá compensar a perda da simpatia de Wagner nesses últimos anos. Com que frequência sonho com ele, e sempre dentro de nossa confiante intimidade de então! Nunca entre nós foi pronunciada uma palavra venenosa, tampouco em meus sonhos – mas sempre muitas palavras encorajadoras e amáveis, e talvez eu jamais tenha rido tanto ao lado de outra pessoa. Tudo isso é passado – e de que serve ter *razão contra* ele em certos pontos? Como se essa simpatia perdida pudesse ser assim apagada da memória! Já antes eu vivenciara experiências análogas, e provavelmente ainda as vivenciarei. Esses são os mais árduos sacrifícios que a linha de conduta de minha vida exigiu de mim. Ainda agora, depois de uma hora de conversa aprazível com seres que me são de todo estranhos, toda minha filosofia oscila; parece-me tão absurdo se obstinar em ter razão às custas do amor e de não *poder expressar* o que se traz de mais sério no âmago a fim de não perder a simpatia. *Hinc meae lacrimae*.[30]

Os Wagner não encaram a ruptura com mais serenidade. Cosima registra, em 1º de outubro de 1879: "Deparo-me com uma citação de Nietzsche e compreendo com lágrimas o que perdemos com ele".[31] Preocupado com a sua saúde, Richard pede em segredo notícias do "amigo Nietzsche" a Overbeck. Ele acaba lhe confessando com uma extraordinária lucidez:

Como poderei esquecer um amigo de quem me separei de modo tão violento? Se sempre percebi que, ao se aliar a mim, Nietzsche se infligiria por toda a sua existência um profundo desassossego espiritual; se me parecia perfeitamente maravilhoso que tal desassossego pudesse acender essa chama tão viva, tão quente, que irradiava dele para grande admiração de todos; se descubro agora com assombro, nesse último passo dado por sua evolução interior, o quanto esse desassossego deveria torturá-lo cruel e, em última análise, intoleravelmente, preciso por fim reconhecer que diante de tão violento processo psíquico os princípios morais não podem ser tema de debate e que não me resta nada além de guardar um silêncio comovido. Porém, me é doloroso não poder tomar minimamente parte na existência e na angústia de Nietzsche.[32]

Nietzsche pretende construir na violência dessa separação, e por meio de *Humano, demasiado humano*, a figura do *espírito livre*. Trata-se de um personagem conceitual, isto é, da forma personificada e dramatizada de uma implicação filosófica, ferramenta e arma – como todo conceito – de uma forma nova do pensamento. O espírito livre é uma exigência mais do que um fato, um apelo mais do que uma identidade ("– E foi assim que inventei, certo dia em que tinha necessidade, os 'espíritos livres' [...]: esses 'espíritos livres' não existem, nunca existiram"[33]). O espírito livre não é o próprio Nietzsche, mas o que, em Nietzsche e na cultura moderna, deve libertar-se para vir a ser. A expressão já aparecia na terceira de suas *Considerações extemporâneas* (§ 7), em uma passagem em que Nietzsche clamava com toda a sua força pela reunião dos espíritos livres em torno da figura de Schopenhauer, e em cartas de seu período em Sorrento. Uma quinta consideração extemporânea, concluída em 1876 e integrada em seguida a *Humano, demasiado humano*, levaria o título de "O espírito livre". Em um projeto abandonado de prefácio, Nietzsche explicava a origem da expressão:

> O livre espírito moderno não é, como seus predecessores, resultado da luta, mas da *paz da decomposição* na qual ele vê envolvidas todas as forças do velho mundo subjugado.[34]

Ele é irmão do homem de ação, mas é diferente dele; trata-se de um ser contemplativo, que desconfia de suas próprias paixões. Acima de tudo, tem a vantagem sobre o homem de ação de agir por si só; o homem de ação tem sempre um ideal que o mantém alienado e ao qual dedica toda a sua energia. O ideal é um fardo de que nem o gênio nem o homem de ação sabem se livrar. As coisas divinas, eternas, universais – em suma, todo o idealismo – são um peso extenuante, e todo o projeto de *Humano, demasiado humano* é buscar métodos para aliviar o peso da vida; o espírito livre é sobretudo um espírito leve, um vento gelado, que "congela" o gênio, o santo, o herói, esses personagens inumanos e carregados de idealismo. Nietzsche explicará mais tarde em *Ecce homo*:

o título diz "onde *vós* vedes coisas ideais, *eu* vejo – coisas humanas, ah, coisas demasiado humanas!"... Eu conheço melhor o homem...[35]

O "demasiado humano" é tudo o que é frágil, contingente, efêmero, profundamente irracional e ilógico. Em 1875, Nietzsche registra:

> Lançar luz sobre a insensatez das coisas humanas, sem se amedrontar com elas – [...] O que há de bom e razoável no homem é fruto do acaso ou da aparência, ou apenas o revés de algo profundamente insensato.[36]

Ecce homo dirá: lançar seu olhar para a escuridão da natureza humana é uma tarefa assustadora, ao mesmo tempo uma crise e uma vitória; trata-se de ousar um "pensamento impuro", que abarca o contraditório, o injusto, o mentiroso e o ilusório de nossa natureza para concluir que esses atributos definem a própria natureza. Há em *Humano, demasiado humano* um "retorno à natureza", mas no sentido oposto àquele de Rousseau, pois a natureza não se mostra nem boa nem má, indiferente aos propósitos e às leis, às alegrias e aos sofrimentos.

A única lei é "o prazer", termo ainda inadequado que Nietzsche emprega porque contém um elemento que estava ausente na noção de utilidade ou de superioridade em Darwin: o gozo de si na existência. Esse instinto pelo qual a natureza "governa o mundo" ainda não encontrou sua formulação definitiva, que será *vontade de poder*. Em todo caso, essa nova forma do "Conhece-te a ti mesmo", mote de que Nietzsche se apropriou desde os seus primórdios na filosofia, é a condição para a compreensão e a possibilidade de uma cultura superior, objetivo também buscado desde o princípio:

> Não foi sobre este chão que por vezes tanto desgosto lhe traz, sobre este solo do pensamento impuro, que os mais belos frutos da nossa antiga civilização brotaram? [...] Dê meia-volta, caminhe sobre as pegadas que a humanidade

deixou em sua grande e dolorosa peregrinação através do deserto do passado: assim, será o mais instruído para saber a direção que a humanidade futura não poderá ou não deverá retomar. E, enquanto tentar com todas as forças discernir com antecedência como continua se amarrando a trama do futuro, sua própria vida ganhará valor e meios para alcançar o conhecimento.

Você detém o poder de conseguir com que todos os momentos de sua vida – tentativas, erros, falhas, ilusões, paixões, seu amor e sua esperança – se integrem perfeitamente ao objetivo escolhido: se tornar você mesmo uma corrente necessária de elos de civilização e deduzir desta necessidade o desenvolvimento da civilização ocidental. Quando seu olhar for suficientemente vigoroso para mergulhar na profundeza tenebrosa de seu ser e de seu conhecimento, também é possível que, em sua camada cintilante, apareçam-lhe as longínquas constelações de futuras civilizações.[37]

Esse modo de pensar, ao mesmo tempo regressivo (fazer a pré-história dos valores) e analógico (deduzir da psicologia do indivíduo a essência da civilização), deve tomar por modelos metodológicos a história filológica e a ciência positiva, não tanto em seus resultados quanto na virtude de seu rigor, que proíbe os saltos permanentes entre esferas heterogêneas, os perigos da abstração e da universalização.

Trata-se, de certa maneira como Descartes (que é citado "a modo de prefácio"), de avançar aos poucos, de só pisar em chão seguro, de fundar o conhecimento no mais sólido. A dúvida cartesiana (que se deixou, segundo Nietzsche, levar por deduções precipitadas) encontra aqui uma nova fórmula mais radical ainda – *a escola da suspeita*:

Minhas obras foram consideradas como escola da suspeita, ou, mais ainda, escola do desprezo, da coragem também, felizmente, e da temeridade. De fato, tampouco eu acredito que mais alguém tenha observado o mundo com tão profunda suspeita, e não só no papel de advogado do diabo, eventualmente, mas do mesmo modo, para falar como os teólogos, como no de inimigo e acusador de Deus; e quem adivinhar

> será somente uma parte das consequências provocadas por toda suspeita profunda, algo da frieza e da angústia do isolamento a que qualquer *diferença de perspectiva* condena quem é afetado; e então compreenderá com que frequência busquei refúgio em qualquer lugar para descansar de mim mesmo, para me esquecer um instante de mim mesmo... em uma veneração, uma intimidade, uma cientificidade, uma frivolidade, uma besteira, qualquer coisa...[38]

Naturalmente, *Humano, demasiado humano* foi um fracasso comercial, para o qual o boicote wagneriano sem dúvida contribuiu muito. Em agosto, Wagner escrevera um artigo com "linhas venenosas, quase vingativas" no *Bayreuther Blätter*.[39] Porém, Nietzsche está feliz pela publicação de sua obra. A seu editor Schmeitzner, escreve em 20 de junho de 1878:

> O sol voltará a brilhar – mesmo que não seja o sol de Bayreuth. Quem pode dizer hoje onde está o começo, onde está o declínio, e se sentir a salvo do erro? Não quero esconder, no entanto, que abençoo com toda minha força a publicação desse farol do livre espírito que é meu livro, no momento em que nuvens negras se acumulam no céu cultural da Europa e em que a intenção obscurantista é reconhecida quase como moralidade.[40]

Ele já trabalha em um novo texto, *Miscelânea de opiniões e sentenças*. O tom se torna mais sereno nessa obra, e Goethe surge como o grande modelo ético e estético. A ampla campanha iniciada contra o romantismo é acompanhada por uma predileção cada vez mais marcada pelo classicismo, pela convenção e pela normatização, pelo autocontrole do artista soberano.

Por um estranho e recorrente efeito de vasos comunicantes entre a vitalidade do pensamento e a morbidade do corpo, Nietzsche volta a sofrer muito a partir de setembro de 1878, e seu semestre de inverno em Basileia representa uma verdadeira tortura. Sozinho no Natal, escreve cartas sombrias e atormentadas. Ainda assim, termina *Miscelânea de opiniões e sentenças*, que Marie Baumgartner, sua amiga e tradutora, passa a limpo.

Essa pequena obra é publicada inicialmente à parte, em 12 de março de 1879, antes de ser integrada no ano seguinte ao segundo tomo de *Humano, demasiado humano*. Burckhardt fica impressionado: "E, mesmo quando não pude acompanhá-lo, vejo-o apesar disso, com uma mistura de medo e de alegria, avançar sem titubear sobre os mais vertiginosos cimos e procuro imaginar o que o senhor deve vislumbrar no horizonte e nas profundezas".[41]

Uma semana após a publicação, Nietzsche tem que interromper as aulas. Cogita partir, mas vacila quanto à escolha do destino: pensa primeiro em Veneza, porém acaba decidindo por Genebra. Gostaria de voltar para o semestre de verão, que começa em 15 de abril, mas seu estado de saúde não permite que essa intenção se concretize. "*Quanto* a mim", escreve ele a Paul Rée, "experimento um estado de sofrimento animal, estou à beira do inferno, não posso negar. Vou precisar *realmente* colocar um ponto final nas minhas atividades universitárias, *talvez* em toda atividade em geral."[42] E de fato uma demissão se tornou absolutamente necessária. Em 2 de maio de 1879, escreve ao reitor da universidade:

> O estado de minha saúde, por conta do qual já precisei importuná-lo por diversas vezes, obriga-me hoje a dar o último passo e a formular meu pedido de autorização para abandonar minhas presentes funções de professor na Universidade. Minhas dores de cabeça, que se tornaram nesse meio-tempo cada vez mais violentas, a perda de tempo cada vez mais expressiva provocada pelas longas crises de dois a seis dias, a considerável diminuição de minha capacidade visual – constatada recentemente (pelo prof. Schiess) –, que não me permite mais nem ler nem escrever por vinte minutos ininterruptos sem sentir dor – todas essas circunstâncias reunidas me obrigam a reconhecer que não estou mais à altura de corresponder às minhas obrigações acadêmicas, tampouco de a honrá-las daqui para frente de alguma maneira, visto que precisei, já nesses últimos anos, consentir muitas

irregularidades no cumprimento desses deveres, sempre para meu grande pesar.⁴³

Em 7 de maio, Nietzsche parte com a irmã para Schloss Bremgartner, perto de Berna, para seguir um tratamento. Seu pedido de demissão é aceito em 14 de junho. Por uma excepcional solidariedade de diversas instituições, o que demonstra a gratidão de Basileia a seu respeito, ele obtém uma pensão anual de três mil francos, ou seja, dois terços de seu tratamento. Ao entregar as chaves de seu apartamento em Basileia, Nietzsche deixa seu último domicílio fixo e começa uma vida de nômade. Simultaneamente, a figura do "peregrino" entra em cena em seus textos, como uma nova metamorfose do espírito livre. Em uma carta a Paul Rée, datada do final de julho de 1879, ele assina *fugitivus errans*.

Nietzsche pretende reorganizar sua vida, levando em conta a escolha do clima e da paisagem. Entre maio e junho, tenta estabelecer-se em Wiesen, uma cidadezinha a 1.400 metros de altitude que fica no Cantão de Grisões, mas o mau tempo e o excesso de luminosidade o obrigam a desistir. Embora Köselitz tente persuadi-lo a se juntar a ele em Veneza, Nietzsche escolhe a região da Alta Engadina e se instala por três meses, até setembro, em uma casinha nos arredores de Saint-Moritz, onde se submete a um regime severo, recebendo de Naumburg as encomendas enviadas por sua irmã, hábito que ela não abandonará mais. Apesar de se ver forçado a permanecer três semanas de cama, Nietzsche sente-se bem nessa região, que será de agora em diante sua paisagem preferida, um verdadeiro "sósia" para *O peregrino e sua sombra*:

> Em muitos lugares naturais nos redescobrimos com um agradável calafrio; é o mais belo caso em que se revela um sósia. – Como deve ser feliz quem consegue sentir isso aqui, nesta paisagem de outubro o tempo todo ensolarada, nestas travessas e alegres brincadeiras da brisa, de sol a sol, nesta claridade tão pura e neste frescor tão agradável, no encanto sóbrio das colinas, dos lagos, das florestas, que caracteriza

esta alta planície estendida sem temor ao longo das assustadoras ladeiras de neve eterna, aqui onde a Itália e a Finlândia concluíram a aliança e parece ser o berço de todos os tons prateados da natureza. Feliz quem pode dizer: "De certo há manifestações maiores e mais belas da natureza, mas para mim esta é íntima e familiar, está no meu sangue, e muito mais".[44]

Nessa época, realiza-se em Nietzsche uma profunda metamorfose, um processo de integração da doença às condições reguladoras do pensamento. O prólogo de 1886 da edição da segunda parte de *Humano, demasiado humano* explica o procedimento misterioso da doença, que caracteriza essa fase, como um alerta:

> A doença é a resposta cada vez que duvidamos do nosso direito a ter uma missão pessoal – quando começamos a facilitar nossas tarefas em qualquer âmbito. Coisa estranha e terrível! As *facilidades* que nos concedemos: eis aí o que devemos pagar mais penosamente! E, se em seguida quisermos recobrar a saúde, não temos escolha: devemos enfrentar mais *dificuldades* do que nunca.[45]

Mais ainda, a doença torna-se condição do pensamento, como Nietzsche explica com lucidez ao doutor Eiser, nos primeiros dias de janeiro de 1880:

> Minha existência é um fardo terrível: há muito a teria repelido para longe de mim caso eu não tivesse experimentado, no campo moral e espiritual, as mais ricas provações e experiências de ensino justamente nesse estado de sofrimento e de renúncia quase absoluto – esse júbilo sedento de conhecimento me leva a alturas em que triunfo sobre todos os martírios e todas as desesperanças.[46]

De junho ao final de agosto, Nietzsche compõe *O peregrino e sua sombra*, uma segunda compilação que sucede a *Miscelânea de opiniões e sentenças* e que formará com esta a segunda parte de *Humano, demasiado humano*. A obra, que revela um domínio formal crescente, abre e fecha com um

diálogo entre o peregrino e sua sombra, reatando assim, na
própria solidão, com a antiga forma dialógica da filosofia:

> *O peregrino*: Eu imaginava que a sombra do homem fosse
> sua vaidade; mas esta não perguntaria: "Então devo ser
> aduladora?"
> *A sombra*: A vaidade humana, até onde sei, também não se pergunta, como eu já fiz duas vezes, se pode falar: ela sempre fala.
> *O peregrino*: Acabo de perceber como sou pouco amável com
> você, querida sombra: ainda não disse uma palavra sobre o
> quanto me alegra escutá-la em vez de apenas vê-la. Você deve
> saber muito bem, eu amo a sombra assim como amo a luz.
> Para que exista beleza no rosto, clareza no discurso, bondade
> e solidez no caráter, a sombra é tão necessária quanto a luz.
> Não são adversárias: ao contrário, andam afetuosamente
> de mãos dadas e, quando a luz desaparece, a sombra corre
> atrás dela.
> *A sombra*: E odeio o mesmo que você odeia, a noite; amo os
> homens, porque são discípulos da luz, e sinto prazer diante
> do fulgor que brilha em seus olhos quando conhecem e descobrem, infatigáveis no conhecimento e na descoberta. Essa
> sombra que todas as coisas projetam quando cai sobre elas o
> raio de sol do conhecimento – essa sombra, também sou eu.[47]

Nietzsche encontra afinidades, já perceptíveis na
adolescência, com a natureza outonal, a tranquilidade dos
jardins, a beleza do crepúsculo e das paisagens imóveis. Na
verdade, o filósofo reata com todo um universo de inspiração
epicurista.[48] O parágrafo 295 de *O peregrino e sua sombra* e
um fragmento de agosto de 1879 evidenciam essa disposição.
Esse último descreve a experiência íntima de uma revelação
estética de tipo novo:

> Anteontem, ao fim da tarde, estava de todo imerso no arrebatamento como diante dos quadros de Claude Lorrain e
> acabei irrompendo em violentos soluços, demoradamente.
> Oh, ainda me fora permitido conhecer isso! Não sabia que a
> terra tinha semelhantes coisas para mostrar e pensava que os
> bons pintores tinham-nas inventado. O idílio heroico é agora a
> descoberta de minha alma: e, de uma só vez, eis desvelada e

revelada a meus olhos toda a poesia bucólica dos antigos – eu nada compreendera dela até então.[49]

Ora, em *O peregrino e sua sombra*, Nietzsche associa esse "idílio heroico" – que reconcilia o homem corajosamente solitário com o momento presente e a beleza consoladora da natureza – a Epicuro:

> Tanta beleza reunida provocava um estremecimento sagrado, levava a uma adoração silenciosa do instante da revelação; involuntariamente, como se nada fosse mais natural, vinham à mente heróis gregos nesse mundo de luz pura e nítida (onde nada fazia lembrar a nostalgia, a ansiedade, o olhar dirigido à frente ou para trás); só era possível senti-lo como Poussin e seus alunos: heroico e idílico ao mesmo tempo. E dessa maneira certos homens viveram, e dessa maneira se sentiram por muito tempo no mundo, sentiram o mundo dentro de si; e entre eles está um dos maiores, o criador de um estilo tanto heroico quanto idílico da filosofia: Epicuro.[50]

E Nietzsche continua *grego*. Não mais da maneira dionisíaca do pessimismo trágico, mas de um modo muito apolíneo, no prazer da contemplação de um herói bucólico. Longe da fluência auditiva da música wagneriana, agora é um classicismo visual (ilustrado pelos pintores franceses Poussin e Claude Lorrain) que representa a existência como perfeição das superfícies, reconciliação com a aparência.

Provavelmente também o modelo epicurista do jardim serve de incentivo para que Nietzsche, em determinado momento, planeje voltar à cidade de sua infância a fim de se estabelecer e cultivar um pedaço de terra. Passa o outono em Naumburg, revisando as provas de *O peregrino e sua sombra*, que será lançado em dezembro. Erwin Rohde, depois de um ano de silêncio, reage a essa publicação com uma magnífica carta datada de 22 de dezembro, que revela, no entanto, o sentimento de uma amizade destinada a ser vivida em um necessário distanciamento: "Você não pode medir por si só o presente que deu para os raros *leitores* de seu livro, pois reside justamente em seu próprio espírito, ao passo que nós *nunca* ouvimos semelhantes palavras, nem faladas, nem impressas: ocorre-me agora o que sempre me ocorreu na sua presença: me encontro elevado por certo tempo a um nível superior, como se me visse espiritualmente enobrecido".[51]

A época de Natal, passada em família em Naumburg, marca uma crise física particularmente violenta, e Nietzsche, que certa vez chega até a perder os sentidos por longo tempo, não está longe de pôr sua vida em risco. Em Paris, onde Malwida passa um tempo na casa de Olga, correm inclusive boatos de que Nietzsche teria morrido. A carta que ele escreve em 14 de janeiro de 1880 não serve para tranquilizar a amiga, a tal ponto soa como um adeus:

> Ainda que, para mim, escrever faça parte dos mais proibidos frutos, a senhora, a quem amo e estimo como uma irmã mais velha, deve receber outra carta minha – bem poderia ser a última! De fato, o assustador e quase incessante martírio da minha vida fez nascer em mim o desejo de que ela tenha fim, e conforme certos indícios a hemorragia cerebral que me libertará está suficientemente próxima para me permitir ter esperanças. Quanto ao suplício e à renúncia, minha vida pode ser comparada à dos ascetas de qualquer época; adquiri apesar de tudo muitas coisas para purificar e cultivar minha alma – e por isso não tenho mais necessidade nem da religião nem da arte.[52]

Nietzsche consegue, no entanto, deixar Naumburg em 10 de fevereiro e se decide pelo Norte da Itália. Após dois dias em Bolzano, onde deve permanecer de cama, e apesar de sua necessidade ávida de solidão, consente em se encontrar com Köselitz em Riva, de onde partem para Veneza. Depois de quatro meses, precisam separar-se devido aos estorvos causados pelo siroco veneziano, essa atmosfera insalubre a que sucumbirá o herói de Thomas Mann em *Morte em Veneza*, mas da qual Nietzsche foge a tempo.

Em 29 de junho, parte para Marienbad, na floresta da Boêmia, onde fica até o começo de setembro. Em seguida, tenta voltar a morar com a família, para cinco semanas de repouso total. Também não consegue e deixa Naumburg em 8 de outubro, para não regressar por dois anos. Em Stresa, depois em Gênova, onde ficará até maio de 1881, Nietzsche continua a elaboração de uma nova obra, *Aurora*, cujo título parece ter sido antecipado pelo fim da primeira parte de *Humano, demasiado humano*, abrindo horizontes novos ao peregrino solitário:

> Então certamente a noite terrível será para ele outro deserto caindo sobre o deserto, e sentirá o coração cansado de tanto viajar [...]. Porém, para recompensá-lo, chegam em seguida as prazerosas manhãs de outras regiões, de outros dias, em que ele vê desde o primeiro resplendor da alvorada os coros das musas passarem através da névoa dos montes e acariciá-lo com suas danças; mais tarde, sereno, no equilíbrio de sua alma de antes do meio-dia, passeando entre as árvores, vê cair a seus pés, das copas e dos esconderijos verdes, uma chuva de coisas boas e claras, presentes de todos os espíritos livres que povoam a montanha, a floresta e a solidão, e que são como ele, com seu modo ora alegre, ora meditativo, peregrinos e filósofos. Nascidos dos mistérios da primeira claridade da manhã, eles pensam no que pode dar ao dia, entre a décima e a duodécima badalada do relógio, uma aparência tão pura, tão repleta de luz, de serena claridade que o transfigura: eles procuram a *filosofia de antes do meio-dia*.[53]

O sol que o filósofo busca não é mais o que se ergue por cima das florestas e das montanhas, oferecendo ao solitário a companhia de sua sombra; é o que banha, resplandecente, a baía de Gênova, esse horizonte marítimo cintilante que Cristóvão Colombo deve ter contemplado na infância, já sonhando talvez com distantes viagens. "Há tantas auroras que ainda não brilharam": essa citação do Rigveda abre o volume, sugerindo a possibilidade de um futuro em que bem poderia advir uma sabedoria nova, uma humanidade superior de "olhar puro, purificante". Da "escola da suspeita" deve emergir agora "uma escola do enxergar".[54]

Se por um lado *Humano, demasiado humano* buscava reconquistar, contra o olhar muito longínquo do idealismo, a proximidade de todas as coisas, por outro *Aurora* busca desvendar outra vez um horizonte longínquo. Comparando-se a um pássaro migratório, Nietzsche levanta seu "voo rumo ao longínquo, ao mais extremo longínquo".[55] Dessa maneira, sabe que voará o mais longe possível, mas que outros pássaros voarão ainda mais além. Até então, os filósofos, esses "tiranos do espírito", acreditaram que podiam medir o conhecimento com a régua de sua própria existência, aspirando orgulhosamente a decifrar de uma só vez o enigma completo do mundo.[56] Porém, Nietzsche sabe que a civilização caminha devagar, progressão difícil e sempre ameaçada de recuo, e que a filosofia é uma longa sucessão entre mestres e discípulos. Essa própria relação não acontece na escala do indivíduo, uma vez que não conhecemos nossos mestres vivos, e aqueles de nossa juventude não são os bons:

> Acalentamos a imponderada certeza de que o presente deve nos oferecer mestres melhores do que quaisquer outros e de que os encontraremos fatalmente, sem procurar muito. Mais tarde, temos que pagar o alto preço dessa infantilidade: *devemos expiar nossos mestres em nós mesmos*.[57]

Nietzsche expiou a duras penas Schopenhauer e Wagner, e não para de buscar seus mestres muito mais além. Em *Aurora*, três nomes são mencionados com frequência: Platão, Spinoza, Goethe, homens em que "o espírito *parece depender apenas muito pouco* do caráter e do temperamento, como um ser alado que pode se desvincular com facilidade e em seguida voar muito acima deles".[58] Cada vez mais, Nietzsche aspira à serenidade e à alegria, a uma espécie de perpetuação do pensamento: "Endurecer lenta, lentamente, como uma pedra preciosa – e por fim ficar lá, tranquilo, para a alegria da eternidade".[59]

O duplo movimento iniciado por Nietzsche nos é de difícil compreensão: por um lado, a observação das coisas mais próximas; por outro, o olhar mais distante; de um lado, a necessidade de um modo de pensar crítico, histórico e genealógico sobre a origem da moral; de outro, o apelo a um futuro que exige uma moral superior; por um lado, um pensamento do vir a ser, da metamorfose, da não identidade; por outro, o indivíduo repousando em si mesmo, a perenidade, a eternidade. No entanto, trata-se de um único movimento, que ele justifica em seu prólogo de 1886 a *Aurora*:

> Neste livro há um ser "subterrâneo" trabalhando, desses que perfuram, que abrem cavidades, que escavam. Com a condição de ter olhos capazes para semelhante trabalho das profundezas, pode-se vê-lo progredir lentamente, com prudência, com delicadeza inflexível, sem denunciar muito a aflição que acompanha qualquer privação prolongada de ar e luz; até se poderia dizer que está satisfeito de cumprir este trabalho sombrio. Não parece que certa fé o guia, que é compensado por certo consolo? Que talvez deseje conhecer as vastas trevas que pertencem só a ele, seu elemento incompreensível, secreto, enigmático, porque sabe que obterá em troca sua própria manhã, sua própria redenção, sua própria *Aurora*?...

A aurora é, portanto, uma promessa, a redenção de uma longa noite. O filósofo supera o ceticismo porque aprendeu não apenas a negar, mas também a afirmar.[60] Porém, que longo trabalho obscuro e subterrâneo tão carregado de promessas é este? Trata-se ainda daquele iniciado em *Humano, demasiado humano*, aquela desconfiança profunda quanto à moral e ao idealismo, que deve escavar seus fundamentos. Contudo, o propósito de *Aurora* é mais radical: a vingança, o ódio e a crueldade são desenterrados e orientam a elaboração do perdão, do amor e da compaixão. Pela primeira vez é desenvolvida uma teoria rigorosa do cristianismo, que Nietzsche não interromperá mais – e reforçará – até seus últimos textos.

Em *Aurora*, delineia-se a figura assustadora de são Paulo: uma alma afligida por um nervosismo doentio, por um esgotamento patológico, que, assolada por sua "ideia fixa" –

a impossibilidade de cumprir a Lei hebraica –, converte-se a Cristo, cuja "morte ignominiosa" abole a Lei e coloca no próprio pecado a condição da Redenção. Essa descoberta inebria são Paulo iluminado, e nessa embriaguez se revela uma implacável vontade de dominação.[61] A moral é uma forma infinitamente sutil de crueldade, uma acusação radical de tudo o que é, determinando assim o fim de toda inocência.

Nietzsche diagnostica na moral cristã uma verdadeira patologia fisiológica, um extremo esgotamento nervoso que só se sustenta da vingança e do ódio. O esgotamento, porém, não significa uma ausência de forças: ele manifesta forças destrutivas, instintos negadores incapazes de afirmar o que é. Onde *Humano, demasiado humano* descobria sob qualquer valor moral um fundo de vaidade primordial, *Aurora* desvela cada vez mais claramente um princípio cuja vaidade é apenas uma expressão particular: um "desejo" ou "sentimento" de *poder*.

Todo instinto, todo complexo de instintos hierarquizados é uma certa maneira de querer ascender ao poder. O poder abarca todas as formas de dominação, real ou imaginária, de si e dos outros. Toda forma provisoriamente estável (o direito, os costumes, um valor, um povo, mas também o eu, a individualidade) é certo equilíbrio das forças dominantes e dominadas, equilíbrio fundamentalmente frágil e levado aos poucos a ser reconfigurado sob outras relações de poder. O desejo de poder está presente em tudo em quantidades variáveis, mas é em função de certa *qualidade* que se diferencia: paixão vingativa, odiosa, destrutiva, ela leva à *doença*; paixão generosa, afetuosa, criadora, ela aspira à *saúde*.

Nietzsche é um "imoralista", na medida em que a moral é uma patologia a combater e a tratar. Entretanto, também luta por uma moral da saúde e da alegria, pois "é possível lidar com os instintos como um jardineiro", por uma longa e paciente prática do autocontrole que implica a solidão, a lealdade, o domínio, um amor sem compaixão e uma rigidez sem ódio. E, em *Aurora*, Nietzsche não renuncia ao único remédio que estima eficaz – o conhecimento:

> A felicidade daqueles que tem conhecimento aumenta a beleza do mundo e torna tudo mais luminoso; o conhecimento não só lança beleza em volta das coisas, como com o tempo também introduz esta beleza nas coisas – tomara que a futura humanidade possa corroborar esta afirmação!⁶²

O conhecimento é uma paixão, mas alegre, isto é, aumenta a saúde ou o poder de vida. Existe um tipo de olhar, ao mesmo tempo próximo e distante, que embeleza a vida, aumenta o poder e confere uma espécie de eternidade. Até então, o paradigma do homem superior é o do "orgulhoso sofredor"⁶³; mas ele é provisório, um outro modelo pode ainda suceder, que terá adquirido um conhecimento superior: uma *gaia ciência*. Sem dúvida, a obra publicada, que sempre representa para Nietzsche uma forma de "sair da crise", é nesse sentido mais encorajadora do que as anotações póstumas que revelam momentos de profundo niilismo da paixão do conhecimento, assim como mostra este fragmento do fim do ano 1880:

> Sim, esta paixão nos aniquila! Mas esse não é um argumento contra ela. Senão a morte seria um argumento contra a vida do indivíduo. Nós *devemos* perecer, como homens e como humanidade! O cristianismo indicava *uma* via através do definhamento e da renúncia de todos os instintos grosseiros. Renunciando à ação, ao ódio, ao amor, chegamos ao mesmo ponto, pelo caminho da paixão do conhecimento.⁶⁴

Porém, essa paixão do conhecimento, ainda que deva sacrificar para sua causa o pensador de hoje, autorizará talvez no futuro um tipo de homem superior: "Que importância temos nós!", Nietzsche exclama diversas vezes em *Aurora*. Essa exclamação adquire também um teor particular em um homem constantemente ameaçado de ruína por suas dores físicas. Caso se admita que Nietzsche considera a filosofia como certa disciplina de vida extraída ou arrancada de um sofrimento pessoal, não causará surpresa que seu pensamento tome por critério e método um diálogo permanente entre os elementos mórbidos e os elementos saudáveis da cultura, da sociedade, do indivíduo e dos instintos. Ele sabe do que fala. E mais que tudo a doença serve ao conhecimento, como evoca o extraordinário parágrafo 114:

> A condição das pessoas doentes, durante muito tempo torturadas de maneira terrível por seus sofrimentos, mas cuja inteligência não é afetada, não é desprovida de valor para o conhecimento [...]. O ser que sofre profundamente lança sobre as coisas, *do fundo* de seu mal, um olhar de assustadora frieza: todos esses pequenos encantos ardilosos com que as coisas se impregnam habitualmente quando são contempladas pelos olhos de alguém saudável desapareceram para ele, que jaz sob seu próprio olhar, sem encanto e sem cor. Supondo que ele tenha vivido até então em alguma perigosa fantasia, o supremo voltar à realidade da dor constitui o meio de arrancá-lo desse estado; e talvez o único.[65]

O enfermo que resiste ao sofrimento enche-se de orgulho e considera-se mais imparcial, mais duro, mais tirânico nos assuntos do espírito. E, quando esse próprio acesso de orgulho é percebido como um espasmo da doença, o homem doente busca ainda um antídoto para o seu orgulho, quer se tornar estranho a si mesmo, mais impessoal, até que enfim, através da experiência da crise, um novo olhar se lança sobre a existência, melancólico e reconciliado com os "encantos da saúde" e com as "luzes amortecidas da vida".[66] Contra as noções universais e as verdades eternas, contra as morais mórbidas e os ideais extenuantes, Nietzsche concebe e pratica uma filosofia que procura ser um certo *instinto pessoal* para a saúde:

> Aonde quer chegar esta filosofia, com todos os seus desvios? Faz mais do que transcrever com razão, por assim dizer, uma necessidade vigorosa e constante, a necessidade de sol morno, ar luminoso e em movimento, vegetação meridional, brisa marinha, alimentação leve – com carne, ovos e frutas –, água quente para beber, dias inteiros em calmas caminhadas, conversação breve, leituras raras e prudentes, residência

> solitária, hábitos salutares, simples e quase militares, em suma, de todas as coisas que são exatamente as de que mais gosto, que mais me convém? Uma filosofia que é, no fundo, o instinto de um regime pessoal? Um instinto que, desviando-se de meu espírito, busca o ar, as alturas, o clima, a forma de saúde que me são propícios? Há muitas outras alturas na filosofia, muitas certamente mais sublimes – e não só mais sombrias e exigentes que a minha –, talvez também sejam apenas desvios intelectuais de instintos pessoais de mesma ordem?[67]

Uma vez finalizada a obra *Aurora*, a necessidade de solidão absoluta torna-se menos premente, e Nietzsche faz tentativas de reaproximação com Gersdorff, que não vê desde o primeiro festival de Bayreuth em 1876 e que permanece mudo desde o imbróglio do noivado. Em março de 1881, Nietzsche manda lhe perguntar, por intermédio de Köselitz, se ele aceitaria acompanhá-lo para uma temporada de um ano ou dois em Túnis: "Quero viver um bom tempo entre os muçulmanos, e justamente onde sua fé é mais severa: assim meu juízo e meu olhar se aguçarão para tudo o que é europeu. Penso que semelhante projeto não é alheio à missão da minha vida".[68] Gersdorff, que se dedica agora à pintura em seu ateliê veneziano, está disposto a seguir Nietzsche, mas por alguns meses apenas. Este insiste, tenta fazer com que seu amigo estabeleça uma data fixa e garanta sua presença. Só que ambos dão azar, e a guerra franco-tunisiana coloca um ponto final no plano. E, ainda que a troca de correspondência recomece de modo tímido, eles nunca mais se verão.

Em contrapartida, Nietzsche se distancia claramente da mãe e da irmã, desenvolvendo um sentimento de rejeição quanto a Naumburg, essa "estúpida cidade de funcionários", como não hesita em expressar: "Essa N[aumburg] é repugnante tanto no verão quanto no inverno – nunca tive a sensação de estar em casa por lá, mesmo que já tenha feito esforço para gostar da cidade".[69] Quando a obra *Aurora* é publicada, manda um exemplar à mãe e à irmã, proibindo-lhes de abrir o livro: que se contentassem em admirar a capa, mas cuidado com o conteúdo, que com certeza não era destinado a elas! E, como

Elisabeth passa por cima dessa proibição absurda, Nietzsche reage com rara violência:

> Ah, minha bondosa e querida irmã, acha que se trata de um livro? Continua me considerando como um escritor? É chegada a minha hora. Eu queria poupá-la de tanta coisa, você não pode carregar meu fardo (já é uma fatalidade bastante pesada ser da minha família). Gostaria que você pudesse dizer a cada um, com a consciência tranquila: "Não conheço os últimos pontos de vista de meu irmão". (Logo lhe farão saber que eles são "imorais" e "indecentes".)[70]

Em maio de 1881, Nietzsche e Köselitz decidem se encontrar em Recoaro, uma pequena comunidade da província de Vicenza. O jovem músico, uma vez mais, desonerou Nietzsche da releitura dos manuscritos e realizou um trabalho considerável em *Aurora*, pelo qual Nietzsche lhe será grato. Além do mais, a deferência de que Köselitz dá provas, seu respeito diante de um homem que foi amigo de Wagner e que confere tanta importância à música, representam para Nietzsche a distância justa e benevolente que pode suportar em uma amizade.

As esperanças de Köselitz acerca de sua própria carreira de compositor tocam o filósofo, e ele decide apoiar o jovem na ópera que este começou: *Scherz, List und Rache* ("Brincadeira, manha e vingança"), inspirada em Goethe. Convencido de que o nome de Johann Heinrich Köselitz soa demasiado alemão para um músico que tenta a sorte em Veneza, Nietzsche o rebatiza Peter Gast, utilizando por vezes a variante "Pietro Gasti". *Gast* em alemão significa "hóspede": talvez porque ele esperava que a Itália oferecesse hospitalidade a esse jovem compositor alemão? Talvez também porque Gast se tornara um dos raros hóspedes autorizados a visitar os vulneráveis e numerosos manuscritos de um filósofo que, afinal, só publicava pequena parte deles.

Vulnerável, Nietzsche também o é ao clima instável de Recoaro: "A bela Recoaro se tornou para mim um *inferno*, estou *constantemente* enfermo e não conheço outro lugar que, com sua perpétua mudança de tempo, tenha causado influência tão nociva sobre mim".[71] No começo do verão, torna a partir para a região da Engadina, pensando a princípio em voltar para Saint-Moritz. Contudo, por fim, fica em Sils-Maria, um pequeno vilarejo situado a 1.800 metros de altitude, não distante do lago Sils. De extraordinária beleza, o lugar se tornará determinante na vida de Nietzsche: lá passará, com exceção de um, todos os seus verões até 1888. Em 8 de julho, escreve a Gast:

> Nunca vi semelhante silêncio, e parece que aqui todas as cinquenta condições essenciais para minha pobre vida se encontram satisfeitas. Aceito essa descoberta como um presente tão inesperado quanto pouco merecido, assim como sua esplêndida música que, aqui, nesse perpétuo idílio heroico, fala-me ao coração de modo ainda mais direto do que em outro lugar.[72]

Nietzsche encontra em Sils-Maria o cumprimento real e perfeito desse idílio heroico que, já em Poussin e Claude Lorrain, testemunhava a favor da filosofia, essa "trindade da alegria", evocada em *O peregrino e sua sombra* (calma, grandeza, sol), que suscita profundas intuições para ele ainda inexprimíveis:

> O sol de agosto brilha por cima de nossas cabeças, o ano vai passando, montanhas e florestas ficam cada vez mais agradáveis e silenciosas. No meu horizonte, erguem-se pensamentos que me eram até então desconhecidos – não revelarei nada sobre eles e pretendo me manter em uma calma inquebrantável. Será preciso que eu viva ainda *alguns* anos! Ah, amigo, por vezes o pressentimento de que levo, em suma, uma vida perigosíssima perpassa meu espírito, pois sou dessas máquinas que podem *explodir*! A intensidade de meus sentimentos me assusta e me faz rir – já, certo número de vezes, não pude sair do quarto, pelo risível motivo de que eu tinha os olhos inflamados. Pelo quê? Em cada ocasião, tinha chorado muito durante minhas perambulações da véspera, e não lágrimas sentimentais, mas lágrimas de júbilo, enquanto cantava e

divagava, dotado que estou de uma nova visão pela qual me encontro à frente de outros homens.[73]

Esse estado de exaltação, ligado a uma tensão extrema que é, no entanto, descarga de *alegria*, será cada vez mais frequente, e não raro mais tarde, nas ruas fatais de Turim, Nietzsche será visto dançando e cantarolando na calçada. Algo aconteceu em Sils-Maria, algo que ao mesmo tempo alivia e pesa, que transforma a caminhada em dança e o caminho em círculo. Nietzsche guardará segredo dessa "nova visão" ainda por algum tempo.

Está tão cioso de sua alegria a ponto de não aceitar que Paul Rée, que gostaria de compartilhar com ele seu entusiasmo por *Aurora*, venha encontrá-lo em Engadina. Em 18 de agosto, escreve à irmã:

> Minha querida Lisbeth, não tenho coragem de dispensar o dr. Rée por telégrafo... Assim como qualquer outra pessoa que interrompa meu trabalho estival em Engadina, i.e., o que contribui para minha missão, o que é a "minha única necessidade", eu o considerarei um inimigo. Alguém no meio da trama de meus pensamentos, que se expande em todas as direções, é uma coisa terrível; e, se de agora em diante não posso garantir minha solidão, deixarei a Europa por alguns anos, juro! Não tenho mais tempo a perder e já perdi demais. Se não for avaro com cada minuto, logo terei um peso na consciência.[74]

Em 1º de outubro, Nietzsche troca Sils-Maria por Gênova, onde volta pela segunda vez. Provavelmente estimulado pelo andamento da ópera de Peter Gast, vai com regularidade ao Teatro Politeana, para assistir a representações de *Semiramide*, de Rossini, de *I Capuleti e i Montecchi* e de *La Sonambula*, de Bellini. Gênova, o *bel canto* (mas também a leitura assídua de Stendhal) são antídotos poderosos contra os fantasmas alemães: "Nós, antigos wagnerianos fervorosos, ainda assim somos os ouvintes mais reconhecidos de Bellini e Rossini".[75] Em 27 de novembro, Nietzsche descobre *Carmen*, que Bizet montara sem sucesso em Paris em 1875. Seu entusiasmo, dividido com Gast, é grande e se revelará durável, a ponto de Bizet fornecer por muito tempo uma arma contra Wagner:

> Urra, amigo! Tive de novo a revelação de uma bela obra, uma ópera de Georges *Bizet* (quem é ele?!): *Carmen*. Poderia ser ouvida como uma novela de Mérimée, espiritual, forte, emocionante em certas passagens. Um talento autenticamente francês de *opéra-comique*, nem um pouco desorientado por Wagner, em contrapartida um verdadeiro aluno de Hector Berlioz. Levava fé na possibilidade de uma coisa *desse* gênero! Ao que tudo indica os franceses estão em uma trilha melhor no campo da música dramática; e têm uma grande vantagem sobre os alemães em um ponto essencial: neles, a paixão não é *forçada* (como, por exemplo, todas as paixões em Wagner).[76]

O retorno de Wagner às preocupações de Nietzsche está relacionado com o anúncio da abertura, no verão seguinte, do festival de Bayreuth com *Parsifal*. Ainda que se recuse a estar presente, Nietzsche revela, em uma carta de 19 de janeiro de 1882 a Ida Overbeck, a ambiguidade de sua posição:

> Em Bayreuth, dessa vez "brilharei" por minha ausência – a menos que Wagner me convide pessoalmente (o que, segundo minhas concepções de "conveniências superiores", seria de fato conveniente!). Vou negligenciar meu direito a um lugar. Que fique em segredo: preferiria ouvir "Chiste, manha e vingança" em vez de Parsifal.[77]

Em Gênova, Nietzsche imagina continuar *Aurora* acrescentando a ela três livros finais. Na verdade, compõe o que se tornará os três primeiros livros de *A gaia ciência*. Dessa vez, para sua grande alegria, Paul Rée se encontra com ele na capital liguriana, de 4 de fevereiro a 3 de março de 1882. Juntos, vão ao teatro, à ópera e mesmo à praia, na costa do golfo de Gênova. Entretanto, Nietzsche padece novamente de crises violentas com desmaios, dores de dente e dores vesiculares. Em seu transtorno, pensa em fugir para o México, onde imagina o clima mais favorável, e mergulha em obras de meteorologia, procurando sua salvação em um conhecimento mais aprofundado dos efeitos fisiológicos das condições climáticas. Rée deixou Gênova e se abandonou, durante uma curta temporada em Montecarlo, à tentação pelo jogo. Nietzsche, por sua vez, embarca em 29 de março para Messina, nas pegadas de Ulisses.

Do ponto de vista climático, a escolha pela região da Sicília é uma aberração, mas não é possível que Nietzsche tenha secretamente esperado encontrar Wagner "por acaso", já que o compositor passou, de novembro de 1881 a abril de 1882, uma temporada entre Palermo e Messina? Wagner raramente viajava com discrição, e é pouco provável que Nietzsche não soubesse desse cronograma. Em todo caso, Messina agrada a Nietzsche, que pensa em permanecer até o outono. Lá compõe uma compilação de oito poemas, *Idílios de Messina*, que publicará em revista a partir do mês de junho, antes de reintegrá-los à versão final de *A gaia ciência* sob o título "Canções do príncipe Livre-como-um-Pássaro". Livre-como-um-Pássaro ou, em alemão, *vogelfrei*, que também significa fora da lei.

A metáfora do pássaro aparece então com frequência nos textos de Nietzsche. Erguer-se cada vez mais alto, mais livremente, aventurar-se por horizontes desconhecidos e mares novos: o albatroz, em particular, com suas asas de gigante e suas patas de anão, surge como uma indubitável reminiscência do poema de Baudelaire. Essa desproporção do filósofo, sua luta entre a imponderabilidade e a gravidade, sua falta de jeito entre os homens e sua graça no elemento de encontro entre mar e céu repercutiram no sentimento que Nietzsche tem da existência. Entre spleen e ideal, lutando contra uma e outro, ele consente com tudo o que se eleva e ameaça cair, e que, cada vez mais, ama e afirma.

> Declaração de amor
> (que precipita o poeta no abismo)
>
> Ó, milagre! Ele continua voando?
> Ele sobe e suas asas não se mexem?

Então o que o levanta e o leva?
Qual é seu objetivo, sua trilha, sua brida?

Tal o astro e a eternidade
Vive agora nas alturas temidas pela vida
Demonstrando compaixão até da inveja.
E, quem o viu planar, voou alto!

Ó, pássaro albatroz!
Para as alturas me empurra eterna pulsão!
Pensei em ti: e derramei lágrimas,
E lágrimas – sim, eu te amo.[78]

Meio-dia e eternidade (1882-1885)

Nietzsche e Malwida von Meysenbug ficaram muito tempo sem se ver por conta do isolamento voluntário do filósofo, do envolvimento de Malwida com os Wagner, mas também dos meros desencontros entre esses dois grandes viajantes. Em 27 de março de 1882, Malwida retoma contato com o amigo por uma carta em que expressa a felicidade de ter encontrado seu rastro. "O laço está enfim reatado e desejo que não se rompa mais." Leal ao seu costume, tem planos de lhe apresentar uma moça:

> Uma moça singularíssima (acredito que Rée comentou sobre ela em uma carta endereçada ao senhor), que conheci entre muitas outras graças a meu livro, parece-me ter chegado, no campo da filosofia, aos mesmos resultados que o senhor atualmente, isto é, a um idealismo quase despido de pressupostos metafísicos e da preocupação em elucidar os problemas metafísicos. Temos o mesmo desejo, Rée e eu: fazer com que se encontre com esse ser extraordinário.[1]

Lou von Salomé[2], de apenas 21 anos, é filha de um coronel russo de origem báltica e germanófona. Sua infância, passada entre os irmãos na suntuosidade da aristocracia petersburguesa, fora "uma solidão povoada de fantasmas"[3], e sua educação, intelectual, exigente e severa, conduzida longe da escola por seu preceptor, o pastor holandês Hendrik Gillot, que lhe ensinara filosofia e estabelecera com ela uma relação ambígua de veneração e domínio. Quando por fim ele resolve pedi-la em casamento, o mundo ideal desaba para ela, que acreditava poder viver em uma pura esfera espiritual separada da vulgaridade do desejo sexual e das convenções sociais. Lou deixou de crer em Deus quando não acreditou mais nisso.

Fato excepcional: aos dezenove anos, vai estudar em Zurique (única universidade europeia em que as moças podem se matricular livremente). Contudo, sua saúde frágil a obriga por diversas vezes a interromper as cadeiras, e as pessoas lhe recomendam o ar revigorante da Itália. Por intermédio de Gottfried Kinkel, célebre historiador da arte, é apresentada a Malwida von Meysenbug, que está disposta a acolhê-la em Roma. Rapidamente, a inteligência aguçada da jovem russa causa admiração no círculo de Malwida, a qual vê em Lou a perfeita representação da moça capaz de ser educada e emancipada conforme os princípios liberais. Após ler seus ensaios poéticos, Malwida lhe escreve em 14 de março de 1882:

> Seus poemas me tocaram profundamente e espero que a senhorita me permita ficar com eles. Revelam sua vida interior, que vejo com uma alegria cada vez mais pura: a senhorita deve preservar essa vida interior, destinada a tão nobre desabrochar, não prejudicá-la negligenciando sua saúde, uma vez que esta é a base necessária de tudo o que se espera da senhorita. Grandes tarefas a aguardam, voltaremos a falar sobre isso.[4]

Quanto a Peter Gast, tão somente a considera um "ser espirituoso". Na casa de Malwida, Lou conhece Paul Rée, e em circunstâncias no mínimo romanescas, a ponto de relatá-las em suas memórias, no começo dos anos 1930. Em 17 de março de 1882, durante um sarau entre amigos na residência de Malwida, Paul Rée irrompe com uma "expressão em que naquele momento se misturavam uma espécie de contrição repleta de humor e um ar de bondade superior"[5]: tinha perdido todo o dinheiro no cassino de Monte Carlo e viera pedir que Malwida reembolsasse o valor da viagem, que Rée pedira emprestado a um companheiro de estrada. Passado esse episódio embaraçoso, Paul Rée e Lou entabularam uma conversa e criaram laços quase de imediato:

> Naquela noite, nossa animada conversa só terminou quando voltamos para casa, depois de inúmeros rodeios, e assim sucedeu em todas as noites: deixando a Via della Polveriera, onde morava Malwida, íamos à pensão em que minha mãe e eu estávamos hospedadas. Essas caminhadas pelas ruas de Roma, sob a claridade da lua e das estrelas, aproximaram-nos

> tanto que não tardei a bolar um plano magnífico, capaz de prolongar essa circunstância, mesmo depois que minha mãe, que tinha me levado de Zurique ao Sul para que eu descansasse, tivesse voltado para casa.[6]

De fato, ela convence Paul a organizar uma comunidade intelectual, onde a vida em sociedade seria marcada pela troca de reflexões e pelo trabalho de escrita; uma protetora tão digna quanto Malwida poderia atenuar o escândalo desse projeto, "verdadeiro insulto aos costumes em vigor na sociedade daquela época".[7] Lou deve ter ouvido comentários de Paul ou de Malwida sobre a experiência de Sorrento, em que cinco anos antes se formara uma comunidade de espíritos livres. E, embora a moça pense exatamente em uma comunidade espiritual, ao que tudo indica o mesmo não se pode dizer de seu companheiro:

> Sem dúvida Paul Rée iniciou cometendo um erro grosseiro – que achei lamentável e irritante – ao submeter à minha mãe um projeto bem diferente – um projeto de casamento – e, a partir desse fato, ficou muito mais difícil convencê-la a concordar com o meu plano. Tive que começar deixando bem claro para Rée o que minha vida amorosa "definitivamente fechada" e minha completa e desmedida necessidade de liberdade me levavam a realizar.[8]

Diante da ambiguidade da situação, Nietzsche é chamado para auxiliar. Segundo uma carta de Rée a Nietzsche (20 de abril), a iniciativa de convidá-lo para preparar o projeto da sociedade partiu de Lou. Em suas memórias, porém, ela alega que Nietzsche chegou inesperadamente de Messina e se propôs como terceiro membro da aliança de maneira espontânea. No entanto, é mais provável que Lou tenha procurado uma forma de se esquivar da solicitude de Rée ou que este, embaraçado por uma recusa, tenha buscado junto ao amigo um álibi para permanecer ao lado da moça.

Em todo caso, Nietzsche está entusiasmadíssimo com a ideia de conhecer Lou. O que ela não sabe ainda é que, já antes do encontro, Nietzsche discute com Rée a possibilidade de um casamento, mas com insólitas condições. Em 21 de março, ele lhe escreve:

> Cumprimente de minha parte essa jovem russa se isso tiver sentido: cobiço esse tipo de alma. Sim, logo estarei em busca de semelhantes presas – tenho necessidade delas para o que pretendo fazer durante meus próximos dez anos. O casamento já é outra história – eu poderia no máximo considerar um matrimônio de dois anos e isso levando em conta apenas o que devo fazer ao longo dos dez próximos anos.[9]

Por essas linhas, depreende-se que foi provavelmente Rée que sugeriu a Nietzsche um casamento com Lou. De modo surpreendente, mas típico de um homem que nunca teve amor-próprio de verdade, Paul Rée trabalha contra seus próprios interesses e se revelará o mais zeloso Cupido entre seu amigo e a mulher que ama. Nietzsche, por sua vez, mantém-se fiel à ideia fixa que compartilhara com Malwida dez anos antes: fazer um casamento proveitoso, de duração limitada, com a primeira bela alma que lhe surgisse e pudesse apoiá-lo em sua tarefa filosófica. Inevitavelmente, semelhante gama de interesses e de desejos era um péssimo ponto de partida para o projeto de formar uma "Trindade".

"De que estrelas caímos para nos encontrar?" De acordo com a lembrança de Lou em suas memórias, essas foram as palavras com que Nietzsche a recebeu quando se encontraram pela primeira vez, sob as abóbadas da Basílica de São Pedro, em Roma, em 24 de abril de 1882. Doze anos depois, Lou Andreas-Salomé recorda-se da primeira impressão causada pelo filósofo, de quem esboça um extraordinário retrato:

> Provavelmente um primeiro encontro com Nietzsche nada de revelador ofereceria a um observador superficial. Esse homem de estatura mediana, traços calmos e cabelos castanhos penteados para trás, vestido de modo modesto, ainda que extremamente cuidadoso, poderia com facilidade passar despercebido. O contorno fino e maravilhosamente expres-

> sivo de sua boca era quase de todo recoberto por pelos de um espesso bigode caído. Tinha uma risada suave, um modo de falar com discrição, uma forma de andar prudente e circunspecta, o que o levava a curvar ligeiramente os ombros. Era difícil imaginar essa silhueta no meio de uma multidão: era marcada pelo sinal que distingue os que vivem sozinhos e caminhando. O olhar, em contrapartida, era atraído de maneira irresistível para as mãos de Nietzsche, incomparavelmente belas e delgadas, que ele próprio acreditava denunciarem seu gênio. [...] Seus olhos também o revelavam. Embora meio cegos, não tinham de modo algum o olhar vacilante e involuntariamente escrutador que caracteriza muitos míopes. Pareciam antes guardiões protegendo seus próprios tesouros, defendendo silenciosos segredos para os quais nenhum olhar indesejável deveria se voltar. Sua vista defeituosa dava a seus traços um encanto mágico e sem igual, pois em vez de refletir as sensações fugidias provocadas pelo turbilhão dos acontecimentos externos, reproduziam apenas o que vinha de seu próprio interior. Seu olhar estava voltado para dentro, mas ao mesmo tempo – indo além dos objetos familiares – parecia explorar algo distante – ou, para ser mais exata, explorar o que estava em seu interior como se isso estivesse longe.[10]

Talvez naquele dia o olhar de Nietzsche ainda estivesse repleto do sol de Messina, do horizonte marítimo em que ele vislumbrara uma *terra incognita*, como um Cristóvão Colombo do pensamento. Analisamos em outra obra a metamorfose de um poema de Nietzsche[11], composto no começo de 1882 e modificado em novembro do mesmo ano. Entre uma versão e outra, Lou apareceu em sua vida. O navegador, antes diante de um combate solitário com o infinito, agora experimenta uma viagem a dois, em que "a amiga" é envolta com ele no bramido da eternidade, duas estrelas sobre suas cabeças.

Por diversas vezes naquela época, a imagem de uma estrela guia ou a de duas estrelas cruzando seu caminho aparecem nos textos de Nietzsche, particularmente na obra *A gaia ciência*. O encontro com Lou parece escrito nas estrelas, como uma verdadeira fatalidade. Escreve a Peter Gast em 25 de julho:

> Tudo o que até agora o senhor conhece de minhas versalhadas é *anterior* ao meu encontro com L. (assim como *A gaia ciência*). Porém, talvez o senhor pressinta também que, tanto como "pensador" quanto como "poeta", eu deva ter tido certa premonição de Lou. Ou seria o "acaso"? Sim, o *precioso* acaso![12]

Teria sido a inaptidão do solitário que levou Nietzsche, nos dias seguintes, a pedir a mão de Lou? Reproduzindo o método que em 1876 levara-o de modo prematuro a pedir em casamento Mathilde Trampedach, por intermédio do amigo Hugo von Senger, Nietzsche solicita que Paul Rée seja seu mediador junto a Lou. Através da imagem de *femme fatale* geralmente atribuída a Lou em sua juventude, sempre se revela certa misoginia que subentende que uma mulher que dá esperanças para recusá-las em seguida manifesta certa crueldade perversa.

Trata-se primeiro de desconsiderar que todos os contemporâneos da moça destacaram nela determinada "frieza", uma intelectualidade "viril" que não indicam nenhuma lascívia provocante. Porém, acima de tudo, trata-se de desconsiderar que homens como Nietzsche e Paul Rée viviam em uma verdadeira penúria sexual, ampliada por uma marginalidade social a que os solteiros foram por muito tempo relegados. Na solicitude de Nietzsche se distingue um conflito entre sua missão de filósofo (livros como *Humano, demasiado humano* e *Aurora* excluem qualquer compatibilidade dessa missão com o casamento) e uma angústia gerada pela solidão e provavelmente pela abstinência.

Sua posição sobre a questão da castidade alternará entre a suspeita de um ascetismo cristão hostil ao poder do corpo e a admiração por um autocontrole que atinge a contemplação pela repressão das pulsões alienantes. Em todo caso, apenas Lou von Salomé mantém coerência nesse ponto, ela que sempre verá, até mesmo em sua carreira de psicanalista, na mera realização sexual uma degradação vulgar da libido, considerada por ela como desejo da vida em sua totalidade. Fará do casamento com Carl Andreas como que a experiência de uma união exclusivamente espiritual. E tanto pior para esses homens cegos por suas pulsões sexuais e sociais se eles sofrem com tal severidade.

Como fazer perdurar, sobre essa base, uma relação trinitária desde o início desequilibrada pelas contraditórias expectativas de cada um? Para os dois homens, trata-se agora de encontrar um protetor: tendo em vista que Malwida expressara diversas vezes sua desaprovação ante essa ideia de uma relação a três, Rée pensa em sua mãe e Nietzsche em sua irmã. Por sua vez, Lou tenta encontrar um subterfúgio para não voltar à Suíça com sua mãe.

É verdade que nessa época ela se envolve em um jogo perigoso que parece ter derrapado pelo menos uma vez. Em 5 de maio, Nietzsche sugere uma caminhada à beira do lago de Orta, na companhia de seus dois amigos e da mãe de Lou. Na outra margem do lago, ergue-se uma colina verdejante, o monte Sacro. Na hora em que a excursão deveria acabar, Nietzsche e Lou, contra a vontade dos demais, decidem escalá-lo e permanecem lá um pouco demais para o gosto da mãe, ofendida pela inconveniência, e de Rée, irritado pelo ciúme. Do que ocorreu no monte Sacro, quase nada sabemos. Porém, Nietzsche escreverá a Lou dizendo que deve àquele dia o mais belo sonho de sua vida. E Lou, no final de sua longa existência, confessará a seu amigo Ernst Pfeiffer: "Terei beijado Nietzsche no monte Sacro? Já não lembro mais".[13]

Separam-se, e Nietzsche vai a Basileia para ver os Overbeck, que percebem que ele está com ótima aparência e só fala da nova amiga. Reencontram-se em meados de maio, em Lucerna. Nietzsche previra fazer um segundo pedido de casamento, dessa vez pessoalmente. Enquanto Rée, contrito, aguarda no hotel, Nietzsche se declara de novo no parque Löwengarten e recebe sem surpresa um não. Logo depois desse episódio burlesco, os três amigos são fotografados juntos, em uma encenação célebre que deu muito o que falar: os dois homens estão atrelados a uma charrete, sobre a qual impera Lou com um chicote na mão. No pano de fundo, um cenário representando o monte da Virgem.

Procuramos mostrar em outra obra[14] que a disposição masoquista dessa cena deveria ser entendida em seu mais alto significado, tal como Deleuze[15] interpreta o masoquismo: um contrato consentido de maneira mútua visando a retardar ao infinito a realização (ou resolução, ou até abolição) do desejo no gozo. A dor como o prazer são questões de intensidade, de progressão máxima do desejo até seus extremos de tolerância; experiência espiritual, ascética, em que se experimentam o poder e seus limites. Essa dimensão masoquista de Nietzsche foi ressaltada pela própria Lou Andreas-Salomé em sua monografia de 1894 sobre o filósofo. Lado cômico das mais altas exigências de seu pensamento, o episódio da sessão de fotos denuncia em Nietzsche uma tensão extrema, uma *vontade de sofrer* de que ele fez o instinto mais enigmático e mais assustador da condição humana.

Seria também para abrir a ferida que Nietzsche, pouco tempo depois, conduz Lou para as pegadas de Tribschen?

> Visitamos Tribschen, perto de Lucerna, onde ele vivera com Wagner horas inesquecíveis. Por muito, muito tempo ele permaneceu sentado às margens do lago, em silêncio, imerso em pesadas lembranças; em seguida, desenhando com a ponta de sua bengala na areia úmida, falou para mim com uma voz surda daquela época passada. E, quando ergueu os olhos, percebi que chorava.[16]

Lou, Rée e Nietzsche planejam então seguir estudos conjuntos em Viena. Nietzsche tem a intenção de estudar com seriedade as ciências naturais, das quais lê obras de maneira autodidata desde o ano anterior. As visões que se revelaram para ele em Sils-Maria, e que mantém ainda em segredo, são tão admiráveis que tem necessidade de buscar, no discurso científico sobre a energia e as forças, confirmações ou analogias capazes de sustentá-las.

Contudo, o problema momentâneo dos três amigos continua sendo encontrar um meio de fazer com que o seu entorno aceite a temeridade de seu projeto de vida em sociedade (dois homens solteiros e uma senhorita!), que ninguém vê com bons olhos. Em 6 de junho, Malwida escreve a Lou:

> Recebi sua carta de Basileia e examinei seu projeto com todo o cuidado. Compreendo muito bem que ele lhe atraia e estou *convencida* da pureza e do caráter impessoal de suas intenções, mas apesar de tudo a questão suscita reservas importantes. É impossível que a senhorita viva sozinha com dois rapazes. Seria não só uma afronta ao mundo (mas não reside aí o essencial), como traria grandes inconvenientes, aspectos realmente desagradáveis de que apenas a prática lhe faria tomar consciência [...]. E enfim essa trindade! Por mais que eu esteja totalmente convencida de *sua* neutralidade, a experiência de uma longa vida e o conhecimento da natureza humana me dizem que isso não será possível sem que um coração sofra de um jeito cruel, na melhor das hipóteses, ou que uma amizade seja desfeita, na pior.[17]

Alguns dias mais tarde, em 18 de junho, volta à carga com justificativas ainda mais graves:

> Enfim, insisto *muito* neste ponto: não se perca no trabalho de N[ietzsche]. Eu teria preferido que a senhorita seguisse seu caminho sozinha, seu caminho espiritual, para que justamente ficasse provado de uma vez por todas que também a mulher pode se manter sozinha nas esferas mais elevadas do pensamento e atingir resultados independentes. Quanto a isso, sua dependência intelectual me desola profundamente. Espero acima de tudo que o próprio Nietzsche tome uma direção diferente de seus últimos escritos, longe daquela do excelente Rée, que saúdo com cordialidade.[18]

Nessas linhas, estão germinando as desavenças que vão afastar cada vez mais Nietzsche e Malwida.

Em todo caso, Rée vai a Stibbe para ficar com a família, Nietzsche a Naumburg, para permanecer ao lado da sua, a fim de preparar as apresentações com Lou. Esta, que mora com a mãe na casa do padrinho Emanuel Brand, em Zurique, a princípio se hospedará no lar da família de Rée, antes de dar o ar da graça em Naumburg no começo do mês de agosto, depois do festival de Bayreuth ao qual Malwida prevê levá-la.

Nietzsche já está em Naumburg, onde prepara a duras penas o manuscrito de *A gaia ciência*. Escreve a Gast em 19 de junho:

> O suplício de preparar o manuscrito com a ajuda de um velho e tolo mercador que faliu foi extraordinário. Jurei não sofrer outro semelhante. Dez vezes tomei este livro por *impublicável* e dez vezes voltei atrás nessa convicção. No momento, eis o que penso: a opinião de meus leitores atuais sobre este livro não me importa *nem um pouco* – o que importa mesmo é o que eu pensara a respeito de mim, assim como poderá ser lido neste livro: nem que possa ser para *preveni-los* contra mim mesmo.[19]

Junto com as provas de *A gaia ciência*, Nietzsche envia ao amigo um poema sem mencionar o autor. Diante da reação admirativa de Gast, revela-lhe em 13 de julho: "O poema intitulado 'Hino à dor' *não* era meu. Faz parte dessas coisas que exercem um poder absoluto sobre mim; ainda não pude lê-lo sem derramar lágrimas: ele ressoa como uma voz que aguardo sem cessar desde a infância". Tal poema, que ecoa em Nietzsche com tanta profundidade, foi-lhe entregue por Lou.[20]

> [...]
> É o combate que engrandece os maiores,
> – O combate como objetivo, por impraticáveis caminhos
> E se só podes me dar em troca da felicidade e do prazer
> Uma coisa, ó, dor: a verdadeira grandeza,
> Então vem lutar comigo, corpo a corpo,
> Então vem, que seja vida ou morte –
> Então mergulha nas profundezas do coração,
> E escava o âmago da vida,
> Leva o sonho da ilusão e da felicidade,
> Leva o que não merecia um esforço infinito.
> Nunca terás a vitória final sobre o homem
> Mesmo que ele ofereça a teus golpes o peito nu,
> Mesmo que se despedaçasse na morte, –
> – És apenas um pedestal para a grandeza do espírito.[21]

Muitos motivos contribuem para a agitação e para a hipersensibilidade de Nietzsche naquele mês de julho. Além do ciúme ante a ideia de que Lou está ao lado de Rée em Stibbe e do penoso trabalho sobre o manuscrito de *A gaia ciência*, ele sabe que Bayreuth, cujo festival permaneceu suspenso por problemas financeiros desde a inauguração de 1876, deve por fim receber *Parsifal*, a última obra-prima de Wagner.

Desde janeiro, Nietzsche espera em vão um convite pessoal de seu antigo amigo. Sonha poder conduzir Lou para lá, mas em seu âmago há agora total resistência à música de Wagner e ao significado de Bayreuth. O que está em questão é sua própria imagem, que o obriga a assumir a direção de seus últimos escritos, como dizia Malwida.[22] É a ela que, por volta de meados de julho, ele planeja enviar uma carta a respeito disso, carta que não passará de rascunho:

> Em Bayreuth, muitos dos meus amigos vão sem dúvida se apresentar à senhora; não lhe esconderão provavelmente suas reservas a meu respeito: diga a todos que deve haver paciência e que não existe razão alguma para desalento (com essa obra fragmentada, laboriosa e carregada). Diga-lhes que estou muito contente de não *precisar* ouvir a música de *Parsifal*. Com exceção de duas peças (aquelas de que a própria senhora me falou), não gosto desse "estilo": trata-se de mau Hegel em música; e, além disso, testemunha tanto uma grande *pobreza* de criação quanto uma incrível pretensão, uma *cagliostricidade* por parte de seu autor. Lamento! Sou inflexível nessa questão de moral.[23]

Parsifal representava para Wagner a conclusão de um trabalho cujos primeiros esboços remontavam a 1858. Durante anos, diante da enorme quantidade de rascunhos, Wagner precisara cortar, condensar e melhorar seu projeto. Desde 1865, prometia a Luís II a criação da obra para 1872. Porém, a tetralogia *O anel do nibelungo* e *Os mestres cantores* levaram-no a interromper a composição o tempo todo.

A première de *Parsifal* ocorre enfim em 26 de julho de 1882, com dezesseis representações sob regência do maestro

Hermann Levi: 23 solistas distribuídos de modo alternado, 107 músicos de orquestra e 135 coristas participam dessa megaprodução, cujos cenários são pintados pelo jovem pintor russo Paul von Joukowsky, que se inspirou na arquitetura italiana de Siena e Ravello. Toda a aristocracia europeia se encontra reunida em torno do acontecimento, assim como inúmeros músicos (Liszt, Saint-Saëns, Bruckner, Delibes e até mesmo o jovem Richard Strauss). Só aquele a quem Wagner devia tanto, que tanta esperança depositara nele, não aparecerá: a ausência de Luís II da Baviera afeta profundamente o compositor.

Parsifal suscita as mais extremas paixões e marcará de modo duradouro a vida artística europeia. Rapidamente se cria ao redor da obra uma aura mítica que vai muito além das intenções originais de Wagner. Bastou que ele pedisse ao público certa discrição nas manifestações de aprovação, julgadas muito ruidosas, para que logo se estabelecesse uma lei sagrada que proibirá por muito tempo o mais ínfimo aplauso a *Parsifal*. O festival de Bayreuth decretou, por outro lado, a exclusividade das representações da obra por trinta anos, exceção aberta para Luís II, que organizará três audições particulares.

Cosima manterá com unhas e dentes essa exclusividade o máximo de tempo possível. Entretanto, Wagner não se deixa enganar com semelhante encenação: extenuado, agitado, furioso com as condições concretas das representações e as reações do público, sente que seu sucesso é fruto de um grande mal-entendido. O *Diário* de Cosima reflete no fundo as afinidades veladas entre o julgamento de Wagner sobre seu festival e o de Nietzsche:

> O humor de R. está inconstante, mas a maior parte do tempo hostil a Bayreuth. Ele fala até em deixar *Parsifal* e o teatro do festival nas mãos do sr. Neumann![24]

Em 2 de setembro, três dias depois da última representação, Cosima registrará:

> À noite, R. deixou escapar queixas amargas acerca de Bayreuth. Ninguém o acompanhou, disse ele, ninguém se instalou lá e a

cidade não manifestou a mínima compreensão para com ele. Com exceção de alguns amigos, ninguém mostrou interesse. Ele tentou com todas as classes sociais, ingressou no "clube da história", não tem influência sobre nada e foi uma facada no coração ver se arrastar para cá, durante as representações, os oficiais, a burguesia de Bayreuth como para vir a um espetáculo vulgar e ninguém sequer pensou em pegar por uma vez um lugar.[25]

Desde 4 de maio, Nietzsche buscara a redução para piano de *Parsifal*, que transitava nos círculos wagnerianos como preparação para o festival, e a estudara com cuidado. Na véspera da partida de Elisabeth para Bayreuth, em 23 de julho, Nietzsche decide familiarizá-la com a obra, tocando para ela trechos para piano. Dois dias depois, em uma carta a Peter Gast, manifesta sentimentos bastante reveladores da ambiguidade de sua posição:

> Domingo, fui a Naumburg para preparar minha irmã mais um pouco para o *Parsifal*. Lá, experimentei sentimentos bastante estranhos! Enfim, disse: "Minha querida irmã, pratiquei *muito esse gênero de música* quando era adolescente, na época em que compunha meu oratório" – neste ponto, fui desenterrar velhos papéis e, depois de tão longo intervalo, voltei a tocá-los: a *semelhança* entre o *estado de espírito* e a *expressão* era fabulosa! Sim, certas passagens, por exemplo a morte dos reis, pareceram a nós dois mais emocionantes do que tudo o que tínhamos tocado do P[arsifal], mas com um tom completamente parsifalesco! Confesso: constatei outra vez com verdadeiro sobressalto o *quanto*, no fundo, eu tinha uma *ligação* estreita com Wagner! – Posteriormente não lhe esconderei esse fato curioso e o *senhor* julgará em última instância – a coisa é a tal ponto estranha que não confio muito em mim mesmo. – O senhor entende bem, caro amigo, que com essa *referência* não quero fazer um *elogio* ao Parsifal!! – Que repentina *décadence**! E que cagliostrismo![26]

Como de costume, Nietzsche não receia comparar sua música de amador àquela de Wagner. Como no caso da super-

---

* Em francês, no original. (N.A.)

valorização infundada da música de seu amigo Gast, Nietzsche julga a música em função de critérios psicológicos de que ele tem necessidade para sua concepção pulsional e moral da arte. Todavia, o elemento determinante dessa reflexão é a *afinidade* de sua afetividade com a de Wagner. É desse modo – e Nietzsche não cessará de repeti-lo –, contra si mesmo, que ele luta ao lutar contra Wagner, e a inclinação comum de ambos para o "romantismo", exibida em um e secreta no outro, faz de Nietzsche um perigo para si próprio, através de sua obscura fascinação pelo martírio e pela redenção. E *Parsifal*, definido por Wagner não como uma ópera nem mesmo como um drama, mas como *Bühnenweihfestspiel* (literalmente, um "festival cênico consagrativo"), aspira a uma apoteose mística, um rito sagrado de purificação visando à salvação. Semelhante ambição parece a Nietzsche tão desmedida e tão exaltada que, cinco anos mais tarde, na terceira dissertação de *A genealogia da moral* (1887), ele inclusive se perguntará se Wagner tinha de fato levado sua última ópera a sério:

> *Evidentemente, no entanto, não se pode* fugir desta outra questão: o que lhe importava este viril (infelizmente, tão pouco viril) "inocente de aldeia", este pobre-diabo, este filho da natureza chamado Parsifal, que ele acabou tornando católico por meios insidiosos – como? Este Parsifal nasceu de uma intenção *séria* de Wagner? Seríamos tentados a supor, até desejaríamos o contrário, que o *Parsifal* de Wagner teria nascido de uma intenção alegre, como epílogo e drama satírico, pelo qual o trágico Wagner queria se despedir de nós de modo conveniente e digno de si, despedir-se de si mesmo, sobretudo *da tragédia*, e isso parodiando ao extremo, de maneira deliberada, o próprio trágico, toda a terrível seriedade e toda a desolação do mundo de outrora, a forma mais grosseira da antinatureza do ideal ascético enfim superado. Eis aí outra vez o que teria sido realmente digno de um grande trágico, o qual, como qualquer artista, só atinge o ápice de sua grandeza quando sabe olhar *de cima* sua arte e sua própria pessoa – quando sabe rir de si mesmo. O *Parsifal* de Wagner seria uma forma superior de rir secretamente de si mesmo, a manifestação triunfal da conquista de sua liberdade de artista, de seu para

além de artista? Assim o desejaríamos, outra vez: o que seria, de fato, um *Parsifal* nascido de uma intenção séria?[27]

Parsifal permanecerá para Nietzsche, em todos os sentidos, um motivo de sofrimento. Em julho de 1882, toda a Europa se encontra, pois, às voltas com sua criação, incluindo os amigos de Nietzsche. Só ele não a assiste. Desse modo, não pode exercer controle algum sobre a irmã Elisabeth, que se vangloria em Bayreuth no meio de pessoas que lhe são mil vezes superiores e às quais frequenta graças ao irmão. Contudo, inflada pela lembrança de sua época de preceptora na casa dos Wagner e pelo parentesco com o grande ausente, ela pretende ensinar bons costumes e, com seu pudor ofendido, dirige sua hostilidade para a jovem russa que ronda seu irmão nesses últimos tempos.

Desde o começo, Elisabeth detestou Lou. Não havia comparação entre essas duas mulheres: Lou era linda, de uma formidável inteligência, cosmopolita, livre de preconceitos. Elisabeth a considerava excêntrica, negligente, mal-educada. As conversas, demasiado levianas para seu gosto, que Lou mantinha com o pintor Joukowsky – seu compatriota – e com Bernhard Förster, a quem a própria Elisabeth não era indiferente, exasperavam-na. Ora, estava previsto que, depois de Bayreuth, as duas se encontrariam para ir juntas a Tautenburg, não distante de Naumburg, onde Nietzsche as aguardaria.

Em 7 de agosto, após o festival, Lou e Elisabeth encontram-se em Jena e tomam o trem. Eclode uma discussão: não é decente que uma moça se comporte assim; além de suas atitudes de coquete diante de Joukowsky e Förster, a ingrata teria emitido palavras insultantes a respeito de seu irmão, este "asceta" e "santo" cujo gênio ela rebaixava, sempre procurando corrompê-lo. Lou, que a princípio quis rir de semelhante invectiva, não se contém: foi exatamente seu irmão asceta que lhe propôs casamento por duas vezes e, por falta de algo melhor, uma união livre!

Assim, em péssimas relações, Nietzsche encontra as duas mulheres na plataforma de Tautenburg. Na mesma noite,

Elisabeth relata a discussão para Friedrich e acrescenta que Lou procurou ridicularizá-lo em Bayreuth. Essa perfídia feriria no mais alto grau a suscetibilidade de Nietzsche, que se queixa com amargura para Lou. Os dois amigos, por sua vez, discutem e o rompimento é evitado por um triz. De agora em diante, Nietzsche vai oscilar com frequência entre o ponto de vista de sua irmã e o de Lou, e seu estado afetivo vai deixá-lo muito vulnerável para que em seu âmago não se intensifiquem as alternâncias de credulidade e de desconfiança.

Porém, dessa vez, Elisabeth é derrotada e os dois amigos passam a viver um período próspero, feito de incessantes debates e trabalhos de escrita. Lou Andreas-Salomé se recorda:

> Parece que no começo houve entre Nietzsche e mim diferenças provocadas por toda espécie de intrigas que continuo sem entender ainda hoje, porque de modo algum correspondiam à realidade; tivemos que nos libertar disso antes para levarmos juntos uma vida fecunda em que qualquer terceira pessoa era inoportuna e excluída o máximo possível. Pude então penetrar no universo de Nietzsche como não o fizera em Roma ou durante nossa viagem.[28]

Corriqueiramente tão cioso de seu repouso e de sua solidão, Nietzsche se entrega por inteiro à presença de Lou, chegando até a acordá-la à noite para dividir suas reflexões. "É estranho", continua Lou, "que, sem querer, nossas conversas nos levem a esses abismos, a esses lugares vertiginosos que um dia escalamos apenas para sondar as profundezas. Sempre escolhemos caminhos estreitos e, se alguém nos tivesse escutado, pensaria estar ouvindo dois demônios."[29] Esses abismos vertiginosos são as visões ainda inexprimíveis que transformaram a fundo o filósofo, desde o verão anterior em Sils-Maria, e cujo segredo será revelado aos poucos em *A gaia ciência* e a seguir em *Assim falou Zaratustra*.

Para Lou, essa revelação demonstra a natureza profundamente "religiosa" de Nietzsche, da qual ela fará a chave para compreender sua filosofia na obra que lhe dedicará doze anos mais tarde. Todavia, são também os pensamentos de moralista compartilhados desde Sorrento com Paul Rée acerca do homem, da mulher, do amor e do casamento, assim como aparecem em *Humano, demasiado humano* e *Aurora*. Em torno dessas questões, manifestam-se em particular as afinidades intelectuais entre Lou e Nietzsche, como testemunham dois documentos com origem nesse período: o "Diário de Tautenburg", mantido dia a dia por Lou para Paul Rée, e o "Livro de Stibbe", uma compilação de aforismos cuja leitura ela submete às correções atentas de Nietzsche.

A banalidade do casamento, a violência das tensões sexuais entre homem e mulher e a mediocridade de sua satisfação, a dificuldade em estabelecer uma amizade espiritual entre os dois sexos compõem o essencial das reflexões que compartilham. Se Lou aprende a formular essas convicções (Nietzsche é implacável acerca de questões de estilo), estas têm para ela uma evidência instintiva cuja constância será atestada por todos os seus escritos posteriores, reforçada por sua formação psicanalítica, mas cuja prova renovada será trazida pela própria vida. Para Nietzsche, a situação parece mais complexa: entre teoria e prática, é Lou quem é implacável; pois de seu lado Nietzsche luta violentamente contra suas próprias inclinações, e sua relação com a interlocutora – a quem pediu duas vezes em casamento e por quem não podemos duvidar que tenha uma verdadeira atração sexual – permanece ambígua.

No entanto, simplesmente levantar uma contradição entre teoria e prática, entre vida e filosofia, seria uma interpretação pobre. Nietzsche é um pensador do autocontrole e da autossuperação e sem cessar repetiu que cada pensamento era uma vitória, o vestígio de algo que devia ter sido superado. O combate, a relação com outrem e consigo mesmo pensada sobre o modo da relação de forças e da vitória de uma força sobre outras, subentendem a concepção que ele estabelece das relações entre os sexos:

> Alguém teve ouvidos para a minha definição do amor? Ela é a única digna de um filósofo. O amor – em seus meios, a guerra; em seu fundamento, o ódio mortal dos sexos...[30]

Para Nietzsche, só há uma alternativa: aprender a obedecer ou a comandar. Em *Assim falou Zaratustra*, o casamento apresentará uma estrutura semelhante: "A felicidade do homem diz: 'Eu quero'. A felicidade da mulher diz: 'Ele quer'".[31] Com certeza, a finalidade da mulher permanece a gestação, mas a finalidade do homem *e* da mulher consiste em uma superação que ultrapassa ambos. E o homem está menos preparado do que a mulher para poder aspirar ao casamento e à procriação: é ao homem que Zaratustra ordena estar à altura da união matrimonial e da paternidade. Tal altura é super-humana, ainda inacessível à nossa cultura tal como se apresenta hoje. E, de fato, diante da exigência de Zaratustra, o homem medíocre e inacabado de hoje só pode estabelecer uma forma medíocre e inacabada de casamento e de paternidade:

> Você é jovem e deseja filho e casamento. Mas eu lhe pergunto: Você é um homem que *tem o direito de* desejar ter um filho? É vitorioso, dominador de si mesmo, senhor de seus sentidos e de suas virtudes? É essa minha pergunta.
> Ou, em seu desejo, quem fala é o animal, quem fala é a necessidade animal? Ou ainda o isolamento ou a discórdia para consigo mesmo?
> Eu quero que sua vitória e sua liberdade desejem um filho. Você deve construir monumentos vivos para sua vitória e sua libertação.
> Deve construir para além de si mesmo. Mas antes é preciso que você esteja perfeitamente construído, de alma e de corpo. Não deve apenas procriar, mas procriar o superior. Que o jardim do casamento ajude-o nessa finalidade!
> Deve criar um corpo superior, um movimento inicial, uma roda girando por si só – deve criar um criador.
> Casamento: é o nome que dou ao desejo de criar a dois alguém maior do que aqueles que o criaram. Chamo de casamento o respeito mútuo das pessoas que têm esse desejo. Que este seja o sentido e a verdade do seu casamento. E isto que a maioria, esses supérfluos, chama de casamento – ah! que nome eu poderia dar a isso?
> Ah! esta pobreza da alma a dois. Ah! esta sujeira da alma a dois. Ah! este miserável bem-estar a dois.

> Chamam tudo isso de casamento; e dizem que suas uniões foram abençoadas pelo céu.
> Ora, não me apraz o céu dos supérfluos! Não, esses animais emaranhados nas redes celestiais não me aprazem.[32]

As relações entre homem e mulher não são apenas "demasiado humanas", são ainda animais e se resolvem na satisfação dos instintos mais egoístas. Esta será também a posição de Lou Andreas-Salomé. Ambos preconizaram, em nome de uma humanidade superior, uma verdadeira *sublimação* do instinto sexual, termo que Nietzsche tomou emprestado da química muito antes de Freud. Mesmo assim, a sublimação, como forma superior da relação entre os sexos, não significa castidade. Nietzsche, muito pragmático nesse sentido, não hesitará em aconselhar que se desatrele o casamento da atividade sexual: "Ainda assim, não somos estúpidos pregadores da castidade: se tivermos necessidade de uma mulher, encontraremos uma mulher, sem que para isso seja preciso romper um casamento ou começar um...".[33] Quanto mais o tempo passar, mais Nietzsche julgará suspeita qualquer incitação à castidade (e *Parsifal* não é insensível a isso); em *Ecce homo*, escreve:

> Um gênero inteiro do "idealismo" mais maldoso – que aliás também ocorre entre os homens, por exemplo em Henrik Ibsen, essa típica virgem senil – tem por objetivo *envenenar* a consciência limpa e a natureza no amor sexual... E para que não reste dúvidas acerca da minha convicção, que é tanto honesta quanto severa, acerca desse ponto, quero comunicar mais uma sentença do meu código moral contra o *vício*: com a palavra vício eu combato toda a espécie de antinatureza ou, caso sejam preferidas palavras belas, o idealismo. A sentença diz: "A pregação da castidade é um incitamento público ao antinatural. Toda expressão de desprezo à vida sexual, toda a contaminação da mesma pelo conceito 'impura' é um crime contra a vida em si – é o pecado intrínseco contra o espírito santo da vida".[34]

Em 26 de agosto, mesmo dia do lançamento de *A gaia ciência*, Lou deixa Nietzsche para encontrar Rée em Stibbe.

Antes de partir, presenteia-o com um poema de sua autoria, "Hino à vida". Esse texto terá no mínimo a mesma importância para Lou e para Nietzsche. Lou o integrará em seu primeiro romance, *Im Kampf um Gott* [Combate por Deus], de 1885, e ainda, de modo retocado, em *Minha vida*, cerca de meio século depois. Quanto a Nietzsche, desde o seu retorno a Naumburg, começa a musicar o poema. Em 1º de setembro, em uma carta a Peter Gast em que transcreve o poema, escreve:

> Desta vez, envio-lhe "música". Gostaria de ter composto um lied que pudesse também ser executado em público – "para *converter* os homens à minha filosofia". Julgue se esse "Hino à vida" serve a essa tarefa. Um grande cantor poderia com isso me arrancar a alma do corpo, mas quem sabe, ao escutá-lo, outras almas se *esconderiam* em seu corpo! – Seria possível que o senhor retirasse dessa composição um pouco de seu aspecto principiante? Talvez o senhor acredite só pela minha palavra se lhe disser que fiquei com pena na proporção que sou capaz de senti-la.[35]

Dessa peça, da qual terá sempre um orgulho particular (trata-se da única vez em que manifesta o desejo de ser ouvido em público), Nietzsche continuará falando seis anos depois, em *Ecce homo*:

> talvez um sintoma de algum significado para a situação desse ano, no qual o *páthos afirmativo par excellence* – chamado por mim de *páthos* trágico – habitava em mim em seu mais alto grau. No futuro haverão de cantá-lo em minha memória... [...] Quem é capaz de arrancar algum sentido das últimas palavras do poema haverá de adivinhar por que eu o privilegiei e admirei: elas têm grandeza. A dor *não* serve de objeção contra a vida: "Não tens mais ventura de sobra para me dar, vá lá! *ainda tens teu tormento*..." Talvez também a minha música tenha grandeza nessa passagem.[36]

A moderação de Elisabeth durante a estadia de Lou em Tautenburg terá apenas uma curta trégua; tão logo regressa a seu reino com o irmão, volta à carga contra Lou, fazendo da mãe uma aliada. E, quando a velha Franziska vê uma foto de seu filho atrelado e ameaçado com um chicote pela jovem russa, explode em reprovações: o filho cobre de vergonha o túmulo do pai! Furioso, Nietzsche parte para Leipzig, de onde aguarda orientações de Lou e Rée. Lá se encontram por algumas semanas: consideram todos os destinos para receber a "trindade" – Viena, Munique, Paris –, mas Lou e Rée pretendem agora fugir do confinamento de uma intolerável vida a três e só têm olhos um para o outro; parecem temporizar, procurar até evitar Nietzsche. Quando ambos saem de Leipzig, nada está resolvido. A trindade não voltará a se formar, e Nietzsche nunca mais verá Rée nem Lou.

Em meados novembro, deixa Leipzig e se refugia na Itália (Gênova, Santa Margherita, Rapallo), passando por nova crise profunda. Envia então toda uma série de cartas a Lou e Rée, manifestando um verdadeiro pânico: a todo custo não quer perdê-los. Por volta de 22 de novembro, escreve a Rée: "Mas nos veremos de vez em quando, não é? Não se esqueça que *a partir deste ano* me tornei carente de amor e em razão disso tenho grande necessidade de amor".[37] Percebe-se sobretudo o esforço desesperado de superar os próprios rancores, de conquistar a duras penas – inclusive com a ajuda de grandes quantidades de ópio – uma serenidade que lhe escapa. Escreve a Lou no dia seguinte:

> E agora, Lou, minha querida, afaste todas as nuvens do céu! Nada mais quero além de, em todos os sentidos, um céu limpo e claro: para o restante saberei traçar meu caminho, seja qual for a dificuldade. Mas um solitário sofre terrivelmente quando tem uma suspeita em relação a algumas pessoas que ama – sobretudo se é uma suspeita pela qual todo o seu ser sofre. Por que nossas relações não tiveram qualquer alegria? Porque fui obrigado a *cometer* uma enorme violência contra mim: era acima de minha cabeça que a nuvem pairava em nosso horizonte!
> A senhorita talvez saiba *a que ponto* toda vontade de causar humilhação, toda acusação e toda obrigação de se defender me são insuportáveis. As pessoas machucam *muito*, é inevi-

> tável – mas também dispõem do maravilhoso poder *oposto* de fazer o bem, de levar a paz e a alegria.
>
> Sinto na senhorita a chama da alma *superior*, nada amo mais na senhorita do que essa chama. Renuncio por livre e espontânea vontade a qualquer intimidade e proximidade, se apenas puder estar certo de uma coisa: que nos sentimos *unidos* naquilo que as almas comuns não alcançam.
>
> Meus comentários são obscuros? Se ao menos *tivesse* a confiança, a senhorita veria que tenho também as *palavras*. Até então, *sempre* precisei me calar.[38]

Nietzsche dedica seu inverno inteiro a tentar acolher com *gratidão* os próprios sofrimentos infligidos pela perda de Lou. Essa luta lhe custará mais de um ano de hesitações, recuos odiosos e avanços magnânimos, de palavras abjetas e serenos arrependimentos. Cada vez que explodir de raiva, será possível perceber por baixo do pano o dedo de Elisabeth, obstinada na arte da difamação, enviando cartas indignas e ridículas aos amigos do irmão, Overbeck ou Gast. Ainda assim, em 1º de janeiro de 1883, em uma típica tentativa de balanço no momento de seus votos de feliz Ano-Novo, Nietzsche faz para Malwida, com certo sentido premonitório, o retrato mais justo que possa apresentar de Lou e ao mesmo tempo uma confissão de sua solidão e de seu fracasso:

> Mas muitas coisas se juntam no meu ser para me levar *bastante* perto do desespero. Entre todas essas coisas se encontra também, não vou negar, minha decepção quanto a L.S. Um "santo extravagante" como eu, que acrescentou o peso de uma ascese voluntária (uma ascese do espírito dificilmente compreensível) a todos os seus outros fardos e a todas as suas renúncias forçadas, um homem que, em relação ao segredo do motivo de sua existência, não tem nenhum confidente, não pode dizer *a que ponto* sua perda é grande, quando perde a esperança de encontrar um ser semelhante, que carregue consigo uma tragédia semelhante e procure com o olhar um desfecho semelhante. Ora, estou sozinho há anos, e a senhora concordará que causei "boa impressão" – a *boa* impressão também faz parte das condições de minha ascese. Se ainda

> tenho amigos, tenho-os – como devo expressar isso? – apesar do que sou ou gostaria de vir a ser. [...] O que a senhora disse do caráter de L.S. é verdade, por mais doloroso que me seja reconhecer. Até então nunca tinha encontrado semelhante egoísmo, repleto de naturalidade, vivo nas mínimas coisas e que a consciência *não* partiu, semelhante egoísmo *animal*: eis por que falei de "ingenuidade", por mais paradoxal que soe essa palavra ao se recordar a inteligência refinada e decomposta possuída por Lou. No entanto, tenho a impressão de que *outra possibilidade* permanece ainda escondida nesse caráter: ao menos reside aí o sonho que nunca me abandonou. Justamente nesse tipo de natureza, uma mudança quase repentina e um deslocamento de todo o peso poderiam ocorrer: o que os cristãos chamam de "despertar". A intensidade de sua força de vontade, sua "força de impulsão" é extraordinária. Inúmeros erros foram cometidos na sua educação – nunca conheci moça tão mal-educada. Como parece neste momento, trata-se praticamente da caricatura do que venero como ideal – e, como a senhora sabe, é em seu ideal que as pessoas se tornam mais sensivelmente doentes.[39]

Da luta contra si mesmo não se pode dizer que Nietzsche tenha saído vencedor. Entre o final de 1882 e o início de 1883, o filósofo está em transição entre *A gaia ciência* e *Assim falou Zaratustra*, obra em que trabalha com extrema rapidez. A crise por que passou foi uma nova prova de fogo, da qual se liberta com a mais obstinada coragem. No começo de dezembro de 1882, de Rapallo, retoma contato com o maestro Hans von Bülow, que lhe recorda a próspera época de sua amizade com Wagner. Em sua carta, que relembra sua solidão em 1876 (ano da inauguração de Bayreuth), Nietzsche esclarece sua posição em uma inabalável autoafirmação:

> Nesse intervalo, vivi durante anos um pouco demais à beira da morte e, o que é pior, da dor. Minha natureza foi concebida para se deixar torturar por um longo tempo e queimar a fogo lento; não me reconheço na atitude "de perder a razão". Não digo nada a respeito do caráter perigoso das minhas afeições, mas devo falar isto: a maneira diferente de pensar e de sentir, que também manifestei por escrito desde

os seis anos, manteve-me vivo e quase me curou. O que me importa que meus amigos afirmem que minha atual "liberdade de espírito" seja uma *decisão* excêntrica, tomada com unhas e dentes, obtida a duras penas e de modo forçado contra minhas próprias inclinações? Bem, talvez seja uma "segunda natureza": mas ainda quero provar que, com essa segunda natureza, apoderei-me verdadeiramente da minha primeira.⁴⁰

E essa "primeira natureza" enfim conquistada permite a Nietzsche, apesar de tudo, designar o ano de 1882 como "um ano de festa". Se viveu felicidades passageiras ao lado de Lou, foi em *A gaia ciência* que encontrou uma leveza nova e salvadora. O próprio título marca uma ruptura na história da filosofia: a aproximação do termo *Wissenschaft* ("ciência"), que se tornou o objeto supremo da filosofia alemã em Kant, Fichte ou Hegel, com o adjetivo *fröhlich* ("alegre") já frustra todas as expectativas de um leitor "sério". Em *Ecce homo*, Nietzsche retoma o significado de *A gaia ciência*, esclarecido nos poemas que compõem o apêndice da obra:

> As *canções do príncipe Livre-como-um-Pássaro*, em sua maior parte concebidas na Sicília, lembram com muita expressão o conceito provençal da *"gaya scienza"*, aquela unidade composta por *trovador, cavaleiro* e *espírito livre*, através da qual a cultura precoce maravilhosa dos provençais se eleva diante de qualquer cultura ambígua; o último poema, especialmente – *"ao Mistral"* –, uma canção de dança exuberante, em que – peço a permissão! – danço muito além da moral, é um provençalismo perfeito...⁴¹

Como Patrick Wotling bem observou⁴², foi em Stendhal, de quem é leitor assíduo, que Nietzsche encontrou a expressão: "As *cortes de amor* datam de 1150, e a vida foi muito gaia em Provença até o sombrio Luís XI, que a anexou à França. Logo essa região deixou de ser superior aos seus vizinhos pelo espírito e pela *gaia ciência*".⁴³ Assim como Stendhal, Nietzsche sugere que a ciência se tornou triste desde a formação do Estado moderno e do estabelecimento de uma hegemonia do Norte sobre o Sul. Entretanto, a ciência revela-se sobretudo como um fenômeno moral fundado sobre a crença metafísica em um "outro mundo" e, portanto, manifesta uma afetividade pulsional mórbida e hostil à vida: "Vontade de verdade – poderia ser secretamente vontade de morte".[44]

O trovador, o cavaleiro e o espírito forte: o artista, o aristocrata e o espírito livre que Nietzsche tenta reunir em uma só figura. Depois da valorização, realizada em *Humano, demasiado humano*, da ciência como contrapeso às mentiras da arte e da religião, a ciência, dessa vez reconhecida como fenômeno moral – isto é, mentiroso –, obriga a um retorno a certo primado da arte, admiravelmente expresso no parágrafo 107, que fecha o segundo livro:

> *Nosso último reconhecimento para com a ciência* – Se não tivéssemos aprovado as artes e inventado essa espécie de culto do não verdadeiro, não poderíamos suportar a faculdade que a ciência nos confere agora, de compreender o espírito universal de não verdade e de mentira – de compreender o delírio e o erro enquanto condições da existência cognoscível e sensível. A *probidade* teria como consequência o desgosto e o suicídio; ora, ocorre que nossa probidade dispõe de um poderoso recurso para escapar de semelhantes consequências: a arte, enquanto *consentimento* à aparência.[45]

Com uma consequência drástica, Nietzsche retoma as implicações levantadas em *O nascimento da tragédia*, mas dispensa qualquer alusão ao Uno originário ou às "mães do ser" para definir o conhecimento trágico; radicaliza até o que não era ainda, em *Verdade e mentira no sentido extramoral*, senão uma suspensão cética do julgamento a respeito da possibilidade teórica de um em-si: agora a aparência abrange por si só o todo da existência, o sonho apolíneo é universal, abrange a aparência, o ser e o conhecimento. O parágrafo 54 de *A gaia ciência* o afirma em alto e bom som:

> O que é para mim a "aparência"? Na verdade não o contrário de um ser qualquer, que não volta senão a enunciar os predicados de sua aparência! Com certeza não é uma máscara

> mortuária que se pudesse colocar em e provavelmente também retirar de um desconhecido X! A aparência, para mim, é a própria realidade ativa e viva que, em seu modo de ser irônica para consigo mesma, chega até a me fazer sentir que só há ali aparência, fogo-fátuo, danças dos espíritos e nada mais – que, entre todos os sonhadores, também eu, enquanto "conhecedor", danço minha própria dança; que o conhecedor não passa de um meio para prolongar a dança terrestre e que, nesse sentido, figura entre os mestres de cerimônia das festas da existência, que a consequência e a ligação primordiais de todos os conhecimentos constituem e constituirão talvez o meio supremo de assegurar a universalidade do sonho e a compreensão mútua de todos esses sonhadores e, por consequência, *de manter a duração do sonho*.[46]

Livre do em-si a que deve supostamente se relacionar como degradação ou falsificação, a ilusão não é mentirosa, nem nega nada, mas, ao contrário, afirma a vida, relegando qualquer discurso sobre o ser em si à negação, à hostilidade, à vontade de morte. Assim, Nietzsche ajusta contas com todos os pressupostos da metafísica como ciência suprema: o todo não é nem um organismo que tem um propósito, nem um mecanismo que tem leis; nosso universo é um *caos*, "em razão não da ausência de necessidade, mas da ausência de ordem, articulação, forma, beleza, sabedoria e sejam quais forem nossas categorias humanas estéticas".[47] Trata-se, portanto, de conseguir pensar o caos não como negação de uma ordem, e sim como afirmação de uma necessidade. O consentimento a esse novo pensamento da necessidade será a mais elevada e difícil missão começada por Nietzsche, que se refere a ela com estas palavras no parágrafo 109:

> Guardemo-nos de declarar que existem leis na natureza. Existem apenas necessidades: ali ninguém comanda, ninguém obedece, ninguém transgride. A partir do momento em que você sabe que não existe objetivo, sabe também que não há acaso, pois apenas diante de um mundo de objetivos a palavra acaso faz sentido. Guardemo-nos de dizer que a morte seria contrária à vida. O vivo é só um gênero do que

está morto, e um gênero muito raro. – Guardemo-nos de pensar que o mundo cria eternamente o novo. Não existe substância eternamente durável: a matéria é um erro tanto quanto o Deus dos eleatas. Quando, pois, abandonaremos nossas preocupações e nossas cautelas? Quando todas essas sombras de Deus deixarão de nos obscurecer? Quando teremos totalmente tirado o caráter divino da natureza? Quando teremos permissão de nos *naturalizar*, nós, os homens, com a natureza pura, de nova maneira descoberta e libertada?[48]

Uma natureza ainda obscurecida pelas "sombras" de Deus: não o Deus em si, mas seu fantasma. Seria possível que Deus estivesse morto? Tocamos nesse ponto em uma das fórmulas mais célebres e mais atacadas da filosofia de Nietzsche. Ela está presente no começo do terceiro livro de *A gaia ciência*:

> *Novas lutas – Depois que Buda morreu*, sua sombra ainda foi mostrada durante séculos em uma caverna – sombra formidável e assustadora. Deus está morto: mas tal é a natureza dos homens que, talvez durante milênios, haverá cavernas em que sua sombra ainda será mostrada. E quanto a nós – devemos vencer a sua sombra também![49]

A sombra do deus morto sugere que as condições históricas que presidiram a ideia *viva* de Deus cessaram há muito tempo, embora os modos de pensar e de sentir devam ainda de maneira duradoura ser dependentes dele em sua estrutura formal: assim como a Ideia platônica, à qual a imagem da caverna faz referência; como valor universal e eternamente verdadeiro, ela não é um deus, mas o substrato lógico e racional de um pensamento da divindade. No século do hegelianismo, do materialismo ou do positivismo, não é para Nietzsche mas para a própria ciência que Deus está morto: não se tem mais a necessidade da figura *viva* de um deus, mas todas as formas do conhecimento são ainda estritamente dependentes disso. Nietzsche não é o assassino de Deus, mas sim o niilismo da época moderna. Em contrapartida, é preciso alguém para anunciar aos homens que não o sabem, que não têm consciência que o cadáver de um Deus apodrece neles. Em *A gaia ciência*, será a personagem do louco que busca Deus entre homens reunidos, "muitos dos que não acreditavam em Deus":

> O louco se precipitou para o meio deles e os perpassou com seu olhar: "Onde está Deus?", gritou ele, "vou lhes dizer! *Nós o matamos* – vocês e eu. Somos todos assassinos! [...] A grandeza desse feito não nos é grande demais? Nós mesmos não deveríamos nos tornar deuses para parecer dignos desse ato? Nunca houve ação maior – e quem nascer depois de nós pertencerá, em virtude dessa mesma ação, a uma história superior a tudo o que foi em algum momento a história até então!"
>
> Aqui o homem louco contemplou de novo seus ouvintes: também eles se calavam e o olhavam sem compreender. Por fim, ele jogou sua lanterna no chão, de modo que ela se quebrou e se apagou. "Venho demasiado cedo", disse em seguida, "meu tempo ainda não chegou. Esse formidável acontecimento ainda está a caminho e viaja: ainda não chegou aos ouvidos dos homens [...]".50

Esse "homem louco", nos rascunhos de *A gaia ciência*, era ninguém menos que o próprio Zaratustra. Essa obra prepara com todo escrúpulo e com muita precaução a chegada de Zaratustra no cenário filosófico. Seu nome só aparece explicitamente no último parágrafo do livro IV, que representa a primeira versão do prólogo futuro de *Assim falou Zaratustra*. Após dez anos de solidão nas montanhas, o eremita decide descer para o meio dos homens. Tem algo a lhes anunciar: a morte de Deus, mas não apenas isso. Deve também lhes falar da "história superior" daqueles que nascerão depois de nós, daquele por quem nós, os homens, seremos *superados*. Deve ainda passar pela prova do pensamento mais elevado, esse pensamento secreto e terrível que amadurece no seu íntimo desde o verão de 1881.

Nietzsche passa a limpo o primeiro livro de *Assim falou Zaratustra* durante os meses de janeiro e fevereiro de 1883. Em 1º de fevereiro, escreve de Rapallo a Franz Overbeck: "Neste intervalo, para dizer a verdade em pouquíssimos dias, escrevi meu melhor livro e, mais importante, dei o passo decisivo que ainda não tinxha coragem de dar o ano passado".⁵¹ E, após dois dias, revela a Peter Gast: "Com este livro, entro em um novo 'ciclo' – agora, na Alemanha, serei contado entre os loucos. Trata-se de uma estranha espécie de 'homilia moral'".⁵²

Malwida, que se preocupa com o isolamento obstinado do amigo, tenta convencê-lo a visitá-la em Roma; ela lhe apresentará uma tal de Cécile Horner, parente do finado Brenner, que por livre e espontânea vontade aceitaria lhe servir de secretária e passar a limpo o manuscrito de *Assim falou Zaratustra*. Depois de muitas hesitações, Nietzsche recusa a proposta e se debruça por conta própria em seus rascunhos, não sem dolorosos esforços.

Na cidade de Gênova, em 14 de fevereiro, Nietzsche fica sabendo da morte de Wagner, ocorrida na véspera em Veneza, no exato momento em que termina seu trabalho de passar a limpo. "Hora sagrada" dirá *Ecce homo*. Em setembro do ano anterior, após inúmeros ataques cardíacos alarmantes, Wagner e sua família decidiram se estabelecer em Veneza, no segundo andar do palazzo Vendramin. Além de diversos artigos, ele trabalhava na escrita de um ensaio que permanecerá inacabado, "Do feminino no humano", em que reflete sobre o casamento, a fidelidade e desenvolve uma concepção mística da mulher. "Todavia, a emancipação da mulher só procede e progride por convulsões extáticas. Amor – trágico..."⁵³ Linhas interrompidas por novo ataque cardíaco. Wagner morreu nos braços de Cosima.

A carta de condolências enviada a Cosima deve ter sido para Nietzsche uma tarefa delicada, realizada com extrema virtuosidade. Possuímos apenas rascunhos que, por trás das frases de admiração e de consolo, revelam uma sincera homenagem ao que Wagner representou para ele:

> Para além do amor desse homem, conheci a coisa mais elevada concebida por sua esperança: foi a isso que servi, a essa coisa mais elevada e que não morre. É a ela que minha pessoa e meu nome pertencem para sempre.⁵⁴

Cosima deseja isolar-se do mundo e apenas as exigentes necessidades da administração do festival de Bayreuth a forçarão a mudar de ideia. Nietzsche se reconhece nessa pulsão de eremita e escreve a Overbeck em 6 de março:

> Malwida acaba de me escrever, também a respeito da senhora Wagner "Todos entendemos que C[osima] queira estar separada do mundo tanto quanto ele, que não queira mais rever os amigos, nem ler mais cartas, em suma, que queira viver como uma freira, só em suas lembranças e para seus filhos". – Pretendo fazer praticamente a mesma coisa, ainda que não pelos mesmos motivos. Eu "sumirei" – acredito que já deixei você a par dessa perspectiva desde Engadina.[55]

A morte de Wagner representa para Nietzsche um acontecimento considerável, e ele deve perceber todo o alcance disso em sua própria vida. É o que faz em uma carta de 21 de fevereiro enviada a Malwida:

> A morte de W. foi uma terrível prova para mim; e sem dúvida não estou mais de cama, embora de modo algum tenha escapado dos efeitos decorrentes dessa notícia. – Apesar de tudo, acredito que com o tempo esse acontecimento será para mim um alívio. Foi difícil, demasiado difícil, ter que ser durante seis anos inimigo de alguém venerado e amado como amei Wagner; e também, como inimigo, ter que ser condenado ao silêncio – em nome do respeito que o homem merece em seu *conjunto*. W. me causou uma ferida *mortal* – preciso lhe dizer. – Fiquei ressentido como se sofresse uma afronta pessoal ao vê-lo se voltar, deslizar lentamente para o cristianismo e a Igreja; toda a minha juventude e sua orientação me pareceram maculadas, na medida em que eu prestara homenagem a um espírito que era capaz de *semelhante* evolução.
> Fiquei extremamente ressentido com isso – além do mais, fui perseguido por propósitos e deveres não confessados.
> *No presente*, vejo aquela evolução como a evolução de um Wagner *envelhecido*; é difícil morrer no momento oportuno. Tivesse ele vivido mais tempo, oh, *quantas coisas* poderiam ainda nascer entre nós! Tenho flechas terríveis no meu arco,

> e W. pertencia a esse gênero de homem que se pode *matar por palavras*. –
> Foi com certeza o inverno mais duro e mais atroz da minha vida, e meu sofrimento atingiu profundezas e abismos extraordinários; – os *motivos* disso são quase indiferentes. Eu tinha uma *necessidade* qualquer de ser *martirizado* e de ver se meu objetivo me deixava viver e me mantinha vivo. A morte de Wagner foi como um pesado e profundo trovão nesses sentimentos, mas talvez minha tempestade *agora* chegue ao fim.[56]

Como revelou a Overbeck, Nietzsche pretende se isolar. Irritado com a família, também recusou que Paul Rée lhe dedicasse sua nova obra, *O nascimento da consciência moral*, que será publicada em 1885. Esse ato sela a ruptura dos dois. Ainda assim, Nietzsche sente falta de Lou e vive em um estado depressivo que transparece no conjunto de suas cartas até abril. A partir de então, volta a se dedicar ao trabalho de *Assim falou Zaratustra* e começa a escrever o segundo livro. O efeito dessa atividade se faz sentir de imediato no tom de suas cartas, mais alegre e mais combativo. Ele retoma a troca de correspondência com a mãe e até aceita se reconciliar com a irmã, que revê em maio em Roma, durante uma estadia de cinco semanas.

No entanto, para se manter à altura de *Assim falou Zaratustra*, Nietzsche deve retornar a Sils-Maria, onde se estabelece do fim de julho ao começo de setembro. O entusiasmo dá lugar a um estado de tensão extrema; as fases de inspiração lhe parecem pôr sua própria vida em perigo: "Assim me ocorreu que acabarei provavelmente morrendo por semelhantes explosões e expansões do sentimento: que o diabo me carregue!".[57] Em uma carta de 26 de agosto a Peter Gast, Nietzsche começa a relevar uma inquietação que se tornará cada vez mais frequente em seus escritos (e que por muito tempo foi censurada nas edições): "O curioso perigo deste verão se chama para mim – não tenhamos medo desta odiosa palavra – loucura".

Não é apenas *Assim falou Zaratustra* que exaspera as forças de Nietzsche: trata-se também da obstinação de

Elisabeth, recém-reconciliada com o irmão, em caluniar Rée e Lou. O efeito imediato disso é uma série de cartas ou de rascunhos de cartas endereçados aos dois ex-amigos, em que se evidencia uma violência sem controle, que revela um equilíbrio psíquico que se tornou precário. Em meados de julho, escreve a Malwida:

> Tive um *péssimo* verão e ainda estou nessa situação. A odiosa história do ano passado mais uma vez se abateu sobre mim; e precisei ouvir *tantas* coisas, que elas me estragaram essa maravilhosa solidão da natureza e quase a transformaram em inferno. De acordo com tudo o que descobri *agora*, infelizmente *tarde demais!* – essas duas pessoas, Rée e Lou, não são dignas de limpar a sola dos meus sapatos – perdoe-me por essa imagem demasiado viril! Trata-se de uma grande lástima que esse Rée, fundamentalmente um mentiroso e um difamador dissimulado, tenha cruzado o caminho da minha existência. E quanta paciência, quanta piedade lhe demonstrei durante tanto tempo! "Não passa de um pobre rapaz, é preciso lhe dar um empurrãozinho!" – quantas vezes pensei assim, quando sua maneira deplorável e falsa de refletir e de viver me repugnava! Nunca esquecerei a raiva que senti em 1876, quando descobri que ele também viria para sua casa em Sorrento.[58]

No entanto, o retorno a Naumburg de um Nietzsche demasiado crédulo, de 5 de setembro a 5 de outubro, volta a desencadear os conflitos familiares. Fala-se cada vez mais de Bernhard Förster, que Elisabeth conheceu em Bayreuth. Wagneriano exaltado, ferrenho antissemita, ex-professor de secundário (dispensado por ter agredido um fabricante judeu), ele fundou em 1881 a *Deutscher Volksverein* (Associação do povo alemão), violentamente hostil aos judeus e cega pela ideia de pureza da raça germânica.

Förster logo mergulhará em um caso sórdido, suspeito de ligações com um grupo de nobres húngaros que praticaram um ritual de morte com um judeu. O processo de Tiszaeszlár, em 1884, não o acusa diretamente, mas o escândalo tem sobre sua reputação influência suficiente para que ele se veja obrigado a fugir, em fevereiro, para a América do Sul. Será o início de um projeto delirante de colônia ariana sobre as margens do Rio da Prata, que Förster tentará realizar alguns anos mais tarde, ao lado de Elisabeth, com quem se casa em 22 de maio de 1885.

Entretanto teremos tempo de voltar ao assunto e medir, na ocasião, a inabalável hostilidade de Nietzsche contra o antissemitismo. Exasperado que sua irmã tenha se apaixonado por tão lamentável indivíduo, Nietzsche retorna para Basileia e, em seguida, para Gênova. Os últimos meses de 1883 representam um período de depressão: muito sozinho, ávido por impressões novas, remói a perda de Lou:

> A verdadeira infelicidade deste ano e do anterior consistiu *stricto sensu* no fato de que pensei ter encontrado um ser que tivesse exatamente a mesma missão que eu. Sem essa crença prematura, não teria sofrido nem sofreria a esse ponto com o sentimento de isolamento, como ocorreu e como ocorre: pois estou e estava preparado a concluir sozinho minha viagem de descoberta. Contudo, tão logo alimentei uma única vez o sonho de não ficar sozinho, o perigo foi assustador. Ainda hoje há horas em que não posso me suportar.[59]

No começo de setembro, Nietzsche vai para Nice, onde passará seus quatro próximos invernos. Lá encontra certa calma e a força para trabalhar. No final de março de 1884, escreve a Malwida:

> Do modo mais singular, Nice é o único lugar *salutar* para minha cabeça (e até para meus olhos!) e me censuro por ter discernido isso tão tardiamente. Do que tenho necessidade em primeiro, segundo e terceiro lugares: um céu claro e sol *sem* o mínimo sinal de nuvem, sem falar do siroco, meu pior inimigo. Nice apresenta em média 210 dias desses que tenho necessidade: é debaixo desses céus que desejo fazer progredir a obra da minha vida, a obra mais árdua e mais farta de renúncias que um mortal possa se impor. – Não tenho ninguém para *examiná-la*: ninguém que saiba bastante o suficiente para me ajudar. É a forma de *minha* natureza, de viver modestamente sem falar acerca dos meus últimos projetos: e, além disso,

uma questão de sabedoria e de autoconservação. Quem não fugiria de mim?! – ao descobrir que espécie de deveres nascem da minha forma de pensar. A senhora também! A senhora também, minha honorabilíssima amiga! – eu destruiria uns e corromperia outros: *deixe-me*, pois, na minha solidão!!!⁶⁰

Em Nice, Nietzsche recebe a partir do Natal de 1883 a visita regular de Joseph Paneth, um jovem fisiologista vienense, judeu e amigo de Freud (que o cita em *A interpretação dos sonhos*). Ambos alimentam o mesmo desprezo pelo antissemitismo, que representa o tema principal de suas conversas. Paneth nutre verdadeira admiração pelo autor de *Assim falou Zaratustra* e pretende publicar um artigo sobre os dois primeiros livros acabados. Nietzsche, porém, não aceita, já imerso de corpo e alma no terceiro, que surgirá em 10 de abril. Sua exaltação é grande, e sua correspondência denuncia as primeiras manifestações de uma superlativa celebração pessoal que se tornará corriqueira até em *Ecce homo*. Ele escreve a seu velho amigo Erwin Rohde, em 22 de fevereiro de 1884:

> Meu "Zaratustra" está terminado, em três atos: você tem o primeiro, espero conseguir lhe enviar os dois outros entre quatro e seis semanas. Trata-se de uma espécie de abismo, algo espantoso, particularmente na felicidade. Tudo o que está lá dentro é meu, sem precedente, sem comparação, sem precursor; quem vivenciar essa experiência uma vez retorna ao mundo com outro olhar. Porém, não devemos falar disso. Só que para você, *homo literatus*, não posso conter uma confissão – com esse Z. imagino ter levado a língua alemã à perfeição.⁶¹

E, em 8 de março, revela a Overbeck:

> Não sei como cheguei a isso – mas é possível que *pela primeira vez* tenha me ocorrido um pensamento que divide a história da humanidade. Este Zaratustra é apenas um prólogo, um limiar – tive que buscar dentro de mim coragem, pois de todos os lados só vinha desânimo: a coragem de carregar esse pensamento!⁶²

Nietzsche se irrita de novo com a irmã, pois seu antissemitismo se torna cada vez mais insuportável. Por um efeito recorrente de gangorra, a hostilidade para com a irmã reforça proporcionalmente seu afeto e seus arrependimentos para com Rée e Lou, prova de que a responsabilidade pelo rompimento cabe sobretudo a Elisabeth. No começo de maio, escreve a Malwida:

> Estou arrependido em relação à carta *inumana* que lhe enviei no verão passado; essa revolta de indescritível hostilidade deixara-me simplesmente doente. Nesse meio-tempo, a situação mudou, no sentido de que rompi de modo radical com minha irmã: nem pense, por favor, em tentar uma intervenção e uma reconciliação – entre uma ignorante antissemita vingativa e mim, não existe *nenhuma* reconciliação. Por outro lado, emprego menor grau de moderação, porque sei que *coisas* podem ser ditas para desculpar minha irmã e que *coisas* se encontram por trás de seu comportamento tão indigno e tão insultante para *mim*: – a afeição. É de todo necessário que ela parta o mais rápido possível para o Paraguai –. [...] Enfim, cabe-me a desconfortável tarefa de reaver em certa medida, quanto ao dr. Rée e à srta. Salomé, o que minha irmã causou de mal [...]. Minha irmã reduz um ser tão rico e tão original à "mentira e sensualidade" – não vê em Rée e nela nada além de dois "velhacos"; é *contra isso* que agora se insurge de fato meu sentimento de justiça, sejam quais forem os bons motivos que eu tenha para estar profundamente ofendido pelos dois.[63]

Outra vez Nietzsche mensura sua solidão e busca novas amizades. Para ser mais exato, sente-se um mestre sem discípulos: "Espero tanto de mim mesmo que sou ingrato em relação ao que já fiz de melhor; e se não conseguir fazer milênios inteiros me reverenciarem, então, aos meus olhos, nada atingi. À espera – não tenho sequer um único discípulo".[64] E pensa novamente na possibilidade de fundar uma comunidade em que se reuniriam Rée e Lou...

Em abril, Nietzsche conhece uma jovem austríaca de 29 anos, estudante de filosofia: Resa von Schirnhofer, que passa dez dias em Nice, fazendo-lhe companhia. Ela se recordará de um homem afável e delicado, mas ainda capaz de chorar ao evocar Wagner e de assumir um aspecto assustador quando fala da revelação feita em *Assim falou Zaratustra*. Wagner continua atormentando os pensamentos de Nietzsche, como se pode ver em uma carta de 7 de abril a Overbeck, na qual explica que, apesar dos defeitos pessoais, Wagner e sua obra devem ser promovidos e defendidos, e que a relação entre sua própria filosofia e a arte de Wagner tem um significado cultural de primeira ordem, comparável ao que liga Beethoven e Goethe: "Em muitos aspectos, serei *herdeiro* de R. Wagner".[65]

A ligação com Bayreuth permanece em certa medida graças à nova amizade entre Nietzsche e o poeta wagneriano Heinrich von Stein, que quase o convencerá a assistir a *Parsifal* durante o verão de 1884. Apesar de seu wagnerismo, este poderia tornar-se um discípulo, e Nietzsche tentará unir seu destino ao dele, até que, no ano seguinte, Von Stein lhe propõe congregar uma comunidade wagneriana que se dedicaria de corpo e alma à exegese da obra do mestre. Nietzsche então romperá com o amigo e com as esperanças depositadas nele.

Uma rápida visita a Basileia preocupa Overbeck, que percebe Nietzsche desamparado, terrivelmente isolado, encontrando conforto apenas nas visões de seu *Assim falou Zaratustra*. Em julho, o encontro em Zurique com a historiadora feminista Meta von Salis, íntima de Malwida, e a admiração de Nietzsche pela nobreza dessa mulher excepcional não o consolam de seus males. De 16 de julho a 25 de setembro, retira-se pela terceira vez em Sils-Maria. Apesar das visitas de Resa von Schirnhofer e de Heinrich von Stein, Nietzsche permanece taciturno. Escreve a Overbeck em 23 de julho: "Estou afundado em meus problemas; minha doutrina segundo a qual o bem e o mal são apenas um mundo aparente e perspectivista é uma novidade tão grande que por vezes perco os sentidos".[66]

A angústia o leva a se reconciliar mais uma vez com Elisabeth. Graças às insistências da mãe, o irmão e a irmã se reencontram em Zurique no mês de outubro. Elisabeth sente-se à vontade o suficiente para lhe confidenciar seu noivado com Förster. Depois de uma estadia relativamente tranquila,

Nietzsche parte para Menton e Nice, onde começa o quarto livro de *Assim falou Zaratustra*. Não abandona a ideia de fundar uma comunidade de filósofos, mas não vê no horizonte uma única alma capaz de se unir a ele.

Após um inverno triste e rigoroso, Nietzsche encontra na Páscoa seu amigo Gast: permanece oito semanas em Veneza ao lado dele, mas se irrita com a inércia do músico, que sofre seus sucessivos reveses sem esboçar reação. Com ele, todavia, prepara as provas do livro IV, que é publicado na primavera de 1885, uma tiragem de quarenta exemplares por conta do autor. Em seguida, Nietzsche retorna a Sils-Maria: "De modo geral, Veneza foi uma tortura para mim; resultado: muita melancolia e muita desconfiança contra tudo o que comecei. No Norte foi um pouco melhor".[67]

Os quatro livros que compõem *Assim falou Zaratustra* são fruto de consideráveis e sempre ampliadas anotações, das quais Nietzsche guarda apenas a menor parte. Trata-se também de um resultado provisório, uma vez que em 1886 só publicará com Fritzsch, seu antigo editor recuperado, os três primeiros livros, destinando o quarto a abrir um novo conjunto de três livros. Esse quarto livro será publicado apenas em 1890, um ano após o colapso de Nietzsche, e o *Assim falou Zaratustra*, tal como o conhecemos, dois anos depois, por assim dizer de maneira póstuma.

> Não me perguntaram, deveriam ter me perguntado, o que justamente em minha boca, na boca do primeiro imoralista, significa o nome *Zaratustra*, pois o que constitui a monstruosa singularidade deste persa na história é precisamente o contrário disso. Zaratustra foi o primeiro a ver na luta entre o bem e o mal a verdadeira roda motriz na engrenagem das coisas – a transposição da moral para o metafísico, na condição de força, causa e objetivo em si é obra *sua*. Mas esta pergunta já seria, no fundo, a resposta. Zaratustra *criou* esse mais fatal dos erros, a moral: por consequência, ele também tem de ser o primeiro a *reconhecê-lo*. Não apenas que ele tenha neste ponto uma experiência maior e mais longa do

> que qualquer outro pensador – pois a história inteira já é a refutação experimental da sentença, da sentença da assim chamada "ordem moral universal" –: mais importante é que Zaratustra é mais verdadeiro do que qualquer outro pensador. Sua lição, e só ela, tem a veracidade como sua mais alta virtude – isso significa o contrário da *covardia* do "idealista", que se põe em fuga diante da realidade; Zaratustra tem mais bravura no corpo do que todos os pensadores reunidos. Falar a verdade e *ser certeiro com as flechas*, essa é a virtude persa. – Vocês me compreendem?... A autossuperação da moral através da veracidade, a autossuperação do moralista em seu contrário – *em mim* – é isso que significa em minha boca o nome Zaratustra.[68]

Zaratustra sentiu, portanto, necessidade de descer para o meio dos homens a fim de lhes anunciar que Deus está morto, que o homem deve ser superado e que o super-homem deve chegar. Porém, não é ouvido pelo povo da cidade e precisa encontrar discípulos. Sua predicação lhe atrai companheiros que ele reúne no arquipélago das ilhas bem-aventuradas. Em seguida, retorna para a sua caverna, sedento de solidão e na expectativa de que a semente de sua palavra germine. Contudo, nessa altura se impõe a necessidade de revelar seu pensamento mais elevado, o do eterno retorno, e de superar a vergonha e o medo de anunciá-lo.

Volta assim para o meio dos homens e, no caminho, encontra nove personagens, representantes do "homem superior", oprimidos por valores supremos da cultura niilista, ávidos de morte, de consciência pesada, de ressentimento, de compaixão, de moral, de conhecimento. Reunidos na caverna de Zaratustra, imaginando ter compreendido o seu ensinamento, devotam-se então a seu novo ídolo: o burro que sempre diz sim. Não obstante, não se trata disso o estabelecimento de novas tábuas. Zaratustra, condoído pelos homens superiores, afasta-se deles e se reúne com seus animais, a águia, a serpente e o leão. Ao lado deles, e banhado pelo sol que desponta, compreende a identidade do meio-dia e da meia-noite, a eternidade do instante e o seu retorno eterno. É então sua aurora, seu grande dia, seu grande meio-dia que se erguem para ele.

O ensinamento do super-homem foi para Nietzsche uma maldição: maculado por todos os fantasmas eugenistas, raciais, totalitários da Alemanha futura que se delineia, a voz que o anuncia quase se tornou inaudível para nós. Entretanto, é o resultado de uma gradação que tem sua origem nas figuras anteriores do filósofo extemporâneo e depois do espírito livre. É a ponta extrema de um tipo cultural descarregado de todos os fardos do idealismo niilista colocados sobre os ombros do homem moral.

Para Nietzsche, "o homem" não é um tipo universal, mas psicológico, fisiológico, que se cristalizou historicamente sob o efeito da cultura concebida como lenta fixação de valores. A crítica dos valores morais conduzida por Nietzsche deve abalar sua estrutura a ponto de derrubá-la e de deixar o campo livre para a criação de novos valores: logicamente outros valores devem algo além do homem. O super-homem é um processo de metamorfoses do espírito, como indica a célebre parábola do início de *Assim falou Zaratustra*: o espírito se torna a princípio camelo, portador paciente e resistente dos mais pesados fardos de valores, e em seguida se torna leão, que se liberta rugindo do fardo da moral e conquista a liberdade: "você deve" passa a ser "eu quero".

No entanto, ele deve ainda se tornar criança, pois só a criança pode criar valores novos: "A criança é inocência e esquecimento, um recomeço, uma brincadeira, uma roda girando por si só, um movimento inicial, um 'sim' sagrado".[69] Nós criamos Deus, nós o matamos, e só resta a moral, um céu de valores diáfano pesando sobre um mundo desértico: o homem deve ir até o final de seu niilismo, querer seu próprio fim. Será então o último homem, que será superado a partir do instante que advenha um novo pensamento, uma conversão radical, uma criação *ex nihilo*, para ser mais exato: o mundo girando sobre ele mesmo, sem exterioridade, afirmando-se a si mesmo como brincadeira eterna, em uma eterna inocência do vir a ser, sem objetivo, sem finalidade, voltando eternamente a si mesmo por amor-próprio, por autoconsentimento. Diante de semelhante pensamento, como o homem permaneceria o que é? É possível que o super-homem seja... uma criança?

Nietzsche não tem mais escolha; ao atingir o ponto extremo da destruição das antigas tábuas, deve se deixar revelar uma nova lei, uma nova aliança. Em Sils-Maria, contempla e escuta o mundo, que lhe revela uma *visão*. Ele se encarrega assim de desobedecer às fronteiras entre a filosofia e a mística: "O verdadeiro objetivo de toda forma de filosofar, a *intuitio mystica*".[70] *Assim falou Zaratustra* é o relato iniciático dessa revelação, da dificuldade existente para recebê-la e sobretudo para expressá-la, é a dramatização – tragédia e paródia incluídas – do que Nietzsche concebeu como tentativa de anunciar uma doutrina positiva.

Assim falou Zaratustra tornou Nietzsche célebre, contribuindo a dar ao seu pensamento um caráter esotérico, a arrancar o filósofo da longa história do tratado filosófico para colocá-lo ao lado dos poetas e dos profetas, e até dos fundadores de religião, tal como Zaratustra, que fundou no começo do primeiro milênio a.C. o zoroastrismo dos antigos persas. É que *Assim falou Zaratustra* toma de empréstimo os caminhos da parábola, alternando entre narrativa e discurso, canto e fábula, alegoria e ditirambo.

A linguagem – em que ressoam o eco da Bíblia no alemão de Lutero, os arcaísmos e os neologismos, as sonoridades quase wagnerianas – está em ruptura com a linguagem conceitual consagrada pela filosofia europeia. Nietzsche, que desde os anos 1870 reconsidera a própria veracidade da linguagem, desmascarada sob os conceitos das metáforas, por trás das metáforas a apropriação artística de um mundo que não é nada sem a interpretação e a tradução que se faz dele perpetuamente, busca aqui uma linguagem inaudita para pensamentos ainda impensáveis. Dessa maneira, seu modelo é musical e mais precisamente sinfônico, como ele revela em especial a Peter Gast: "Em que categoria esse 'Zaratustra' deve ser classificado? Acreditaria quase que entre as sinfonias".[71]

Se *Assim falou Zaratustra* não se tornou o ápice da poesia alemã e não correspondeu às expectativas de Nietzsche – que pensava ter deixado Goethe e Shakespeare, Dante e o *Veda* bem atrás de si –[72], isso se deve ao fato de que essa obra é um *Versuch*, tentativa e tentação, experimento e provação. Zaratustra testa e busca os meios de transmitir o que não é – ou ainda não é – transmissível. Testa e busca o ouvido capaz de escutar algo ainda inaudível. E, como todos os profetas, não possui o que anuncia, porque o que sua boca deve comunicar é demasiado grande não só para os que o escutam, mas também para ele próprio. Acontece com ele de querer afastar o cálice, de ser tomado do maior desespero, do maior *desgosto*, pois isso de que Zaratustra se faz o portador é um imenso fardo que deve conseguir revelar sem ficar vexado:

> A agulha avançava, o relógio de minha vida tomava fôlego – jamais ouvi semelhante silêncio ao redor de mim: a ponto de meu coração estremecer.
> Então algo me falou com um fio de voz: "Você o sabe, Zaratustra?".
> E gritei aterrorizado diante desse murmúrio e o sangue se esvaiu do meu rosto: mas permaneci calado.
> Então algo me falou de novo com um fio de voz: "Você o sabe, Zaratustra, mas não o diz!".
> E respondi como provocando: "Sim, eu o sei, mas não quero dizê-lo!".
> Então novamente algo me falou com um fio de voz: "Você não quer, Zaratustra? Isso é verdade? Não se esconda atrás de sua provocação".
> Eu chorava e tremia como uma criança e dizia: "Ah! eu gostaria, mas como poderia? Poupe-me dessa tarefa! Está além de minhas forças!".[73]

A doutrina do eterno retorno é o pensamento seletivo por excelência, aquele a que o espírito pode anuir para atingir a mais elevada liberdade e a maior leveza, mas também sucumbir sob seu peso terrível. A revelação disso remonta ao verão de 1881, em Sils-Maria: "Seis mil pés acima do mar e bem mais alto ainda, para além de todas as coisas humanas!".[74] Nietzsche guarda o segredo com zelo e só o revela para Lou no verão seguinte, durante a estadia em Tautenburg. Ela escreverá em 1894:

> De fato, ele considerou este pensamento, desde aquela época, como uma fatalidade inevitável que buscava "transformá-lo e triturá-lo"; lutou a fim de ter a coragem necessária para confessá-lo a si mesmo e para revelá-lo aos homens em toda a sua amplitude, como uma verdade irrefutável. Nunca poderei esquecer as horas em que ele me confiou este pensamento pela primeira vez, como um segredo cuja averiguação e comprovação lhe causavam um horror indescritível: fez isso em voz baixa e com os manifestos gestos do mais profundo terror. E, na verdade, a existência o fazia sofrer de maneira tão cruel que a certeza do eterno retorno da vida devia ser para ele algo atroz.[75]

Há que se perguntar por que Nietzsche tem *necessidade* desse pensamento tão estranho que consiste em afirmar que cada coisa e todo instante retornarão perfeitamente idênticos uma infinidade de vezes. A princípio, tal pensamento exprime a recusa radical de qualquer teleologia: sem começo, sem fim, sem progresso, sem razão na história ou sem avanço no espírito. É preciso uma absoluta necessidade que, contudo, não seja uma ordem, uma necessidade do próprio caos. Trata-se de acaso? O acaso em si só pode ser chamado de "acaso" como correlato de uma concepção determinista no todo; o acaso só tem sentido em sua oposição à necessidade. Ora, convém afirmar a necessidade do próprio "acaso".

Por outro lado, sem teleologia, não há nem Criação nem Fim do mundo. Trata-se de pensar uma eternidade imanente, eternidade deste mundo que não seria, relegada a uma simples imortalidade, dependente de nenhum Além. Ora, para Nietzsche, só se pode falar da eternidade deste mundo, infinitamente imanente, em relação à sua repetição, em forma de círculo, e não de flecha do tempo.

Ocorre a Nietzsche querer justificar o pensamento do eterno retorno por uma teoria física das forças; ele a busca entre aquelas dos cientistas do tempo que afirmam uma conservação global da energia. Um fragmento da época primavera-outono de 1881 articula assim teoria física, condição humana e desafio para o pensamento:

O mundo das forças não sofre diminuição alguma: pois do contrário teria se enfraquecido e aniquilado ao longo do tempo infinito. O mundo das forças não sofre imobilidade alguma: pois do contrário essa imobilidade teria sido alcançada, e o relógio da existência teria parado. Assim, o mundo das forças nunca atinge o equilíbrio, nunca tem um instante de repouso, sua força e seu movimento são de uma grandeza igual o tempo todo. Seja qual for o estado que o mundo *possa* alguma vez alcançar, é preciso que ele o tenha alcançado e não uma só, mas inúmeras vezes. Assim como este próprio instante: ele já se produziu uma e inúmeras vezes, e retornará igual, com todas as forças distribuídas exatamente como agora; e o mesmo vale para o instante que gerou este e para aquele que será o filho do instante atual. Homem, sua vida inteira será virada de novo e sempre como areia de ampulheta, e de novo e sempre ela se escoará – um longo minuto de intervalo até que todas as condições, a partir das quais você mesmo veio a ser, reúnam-se outra vez no curso circular do mundo. E então você verá retornando cada dor e cada prazer, cada amigo e cada inimigo, cada esperança e cada erro, cada capim e cada raio de sol, a inteira ligação de todas as coisas como em uma corrente. Esse elo, em que você não passa de um grão, não para de brilhar de novo. E em cada elo da existência humana, falando de modo geral, sempre é chegada uma hora em que – primeiro a um só, em seguida a vários, depois a todos – se revela o mais poderoso pensamento, o do eterno retorno de todas as coisas – e a cada vez é para a humanidade a hora de *Meio-dia*.[76]

Pouco importa que Nietzsche tenha ou não acreditado que podia justificar o eterno retorno pela ciência física (que, no entanto, ele sabe incapaz de escapar de uma concepção mecanicista do mundo), o mais importante é *anunciar* um pensamento de todas as maneiras que possam permitir sua assimilação, sua incorporação. Isso porque, do mesmo modo que afirmou que o tipo humano é fruto da incorporação de erros fundamentais, de paixões como a do conhecimento ou a da verdade, Nietzsche elabora no momento uma estratégia perigosa que consiste em ensinar uma nova doutrina, também ela talvez um erro fundamental, mas um erro vital para outra forma de vida:

> *O novo centro de gravidade*: o eterno retorno do mesmo. A infinita importância de nosso saber, de nosso comportamento, de nossos hábitos e maneiras de viver, para tudo o que está por vir. O que fazemos do resto de nossa vida – nós, que passamos a maior parte dela na mais absoluta ignorância? *Ensinamos a doutrina* – é o mais poderoso meio de *incorporá-la* a nós mesmos. Nosso gênero de felicidade, como doutor da maior doutrina.[77]

Nietzsche busca um pensamento que possa transformar ele próprio, depois alguns, depois todos, lentamente, durante milênios. Tudo demora, nenhuma religião é repentina, toda incorporação é extremamente vagarosa. Eis por que esse pensamento será a princípio pesado, indigesto, como um novo fardo:

> O pensamento do eterno retorno e a crença nesse retorno criam um peso que oprime e pesa mais do que quaisquer outros. Você diz que o alimento, o lugar, o ar, a sociedade modificam e determinam a sua pessoa? Ora, suas opiniões o fazem mais ainda, pois essas o determinam a escolher tal alimento, tal lugar, tal ar, tal sociedade. – Se você incorporar o pensamento dos pensamentos, ele o modificará. A questão que deve colocar para tudo o que pretende fazer – "Eu gostaria disso a ponto de querer fazer inúmeras vezes?" – constitui o *mais importante* peso.[78]

Trata-se de impor uma "crença", uma "opinião", um "pensamento". Nietzsche entra em conflito direto com outros imperativos morais, como, por exemplo, o preceito cristão "Amai o próximo como a ti mesmo" ou o imperativo categórico kantiano "Age de tal forma *que a máxima da tua vontade* possa sempre valer como princípio de uma legislação universal".[79] Há em Nietzsche uma estratégia que imita o preceito religioso ou a lei moral, mas os frustra, tornando impossíveis qualquer religião e qualquer moral que já existiram até então.

Nietzsche testa um novo "imperativo categórico", expresso de maneira magistral, mas prudente, no parágrafo 341 de *A gaia ciência*. Assim, reinterpreta as grandes formas da decisão filosófica, como as do demônio socrático, da aposta pascaliana ou do gênio maligno cartesiano:

> *O fardo mais pesado* – O que você diria se um dia ou uma noite um demônio escorregasse até a sua mais recôndita solidão e dissesse: "Esta vida, como a vive agora e como a viveu, você deverá vivê-la mais uma e inúmeras vezes; e nela nada haverá de novo, salvo que cada dor e cada prazer, cada pensamento e cada suspiro e tudo o que há de indescritivelmente pequeno e grande em sua vida hão de retornar para você, na mesma ordem e sequência – esta aranha também, e este luar entre as árvores, e este exato instante e eu próprio. A eterna ampulheta da existência não para de ser virada de novo e você com ela, ó, grão de poeira da poeira!". – Você não se lançaria ao chão, rangendo os dentes e amaldiçoando o demônio que lhe falasse desse modo? Ou ocorreria um instante formidável na sua vida, em que poderia responder: "Você é um deus e nunca ouvi coisas mais divinas!". Se esse pensamento imperasse dentro de você, transformaria seu ser, fazendo dele, tal como é, outro, talvez o aniquilando: a questão diante de tudo e de cada coisa – "Você gostaria disso mais uma e inúmeras vezes?" – pesaria como o fardo mais pesado sobre seu agir! Do contrário, quanto você não precisaria testemunhar de benevolência, para consigo mesmo e para com a vida, a fim de não *desejar mais nada* além dessa última, eterna confirmação, dessa última, eterna sanção?[80]

O pensamento do eterno retorno atinge os confins do pessimismo, até um ponto extremo em que se vira e a negação se converte em afirmação. No parágrafo 56 de *Além do bem e do mal*, Nietzsche descreverá essa reviravolta:

> Quem, semelhantemente a mim, com algum desejo enigmático, se esforçou longamente por pensar a fundo o pessimismo e salvá-lo da estreiteza e da simplicidade meio cristã, meio alemã com a qual ele recentemente se apresentou neste século, ou seja, em forma de filosofia schopenhaueriana; quem

realmente olhou ao menos uma vez com um olho asiático e mais que asiático para o interior e para o fundo desse modo de pensar que, dentre todos os modos de pensar possíveis, é o que mais nega o mundo – além do bem e do mal, e não mais, como Buda e Schopenhauer, sob o encanto e na ilusão da moral –, esse talvez tenha, precisamente com isso, sem que propriamente o quisesse, aberto os olhos para o ideal contrário: para o ideal do homem mais pleno de alegria, mais vivo e mais afirmador do mundo, que não somente aprendeu a contentar-se e suportar aquilo que foi e que é, mas que o quer novamente *tal como foi e é*, por toda a eternidade, exclamando insaciavelmente *da capo*, não apenas para si, mas para a peça e o espetáculo inteiros, e não somente para um espetáculo, mas no fundo para aquele que justamente precisa desse espetáculo – e faz com que ele seja preciso: pois ele sempre precisa de si outra vez – e faz com que seja preciso – – O quê? E isto não seria – *circulus vitiosus deus?*[81]

O super-homem e o eterno retorno não são noções fixas e definitivas, um conteúdo estável a se classificar entre a lista dos "conceitos dos grandes filósofos". Mais uma vez, Nietzsche faz uma tentativa que leva o mais longe possível; porém, depois de *Assim falou Zaratustra*, tem necessidade de um profundo reajuste. Há ao menos duas razões para tanto: em primeiro lugar, super-homem e eterno retorno baseiam-se, como veremos, em uma hipótese que os implica e os pressupõe – a da vontade de poder. Em segundo, sob a forma extrema da visão e da revelação, Nietzsche não pode esperar se fazer entender; não está seguro de poder entender a si mesmo, como confessa a Overbeck:

> Muito fortalecido por sua carta e muito tranquilo: pois neste meio-tempo me ocorreu a suspeita de que você bem poderia tomar o autor do Z[aratustra] por maluco. O perigo que corro na verdade é enorme, mas não esse tipo de perigo: muito mais o de saber se sou a esfinge que indaga ou o célebre Édipo que é indagado – de modo que tenho duas chances para o abismo. Isso agora vai seguir seu curso.[82]

Em sua correspondência da época se revela, de fato, diversas vezes, o receio de se tornar louco. Entretanto, há que se trabalhar, continuar sua tarefa. O tempo urge. E a obra a seguir deve encontrar os meios de se fazer entender. Depois de *Assim falou Zaratustra*, Nietzsche registra o principal perigo que ameaça agora sua missão:

> Quase todo o dia, dito duas, três horas, mas minha "filosofia", se tenho o direito de chamar assim o que me maltrata até as profundezas de meu ser, não é mais comunicável, pelo menos sob forma impressa.[83]

Por que eu sou um destino
(1885-1889)

A incomunicabilidade crescente da obra encontra um eco surdo no isolamento da vida privada. Em suas cartas da primavera de 1885, Nietzsche revela um desânimo profundo, que vai da convicção de que nunca se casará à desilusão com qualquer amizade, do medo de se tornar louco à ideia de suicídio. O casamento da irmã com Bernhard Förster, em 22 de maio, suscita em Nietzsche um sentimento dividido. Desde Veneza, ele dá desculpas para suas ausências. Embora tenha dado mostras de tato diante de Elisabeth, nutre um soberbo desprezo pelo agitador antissemita que ela escolheu.

Recordamo-nos que a moça conhecera Förster em Bayreuth durante o verão de 1882. E, de fato, o professor é um ardente wagneriano. Hoje tendemos a esquecer o quanto a Alemanha dos anos 1880 se dividiu em dois campos brutalmente opostos: os wagnerianos e os antiwagnerianos. Essa divisão vai muito além apenas do gosto musical para se estender a uma ideologia da cultura alemã em todos os seus desdobramentos políticos e sociais.

Entre os wagnerianos, Bernhard Förster sem dúvida não é o mais conhecido, embora seja um dos mais engajados e talvez o mais delirante. Nascido em 1843, Förster estudou história, alemão e línguas clássicas em Berlim e Göttingen. Participou da Guerra Austro-Prussiana de 1866, depois da Guerra Franco-Prussiana de 1870, que lhe valeu a cruz de ferro. Após a unificação do Reich, deu aulas em Berlim, no Friedrich-Gymnasium, e na Escola de Artes. Nessa época, desenvolveu sua predileção acentuada pela música. Após se tornar membro da Associação Wagneriana de Berlim, ministrou uma conferência sobre "Richard Wagner, fundador do estilo nacional alemão". Publicado no *Bayreuther Blätter*, esse texto apresenta Wagner como o pioneiro de um renascimento da antiga cultura alemã: mais ainda do que sua música, é sua pessoa que Förster venera como a encarnação do "espírito alemão".

Em um ensaio de 1883, reeditado três anos mais tarde, Förster tenta extrair da vida do mestre os elementos de uma moral nova, e até mesmo seu vegetarianismo e seu amor pelos animais valem como exemplos da virtude alemã. Porém, Förster desenvolve sobretudo uma ideia da renovação cultural alemã que passa pelo retorno aos valores arianos "originais" e que faz – naturalmente – do judeu o inimigo hereditário do Reich, o parasita da nação. Esquecendo que o próprio Wagner manifestara, no final de sua vida, certa prudência e evitara expressar publicamente seu antissemitismo, Förster imputa ao judaísmo todos os lamentáveis clichês que logo representarão os anos dourados do nazismo. Assim, fantasia uma "Alemanha ideal" que chama de "Neu-Germania" e a qual se opõe em todos os pontos à Alemanha real, corrompida, contagiada pelo vício e pelos judeus:

> Eu vi o quanto, a cada ano, milhares de pessoas se afastavam de sua pátria não porque quisessem [...] mas porque precisavam, porque o infortúnio material ou moral lhes tornara a vida na Alemanha impossível, [...] porque, enfim, aqueles que talvez ainda tivessem a coragem passiva de se sacrificar sentiam-se na obrigação de estabelecer seus filhos em uma atmosfera mais sadia e moralmente mais pura e de cumprir a missão que se tornou a mais difícil nos dias de hoje na Alemanha: fazer de rapazes, homens, de moças, mulheres.[1]

Essa convicção, expressa em uma obra sobre colônias alemãs no Paraguai, deveria levar a uma solução prática: a emigração. Em 2 de fevereiro de 1883, Förster embarca pela primeira vez para a América do Sul. No Paraguai, estuda a fauna e a flora, os costumes dos indígenas e visita a colônia alemã de San Bernardino, cujo "sucesso" o encoraja a continuar sua missão. De volta em março de 1885, casa-se então com Elisabeth em 22 de maio (mesma data da morte de Wagner, dois anos antes) e demonstra impaciência para retornar ao Paraguai a fim de fundar pessoalmente uma colônia: vinte famílias alemãs deverão investir seu capital no projeto, formar uma sociedade e praticar a agricultura ou a indústria de pequeno porte. Em 15 de fevereiro de 1886, Förster embarcará de novo para o Paraguai, dessa vez acompanhado da esposa: é chegada a hora de pôr em prática a Neu-Germania.

Em suas cartas, Nietzsche demonstra sempre extrema cortesia para com Förster (mantém a mesma atitude também durante o único encontro entre eles, em 15 de setembro de 1885), embora com ligeira ironia. À irmã, ele dá com prudência todos os incentivos possíveis, tranquiliza-a e deseja sua felicidade. Contudo, em 7 de fevereiro de 1886, cinco dias depois da partida do casal, ao receber da irmã uma carta propondo que se junte a eles, Nietzsche não se contém mais e se mostra mais sincero:

> Minha querida lhama,
> Sua proposta, encantadora e divertida, acabou de chegar e, se ela pudesse servir para causar ao seu marido uma boa impressão de um incorrigível europeu e anti-antissemita, de seu anticonformista irmão, desse indolente Fritz (ainda que com certeza haja mais o que fazer do que se "preocupar" comigo), gostaria de seguir os passos da srta. Alwinchen e lhe pedir, com insistência, para que você faça de mim, nas mesmas condições e circunstâncias, um proprietário sul-americano [...]. Vamos falar com seriedade: enviaria tudo o que tenho se isso pudesse contribuir para trazê-la de volta o mais breve possível. No fundo, todas as pessoas que amam e conhecem você concordam que seria três mil vezes melhor que você fosse poupada dessa experiência. Mesmo que esse país se encontrasse adaptado para uma colonização alemã, ninguém concederá que vocês, justamente vocês, deveriam ser os colonizadores; isso parece mais do que arbitrário, perdoe-me pela expressão, e além de tudo perigoso, ainda mais para uma lhama acostumada a uma cultura clemente em que pode prosperar e saltitar.[...] Permanecemos mais bonitos e rejuvenescidos quando não experimentamos nem raiva nem ódio –. Enfim, sempre me parecerá que sua própria natureza se mostraria mais útil aqui do que onde está para uma verdadeira aspiração ao germanismo: precisamente como esposa do

> dr. Förster, que, como senti outra vez ao ler seu ensaio sobre educação, tem vocação natural para se tornar diretor de um instituto como Schnepfenthal – e não, perdoe seu irmão, para ser um agitador em um movimento majoritariamente malvado e sujo [...]. [I]sso revela, penso eu, o quanto a lhama saltitou para fora da tradição de seu irmão: – nós não nos alegramos mais com as mesmas coisas. – mas comentar tudo isso não leva a nada, a vida é uma experiência, podemos fazer o que bem entender dela e pagamos um preço muito alto: avante, minha querida lhama! E boa sorte para o que foi decidido![2]

A insistência com que Nietzsche faz questão de marcar suas diferenças com Förster decorre do fato de que, por um pérfido mal-entendido que terá vida longa, os antissemitas wagnerianos buscam recuperar o filósofo: *O nascimento da tragédia* não tinha alguns tons "em comum" com as elucubrações do cunhado? Nietzsche também não tinha depositado em Wagner todas as suas esperanças de renovação do espírito alemão? A união entre Förster e Elisabeth confirmava naturalmente suas afinidades. Afinidade presumida também com o editor Schmeitzner, notório antissemita, que permanece, apesar dos conflitos com o filósofo, proprietário dos direitos da obra. Essa confusão indigna não deixará de causar preocupação a Nietzsche. Em 26 de dezembro de 1887, depois de ler seu nome na revista *Correspondência antissemita*, explodirá de raiva em uma carta à irmã:

> A separação entre nós assim se confirmou da maneira mais absurda. Então você nada compreendeu de por que estou no mundo? Quer um catálogo das minhas ideias assim como das minhas antípodas? Você as encontra lado a lado nos "Ecos de P[arsifal]" de seu esposo; quando o li, fiquei com os cabelos em pé ante a ideia de que você nada, absolutamente nada compreendera da minha doença, e tão pouco da minha dolorosa e surpreendente experiência – que o homem que mais venerei degenerou da forma mais repugnante e passou para o lado de tudo o que mais desprezo, para o abismo dos ideais cristãos e morais. – Agora, é chegada a hora em que devo me defender com unhas e dentes da confusão com a corja

> antissemita; uma vez que minha própria irmã, minha ex-irmã, como recentemente também Widemann, estimulou essa confusão, a mais infeliz de todas. Após ler na Correspondência antis[semita] o nome de Z[aratustra], minha paciência chegou ao fim. – Estou agora agindo em legítima defesa contra o partido de seu esposo. Essas malditas focinheiras de antissemitas não devem ter contato com o meu ideal!! Que nosso nome seja envolvido nesse movimento devido ao seu casamento, mas que eu não sofra por conta disso! Nesses seis últimos anos, você perdeu todo o juízo e toda a consideração. Céus, como isso é difícil para mim! Como convém, nunca exigi de você que [compreendesse] algo da posição que ocupo na minha época como f[ilósofo]; no entanto, com um pouco de intuição e de amor, você poderia ter evitado se estabelecer justamente entre minhas antípodas. Minha opinião sobre irmãs é agora quase a mesma de Sch[openhauer] – elas são supérfluas e beiram o contrassenso.[3]

No outono de 1885, Nietzsche inicia disputas judiciais contra Schmeitzner a fim de recuperar seus exemplares e obter indenização. O editor jurou quatro vezes anuir ao pedido de Nietzsche, mas só salda o pagamento em outubro. Contudo, conserva os direitos autorais e suspende uma segunda edição de *Humano, demasiado humano*. Com o dinheiro de Schmeitzner, Nietzsche compra uma imponente placa de mármore para o túmulo de seu pai. Esse ato, realizado sem estardalhaço, deixa transparecer o quanto a lembrança do pai, falecido de maneira prematura, ainda marca profundamente o filho.

De modo geral, o verão de 1885 revela certa nostalgia do passado. Assim, as leituras de Nietzsche nesse período o remetem para a época de Basileia. Lê o filósofo Gustav Teichmüller, professor da Universidade de Basileia de 1868 a 1871, ou o schopenhaueriano Philippe Mainländer, que se suicidou em 1876. Ademais, no momento de começar os rascunhos do que se tornará *Além do bem e do mal*, Nietzsche tem a sensação de iniciar a quinta de suas *Considerações extemporâneas*, retomando assim um projeto abandonado dez anos antes. Em breve, a reedição de seus títulos anteriores, ampliados por novos prólogos, fará parte também dessa postura retrospectiva.

Em 15 de setembro, Nietzsche troca Sils-Maria por Naumburg (onde conhece seu cunhado), em seguida Leipzig, onde aguarda a sentença do caso Schmeitzner. Depois, torna a partir para o sul: Munique, Florença e, por fim, Nice, no final de novembro. Trata-se de um período de intenso trabalho. A última parte de *Assim falou Zaratustra* já acusara a necessidade de superar o tom profético em prol do sarcasmo: rir do patético dos "homens superiores" é uma missão sagrada, e a crítica de todos os valores está apenas começando. *Além do bem e do mal* deve ser uma obra de destruição, de transvaloração de todos os valores. *Ecce homo* recorda isso, ressaltando uma vez mais a solidão dessa missão:

> A tarefa para os anos seguintes estava traçada de maneira tão rigorosa quanto possível. Depois que a parte afirmativa da minha tarefa estava encaminhada, chegou a vez da metade negativa, da que *não faz*: a transvaloração de todos os valores existentes até agora, a grande guerra – a invocação de um dia da decisão. E nisso está incluída a busca vagarosa de aparentados, de pessoas que poderiam me oferecer sua mão forte na *obra da destruição*. – De então em diante todas as minhas obras são anzóis: talvez eu me entenda como sendo alguém a pescar?... Quando não foi possível *fisgar* nada, a culpa não foi minha. *Não havia peixes...*[4]

O rigor de uma tarefa traçada com antecedência, sobre a qual insiste *Ecce homo*, não deve levar, no entanto, a acreditar em uma progressão linear. Nietzsche não deixa de trabalhar por camadas sobrepostas, por retomadas, fazendo comentários e prenúncios de efeito: do mesmo modo que *Assim falou Zaratustra* era um "limiar" de sua filosofia[5], *Além do bem e do mal* será, como indica o subtítulo da obra, o "prelúdio a uma filosofia do futuro". Por outro lado, com esse novo livro, Nietzsche pretende "dizer as mesmas coisas que [seu] Zaratustra, mas de maneira diferente, bem diferente".[6]

Assim, a obra se desenvolve em círculos como crítica da crítica, prelúdio a um prelúdio, sem nunca atingir, ao que parece, um corpo de doutrina constituído. Não há aí carência ou fracasso, mas a própria afirmação do estatuto da consciência, interpretação e não explicação, perspectiva sobre a vida e não fundamento do ser, experimentação prática e não especulação teórica. A primeira parte, "Dos preconceitos dos filósofos", serve justamente para deslocar o problema, para reconsiderar toda a pretensão filosófica de dizer objetivamente o verdadeiro e o bem e para querer ainda prová-lo. Por trás de qualquer filosofia, há uma coorte de preconceitos não interrogados, de intuições tácitas, de preferências inconfessadas, porque o essencial não é a verdade – uma casca vazia –, mas o *valor* da vontade de verdade.

Nisso, Nietzsche continua sua tarefa com a mais drástica consequência desde o pequeno texto de 1873, *Verdade e mentira no sentido extramoral*. Em todo conhecimento, Nietzsche desmascara uma atividade instintiva, um sistema inconsciente de atrações e repulsões, um *sim* e um *não*. Para ele, portanto, a filosofia não é mais uma esforço de rejeição, argumento por argumento, competição pelo verdadeiro e pelo bem: é um questionamento dos valores que subentendem secretamente qualquer argumento, qualquer prova, qualquer representação, e que revelam sua origem pulsional. Eis por que a transvaloração dos valores em curso desde milênios – a *crença* na verdade e o bem em si, ficções hostis à vida – é uma tarefa prática, pois se trata de tentar a introdução, a incorporação (também um processo milenar) de novos valores afirmativos da vida. O sentido de um tipo se delineia com força em *Além do bem e do mal* e dá continuidade ao espírito livre e ao super-homem: o "filósofo do futuro". Esse criador de novos valores, esse legislador que será levado a praticar um *cultivo* da humanidade, isto é, a incorporar em sua carne e em seu sangue novas formas de pensar e de sentir, é a antípoda da modernidade. Em *Ecce homo*, Nietzsche recorda o alcance de *Além do bem e do mal*:

> Esse livro (1886) é, em tudo que ele tem de essencial, uma *crítica da modernidade*, incluídas as ciências modernas, as artes modernas e até mesmo a política moderna; ao lado da indi-

cação de um tipo-antítese, que é tão pouco moderno quanto possível, um tipo nobre, um tipo afirmativo. No último dos sentidos, o livro é uma *escola do gentilhomme*, tomando-se o conceito de maneira mais espiritual e *mais radical* do que jamais foi admitido. A gente tem de ter coragem no corpo até para conseguir suportá-lo, não se pode ter aprendido o medo... Todas as coisas das quais a época se orgulha são sentidas como objeção a esse tipo, quase como se fossem maus modos; a famosa "objetividade", por exemplo, a "compaixão por tudo o que sofre", o "sentido histórico" com sua sujeição ante o gosto estranho, com sua prostração ante *petits faits*, a "cientificidade".[7]

A modernidade é marcada por duas séries de características principais. Por um lado, a crença no "em si", que absolutiza o verdadeiro e o bem, os coisifica e os opõe à própria vida em prol do objetivo, do universal, do substancial – ora, a vida nada é senão o subjetivo, o particular, o acidental. Por outro, a recusa instintiva de toda hierarquia e de todo sofrimento – seus corolários sendo a crença na igualdade e a valorização da compaixão –, ora, a vida é simultaneamente processo de hierarquização permanente e afirmação contínua do sofrimento como estimulante.

"A vida" parece, portanto, o critério pelo qual Nietzsche pode fundar sua crítica dos valores em uso, mas é preciso a princípio compreender o que ele entende por "vida", que não passa ela mesma de um caso específico de um processo mais amplo e mais "essencial". Se a filosofia de Nietzsche não é – como às vezes se lê – um vitalismo, isso decorre antes de tudo porque ela submete a própria noção de vida a uma instância que a funda: a hipótese da *vontade de poder*.

Patrick Wotling ressaltou a "disciplina metodológica" que conduz o modo de pensar nietzschiano: o rigor filológico na leitura ou a interpretação da realidade obriga a se ter uma "posição de economia metodológica".[8] Por toda parte Nietzsche pôde revelar uma atividade pulsional, até mesmo nas esferas mais elevadas da consciência e da cultura. Por toda parte reconheceu instintos múltiplos que tentavam comandar, outros, obedecer, combinar-se em uma hierarquia comparável à organização social. Por toda parte na "realidade" ele leu certo estado de equilíbrio das forças, no "fato" o resultado de um conflito e de uma vitória. Portanto, é uma demonstração de integridade levar a hipótese às suas mais drásticas consequências, reduzir a interpretação de tudo o que é "dado" a um princípio minimalista, evitando assim a multiplicação abusiva de causas heterogêneas. Essa hipótese é a da vontade de poder, como princípio do conflito, da ordenação e da hierarquização das forças, pulsões ou instintos que produzem toda "realidade". Convém citar *in extenso*, pelo caráter decisivo, o parágrafo 36 de *Além do bem e do mal*:

> Supondo que nenhuma outra coisa seja "dada" como real a não ser o nosso mundo de apetites e paixões, que não possamos descer ou subir a nenhuma outra "realidade" a não ser justamente à realidade de nossos impulsos – pois pensar é apenas um modo de comportar-se desses impulsos uns em relação aos outros –: não seria permitido fazer a experiência e perguntar se isso que é dado não *bastaria* para compreender, a partir de algo semelhante, também o assim chamado mundo mecânico (ou "material")? Não me refiro a compreendê-lo como uma ilusão, uma "aparência", uma "representação" (no sentido de Berkeley e de Schopenhauer), mas como sendo da mesma categoria de realidade que têm nossos próprios afetos – como uma forma mais primitiva do mundo dos afetos, no qual ainda se encontra, numa unidade mais ampla, tudo aquilo que então se ramifica e configura (e também, como é razoável, se atenua e se enfraquece –) no processo orgânico, como uma espécie de vida dos impulsos em que todas as funções orgânicas, de autorregulação, assimilação, nutrição, excreção, metabolismo, ainda estão sinteticamente unidas umas às outras – como uma *forma prévia* da vida? – Por fim, não é apenas permitido fazer essa experiência: a partir da consciência do *método*, ela é forçosa. Não supor várias espécies de causalidade enquanto não se tiver feito experiência suficiente com uma única, levando essa experiência até seu limite extremo (– até ao absurdo, permitam-me dizê-lo): eis uma moral do método da qual a gente não pode hoje se esquivar – é o que

se segue "a partir de sua definição", como diria um matemático. A questão, por fim, é se reconhecemos efetivamente a vontade como *efetiva*, se acreditamos na causalidade da vontade: se o fizermos – e, no fundo, a crença *nisso* é justamente nossa crença na própria causalidade –, então *temos de* fazer a experiência de estabelecer hipoteticamente a causalidade volitiva como sendo a única. "Vontade", naturalmente, só pode atuar sobre "vontade" – e não sobre "matéria" (não sobre "nervos", por exemplo) –, enfim, é preciso arriscar a hipótese de que por toda parte onde se reconhecem "efeitos", vontade atua sobre vontade – e de que todo acontecer mecânico, na medida em que uma força se torna ativa nele, é justamente força da vontade, efeito da vontade. – Supondo, finalmente, que se conseguisse explicar toda a nossa vida dos impulsos como a configuração e ramificação de uma forma básica da vontade – a saber, da vontade de poder, como é *minha* tese –; supondo que se pudessem reduzir todas as funções orgânicas a essa vontade de poder, e que nela também se encontrasse a solução do problema da geração e da nutrição – trata-se de um único problema –, então se obteria com isso o direito de definir inequivocamente *toda* força atuante como: *vontade de poder*. O mundo visto de dentro, o mundo definido e classificado no seu "caráter inteligível" – ele seria precisamente "vontade de poder" e nada além disso. –[9]

Essa vontade de poder, *Assim falou Zaratustra* já havia revelado ("Do superar a si mesmo") como afeto combinado do comandar e do obedecer, como criação por hierarquização e superação perpétuas, determinação mais essencial ainda do que a vontade de verdade e do que a própria vontade de viver:

> E a própria vida me revelou este segredo: "Veja", disse ela, "eu sou *o que deve sempre se autossuperar*".
> Certamente, vocês chamam isso de vontade de procriar ou impulso em direção a um propósito, em direção ao que há de mais elevado, mais distante, mais diverso; mas tudo isso não é senão uma só coisa e *um* segredo.
> Prefiro ainda perecer a renunciar a essa coisa única; e, em verdade, onde há declínio e cair das folhas, vejam, a vida se sacrifica ao poder.[10]

Nietzsche buscou por muito tempo a maneira de formular seu "segredo". Já uma década antes, falava do desejo de comandar, da vontade de se apropriar e de subjugar as coisas e os seres, da vaidade, dos instintos e das tendências, das pulsões e dos afetos. Sua concepção integralmente pulsional da realidade, que por vezes ele chama de psicologia, por vezes de fisiologia e até de fisiopsicologia, procurou por muito tempo um princípio unificador e encontrou para ele o termo "vontade de poder".

Talvez a escolha tenha sido infeliz, pois o termo engloba mais do que diz: essa vontade, de fato, não é uma "vontade" no sentido dos filósofos; é sem razão, nem livre nem serviçal, e o poder não é, estritamente falando, seu objeto. Ela é por vezes "afeto do comando", mas é preciso tanto poder para obedecer como para comandar; é "instinto de liberdade", porém age como uma necessidade impiedosa; é pulsão de vida, mas também almeja a destruição e o nada. Na realidade, a vontade de poder é "o mundo visto de dentro", o princípio energético de constituição de tudo o que aparece, diferencial de todas as forças concorrentes (e nada há além das forças que se organizam sobre toda a escala do que é, do inorgânico às formas mais espiritualizadas do ser vivo); é a convergência das forças sob a forma necessária da oposição, da luta, da vitória de uma força sobre outra que a esta se submete. Nada existe fora disso, nem substrato material nem objeto sobre o qual se exerce o poder: nada além de forças que agem sobre outras forças visando ao poder.

Além disso, o poder não é um objetivo. O poder é – para retomar a célebre fórmula de Gilles Deleuze – aquilo que quer na vontade de poder. Se porventura existir ontologia nessa filosofia – e trata-se de uma questão delicada para os críticos –, seria uma ontologia do ser como vir a ser ou, para dizer melhor, como relação: "Não existe mundo em si: ele é essencialmente um *mundo de relação*"[11], sem exterioridade, sem outra vida nem outro mundo, ele se autoafirma infinitamente. E é nesse ponto que a vontade de poder e o eterno retorno se articulam:

> *Imprimir* ao vir a ser o caráter do ser – é a suprema *vontade do poder*. [...]
> *Que tudo retorne*, é a mais drástica aproximação *de um mundo do vir a ser com aquele do ser*: cume da contemplação.¹²

O eterno retorno é um pensamento, uma maneira de contemplar, uma abordagem do ser a partir do porvir, uma vez reconhecido o mundo como vontade de poder "e nada além disso". É também uma expressão do poder, e a mais alta, uma apropriação e uma afirmação do mundo capaz de prescindir de todo transmundo, mundo em si, idealismo e transcendência: mundo visto de dentro e não de fora, pois não existe nada senão o mundo. Pela combinação da hipótese da vontade de poder e do pensamento do eterno retorno, Nietzsche tenta alcançar aquilo que Zaratustra tivera o pressentimento ou a visão: "Imprimamos à *nossa* vida a imagem da eternidade!".¹³

Imprimir, incorporar, educar, cultivar: falamos do *cultivo* da humanidade, termo nietzschiano (*Züchtung*) que choca nossa maneira humanista de pensar. Porém, é o reconhecimento da vida como atividade da vontade de poder que obriga a filosofia a substituir a busca da verdade por uma tentativa concreta de transformar lentamente os instintos, a modificar os "hábitos" (é a tarefa ancestral da "moralidade dos costumes"), a *incorporar* novos valores, em suma, a construir uma nova hierarquia pulsional que não seja negação, mas afirmação da vida. O filósofo do futuro é, no laboratório da história, um tirano da cultura – mais do que um educador, um *cultivador*.

> [...] mas quem possui a rara visão para o perigo global de que o próprio "homem" *degenere*, quem, como nós, reconheceu a ingente casualidade que até agora jogou seu jogo com respeito ao futuro do homem – um jogo em que nenhuma mão e nem sequer um "dedo de Deus" tomou parte! –, quem adivinha a fatalidade que se encontra escondida na estúpida ingenuidade e credulidade das "ideias modernas", e mais ainda em toda a moral cristã-europeia: esse padece de uma angústia com a qual não há outra comparável – ele compreende num só

olhar tudo o que, com uma favorável acumulação e aumento de forças e tarefas, ainda poderia *ser cultivado a partir do homem*, ele sabe com toda a ciência de sua consciência como o homem ainda não está esgotado para as maiores possibilidades e com que frequência o tipo homem já se encontrou diante de misteriosas decisões e novos caminhos: – ele sabe ainda melhor, a partir de sua mais dolorosa lembrança, contra que coisas deploráveis um ser em formação de categoria superior habitualmente até agora se despedaçou, se partiu, afundou, tornou-se deplorável. A *degeneração total do homem* naquilo que hoje parece aos palermas e cabeças-ocas socialistas como o seu "homem do futuro" – como o seu ideal! –, essa degeneração e amesquinhamento do homem em perfeito animal de rebanho (ou, como dizem eles, em homem da "sociedade livre"), essa animalização do homem em animal-anão dos direitos e exigências iguais é *possível*, não resta qualquer dúvida! Quem alguma vez pensou essa possibilidade até o fim, conhece um asco a mais que os demais homens – e talvez também uma nova *tarefa*!....[14]

Além do bem e do mal marca uma coerência e um domínio novos, uma organização rigorosa de tudo o que, de *O nascimento da tragédia* a *Assim falou Zaratustra*, tentava tomar forma e se comunicar. O problema do sofrimento, da arte como justificação da vida, a necessidade de uma educação a uma cultura superior, a psicologia da alma moderna e a luta contra todo idealismo metafísico e moral, a passagem do em-si à aparência, da verdade ao valor, da identidade à diferença, da igualdade à hierarquia, da piedade à luta, da negação à afirmação, da servidão à independência, da história ao futuro e do futuro à eternidade – todos esses deslocamentos fundamentais e radicais fazem parte de uma mesma vontade de Nietzsche de contemplar uma metamorfose lenta e profunda do tipo humano, vontade plástica que propõe aos "filósofos do futuro" o modelo do legislador e do artista, o gesto ético da afirmação e da criação, a intensificação da vida pelo crescimento do poder.

Trata-se de uma ética cujo objetivo principal é modificar o homem através da libertação de todos os valores negadores e mentirosos que o rebaixam, rebaixam o mundo e a vida. Para iniciar essa metamorfose (como o próprio Nietzsche conduziria a bom termo essa missão para os próximos milênios?), é preciso não se abster de compreender como o tipo atual se constituiu, também por milênios. Deve-se continuar dissecando o longo processo pulsional que produziu o "homem", processo que nada mais é, fundamentalmente, do que a *moral*. E, embora *Além do bem e do mal* tenha um subtítulo conveniente, "prelúdio a uma filosofia do futuro", é necessário compreender esse aquém pulsional do bem e do mal, assim como a formação plástica do homem moral, a incorporação da moral no homem. Falta ainda um "escrito polêmico" (no mais forte sentido de declaração de guerra) "para completar e esclarecer *Além do bem e do mal*, recentemente publicado": esse será *A genealogia da moral*.

Impõe-se a questão de saber se Nietzsche é capaz de *avançar*: no fundo, *Assim falou Zaratustra* procurava comunicar um pensamento incomunicável, *Além do bem e do mal* se apresentava como "prelúdio", *A genealogia da moral* como complemento, por meio de um retorno às raízes ancestrais da formação do tipo humano. A noção do futuro, em Nietzsche, é problemática na medida em que é um horizonte sempre repelido, um apelo de solitário às gerações futuras, uma mensagem a leitores que ainda não existem.

Sem cessar, Nietzsche "aspira à sua obra", como clama Zaratustra, e sem cessar faz um desvio ou um retorno, reformulando coisas "de maneira diferente, bem diferente". Consubstancial à sua própria concepção da filosofia como interpretação, do conhecimento como perspectiva, esse procedimento corre por vocação o risco de insucesso, sob as formas da incomunicabilidade, da incompreensão, da solidão de uma voz no deserto. São receios que Nietzsche manifesta amplamente, mas que o antigo amigo, Erwin Rohde, expressará de maneira duríssima em uma carta a Overbeck, datada de 1º de setembro de 1886, logo após sua leitura de *Além do bem e do mal*:

No que me diz respeito, não consigo mais levar a sério essas eternas metamorfoses. São visões de solitário e pensamentos-bolhas de sabão, que sem dúvida proporcionam prazer e distração ao solitário que os produz. No entanto, por que comunicar tudo isso ao *mundo* como uma espécie de evangelho? E sempre com essa maneira de *anunciar* continuamente catástrofes, exorbitantes audácias do pensamento, que em seguida não *se produzem de modo algum*, para total desilusão e desgosto do leitor! Eis o que suscita em mim uma enorme aversão [...]. Em suma, para deixar claro, esse livro me exasperou de um jeito singular, e mais do que tudo a *gigantesca* vaidade de seu autor. Ela é menos perceptível quando *ele próprio* se toma por modelo do Messias aguardado, com todas as suas características pessoais, do que no fato de que *ele não é mais capaz* de compreender como humano, e em certa medida considerável, *nenhuma* outra orientação nem tampouco ocupação além daquela que, em determinado momento, lhe agrada. Tudo isso só pode suscitar indignação, ainda mais porque esse espírito se revela finalmente *estéril* – esterilidade de um espírito habituado a sentir conforme e com os outros. Isso poderia ser explicado em um espírito *positivo*, apesar do caráter unilateral desse tipo de personalidade: mas Nietzsche, afinal de contas, é e permanece um *crítico*, e deveria compreender que a unilateralidade dos *espíritos produtivos* lhe cai tão mal quanto um cordeiro com pele de lobo.[15]

Além da virulência da censura, deve-se perceber na indignação do amigo quase ofendido uma objeção profunda: como se articulam em Nietzsche a destruição e a criação, a negação e a afirmação? Não à toa Wagner permanecerá para ele a figura mais fascinante e mais produtiva: o artista, esse "simplificador de mundo", encarna essa unilateralidade de que fala Rohde e que é precisamente vontade de poder. Nietzsche é o contrário do unilateral, pensador da perspectiva e da multiplicidade, do confronto das interpretações e do fundo pulsional de todo conhecimento (o "gosto" como sistema das preferências e das aversões ao fundamento de toda "objetividade", ou, para utilizar as palavras de Rohde, uma "ocupação que, em determinado momento, lhe agrada"). Ele desfaz o próprio chão por onde avança, torna-se estranho a suas próprias mensagens por conta do ódio de todo conteúdo doutrinário, fazendo de seus mais importantes conceitos hipóteses e possibilidades. Na linguagem de *Assim falou Zaratustra*, seria possível dizer que Nietzsche "é algo que deve ser superado". Em resposta à carta de Rohde, Overbeck, embora concordando com "ao menos a metade de [suas] censuras", faz uma observação essencial:

> No que diz respeito ao autor em si, o senhor fala de uma gigantesca vaidade. Quanto a mim, não estou em condições de contradizê-lo e, no entanto, essa vaidade é de um gênero bem específico. Mesmo nesse livro e mesmo para o leitor que só conhece o autor através dessa obra, parece-me que à vaidade se mistura um sentimento completamente diferente. Não conheço ninguém que, como Nietzsche, torne a própria vida tão difícil para entrar em harmonia consigo mesmo. Que isso se expresse de maneira tão monstruosa não é com certeza defeito do indivíduo, em uma época em que todos costumam se comportar de modo gregário.[16]

Em junho, Rohde e Nietzsche tornam a se ver pela última vez. O encontro é um fracasso, consolidado alguns meses depois por uma ruptura na troca de correspondência, sob o fútil pretexto de uma divergência em torno do filósofo e historiador francês Hippolyte Taine, de afinidade antidemocrática e por quem Nietzsche nutre uma fervorosa admiração. Dessa última conversa, Rohde conserva uma triste lembrança, que relata três anos mais tarde a Overbeck:

> Ele estava cercado por uma atmosfera de indescritível estranheza, pela qual fui totalmente petrificado. Havia nele algo que eu não conhecia, ao passo que inúmeros traços que o caracterizavam no passado tinham desaparecido. Como se Nietzsche viesse de uma região que ninguém habitasse.[17]

O título de *Além do bem e do mal* fora escolhido por volta do fim de março de 1886. Na Páscoa, uma vez finalizado o manuscrito, Nietzsche parte para Veneza, depois Munique e Naumburg, onde visita a mãe que agora vive sozinha. Em

Leipzig, encontra afinal um editor, Carl Gustav Naumann, ainda que deva bancar por conta própria a publicação de sua obra: *Além do bem e do mal* é publicada em 21 de julho.

Em 5 de agosto, Nietzsche finalmente recebe de Fritzsch (o editor de Wagner!) a verba referente não só à sua última obra, como a de todas cujos direitos pertenciam a Schmeitzner. Trata-se de uma vitória que trará muitas consequências para o seu trabalho de escrita, pois a partir de então Nietzsche emprega sua energia a fim de organizar a reedição de suas obras anteriores: de agosto de 1886 a fevereiro do ano seguinte, redige novos prólogos para *O nascimento da tragédia*, *Humano, demasiado humano*, *Aurora* e acrescenta um quinto livro e a compilação dos poemas do "Príncipe-fora-da-lei" ao texto *A gaia ciência*.

Procedendo assim, faz uma análise retrospectiva de sua evolução, procurando extrair da diversidade de suas expressões uma coerência fundamental, cujos principais traços são exatamente a intuição precoce e por muito tempo informulável da vontade de poder, a luta obstinada contra a moral em prol da vida e a concepção de cada uma de suas obras como uma vitória sobre as crises. Em Sils-Maria, onde há de permanecer até 25 de setembro, Nietzsche leva uma vida mais para mundana, recebendo sobretudo a visita de Meta von Salis e de Helen Zimmern, uma ensaísta que introduzira Schopenhauer na Inglaterra e que Nietzsche conhecera em 1876 em Bayreuth. Em 16 de agosto, Paul Deussen se casou, acontecimento que não deixou de suscitar em Nietzsche uma mistura de alegria pelo velho amigo e de tristeza em relação a si próprio. Depois de Sils, vai para Riva Ligure, em seguida de novo para Nice. Nietzsche lê muito: Epiteto, que não deixou de ser um modelo decisivo, Dostoiévski (em francês), cuja "psicologia" lhe causa fascínio, mas também os trabalhos históricos de Renan, Tocqueville e Montalembert.

Na Páscoa de 1887, passa quatro semanas em Cannobio, às margens do lago Maior, encontra a seguir Overbeck, Resa von Schirnhofer e Meta von Salis em Zurique, depois passa um mês em Coira, capital dos grisões. Em 12 de junho, retorna por fim a Sils-Maria. Lá trabalha com obstinação no manuscrito de *A genealogia da moral*, interrompido por vezes pelas visitas de amigos: Meta von Salis acompanhada de uma amiga, Hedwig Kym, na sequência Deussen, que nunca mais tornará a ver.

Nietzsche se restringe a uma dieta alimentar sadia, frugal e regular, que detalha em suas cartas. A hora estabelecida de suas refeições, a substituição do chá pelo chocolate quente, a abstinência a qualquer tipo de bebida alcoólica contribuem, ao que lhe parece, para melhorar seu estado de saúde. E, de fato, ele recobra suas forças o suficiente para terminar seu manuscrito a partir do mês de agosto. A ausência insólita de seus cadernos preparatórios indica, a menos que ele os tenha perdido, uma segurança soberba na redação – *A genealogia da moral* será publicada em 10 de novembro de 1887, com o editor Naumann. Segurança que se lê também nessa obra pela primeira vez composta de três dissertações de desenvolvimento detalhado e diabolicamente rigoroso. Deixemos ao próprio Nietzsche, em *Ecce homo*, o cuidado de expor – ou, para ser mais exato, de dramatizar – o teor:

> A cada vez, um princípio *calculado* para desorientar, frio, científico, até mesmo irônico, intencionalmente em primeiro plano, intencionalmente demorado. Aos poucos, mais intranquilidade; raios esparsos; verdades assaz desagradáveis vindas da distância e cada vez mais altas em seu ribombar surdo – até que enfim se alcançou um *tempo feroce,* onde tudo impulsiona adiante com uma tensão colossal. No final de cada vez, sob detonações totalmente assustadoras, uma *nova* verdade se torna visível entre as nuvens pesadas... A verdade da *primeira* dissertação é a psicologia do cristianismo: o nascimento do cristianismo a partir do espírito do ressentimento, *não*, conforme se acredita, apenas do "espírito" – um contramovimento essencial, a grande revolta contra o reinado de valores *nobres*. A *segunda* dissertação traz a psicologia da *consciência*: *a* mesma *não* é, conforme se acredita, "a voz de Deus no interior do homem" – ela é o instinto da crueldade, que se volta para trás, e para dentro, depois de ver que não pode mais se descarregar para fora. A crueldade, na condição de um dos

> mais velhos e intransitáveis substratos culturais, é trazida à luz pela primeira vez. A *terceira* dissertação traz a resposta para a pergunta sobre a origem do *poder* monstruoso do ideal ascético, do ideal dos sacerdotes, ainda que o mesmo seja o ideal *nefasto par excellence*, uma vontade para o fim, um ideal da *décadence*. Resposta: *não* porque Deus é ativo na retaguarda dos sacerdotes, conforme sei que se acredita, mas *faute de mieux* – porque ele foi o único ideal até hoje, porque ele não teve concorrentes. "Pois o homem ainda prefere querer o nada a *não* querer"... E, sobretudo, faltava um *contraideal* – *até vir o Zaratustra*... Eu fui compreendido. Três pré-trabalhos decisivos para uma transvaloração de todos os valores... Esse livro contém a primeira psicologia do sacerdote.[18]

Não caberia aqui a análise detalhada das implicações, do método e das conclusões aplicados em *A genealogia da moral*, um texto em todos os sentidos denso, complexo e central na filosofia de Nietzsche.[19] Contudo, é necessário esboçar ao menos uma explicação a propósito da noção de *genealogia*, concebida por Nietzsche como método interpretativo novo, cuja grande influência ainda há de se manifestar, por exemplo, na antropologia de Freud ou na arqueologia de Foucault.

A genealogia nietzschiana decorre diretamente da hipótese da vontade de poder. Se todo fato, histórico, cultural, moral, psicológico, é produto de um conflito de instintos ou de forças e o desfecho vitorioso de um instinto dominante sobre os outros, trata-se de percorrer a história desse resultado, de remontar à origem pulsional e conflituosa em que a cultura se constituiu. Ora, a cultura é a longa história da fabricação de certo tipo humano, modelado pela imposição das forças vitoriosas, instruído pelo que a tradição chama de a "moralidade dos costumes". Eis por que *A genealogia da moral* insiste tanto, de maneira assustadora, no papel plástico da crueldade, isto é, no papel da dor infligida (a outrem, mas também a si mesmo) como instrumento da cultura, verdadeira "escultura", da própria carne, do homem moral: a genealogia, em primeiro lugar, é reconstituição da história da interiorização (ou espiritualização) progressiva do sistema da responsabilidade, da dívida e do castigo, forças originariamente coercitivas e externas que acabam por formar um tipo psicológico e fisiológico determinado. Nesse contexto, ela é antes de tudo uma "psicologia", mas nesse sentido radicalmente novo que lhe atribui Nietzsche: interpretação das forças pulsionais agindo na constituição da moral, apoiada em uma *tipologia* das próprias forças. Ora, a hipótese da vontade de poder permitiu sinalizar forças que agem, criam formas ao subjugar e submeter outras forças que, por sua vez, reagem, adaptam-se, assegurando sua existência através da submissão.

Por uma inversão radical terrível, Nietzsche define nossa cultura como a vingança das forças reativas sobre as forças ativas que as submeteram. A moral "primitiva", imposta com violência por castas aristocráticas (tudo o que é vitorioso é bom, ou seja, nós), criou uma vasta população de escravos que se defendeu pela interiorização da opressão e do sofrimento (tudo o que sofre é bom, ou seja, nós). A moral judaica depois cristã é assim uma moral de escravos, oprimidos, sofredores, que perderam toda a esperança da felicidade neste mundo, todo o amor e toda a confiança na vida, tornando-se hostis diante de tudo o que domina. A prodigiosa vontade de poder que age nos mais fracos conseguiu impor os valores que correspondiam a esse estado de dominação e submissão: o bem e o mal foram interpretados do ponto de vista das forças reativas, e essa interpretação, por sua vez, impôs-se vitoriosamente, porque a resistência passiva é mais sólida do que a conquista ativa, porque a interioridade espiritual ancora-se mais profundamente no tipo humano do que a transformação imputada a outrem.

Os escravos se mantiveram vivos até triunfar, às custas do ódio de qualquer dominação, expansão, criação – às custas de um ódio da vida. É o que Nietzsche agora chama – com mais frequência em francês – de *décadence*. Assim, a genealogia é não apenas a história dos poderes e das relações de força que estão em jogo na constituição da cultura, como também mais ainda a determinação, para cada fato, do ponto de vista que o interpreta: trata-se de uma força ativa ou reativa que impõe um significado a um fato, que confere seu valor a uma coisa? Era o que já anunciava *Além do bem e do mal*:

> Não há quaisquer fenômenos morais, mas apenas uma interpretação moral de fenômenos.....[20]

O sentido muda por completo conforme a "moral dos senhores" ou a "moral de escravos" se apropria dele: bem e mal são reduzidos ao bom e ao mau *para alguém* e só se tornam valores absolutos uma vez alcançada a vitória daquele que prova algo como bom ou mau. Assim, por exemplo, o "castigo", que funda e mantém certo tipo de ordem social e moral pelo sofrimento infligido, apenas tem sentido relacionado a uma genealogia das forças que impõem o valor disso. As pessoas em sua origem castigavam por cólera, para descarregar energia, para demonstrar força; somente depois se introduziu no sofrimento infligido um valor de retribuição, de equivalência a um erro, de ódio do suplício, de *vingança*. Só um escravo, que confere tanto valor a seu próprio sofrimento, pode querer se vingar para revidar o sofrimento e se apaziguar; um senhor, como uma criança inocente em sua crueldade, faz sofrer por brincadeira, leviandade, para experimentar prazer e poder. Qual dos dois é o mais cruel?

O processo material (fazer sofrer de maneira ritualizada) é o elemento "estável" de um fato; seu significado e seu valor (castigar) são o elemento "fluido" cuja interpretação renova-se o tempo todo conforme o contexto histórico, o estado das forças contrárias, a hierarquia instituída. Eis o que permite a Nietzsche designar a genealogia tanto como psicologia quanto como "método histórico": ela é justamente a determinação das relações do elemento estável e do elemento fluido de qualquer fenômeno factual concebido como "síntese de 'sentidos'".[21] O mais assustador nesse método nietzschiano é a extrema plasticidade da interpretação, que tem sua contrapartida em uma concepção plástica da cultura. Seria possível elucidar a natureza profundamente artística (nesse sentido de plástica, criadora de formas) do olhar filosófico de Nietzsche e regressar, para tanto, às interpretações inaugurais da cultura em *O nascimento da tragédia*. E eis por que ele não para de clamar a chegada de "filósofos artistas".

Nietzsche deixa Sils-Maria em 19 de setembro e passa um mês em Veneza ao lado de Peter Gast. Em seguida, a aproximação do inverno o reconduz a Nice: "Nice, notavelmente mais *quente*, tem nesse momento algo de excitante. Alegre elegância mundana; a grande cidade generosamente abriu suas portas a uma natureza pródiga, permitindo-lhe desenvolver no espaço e de acordo com suas formas certa vegetação exótica e africana".[22] Gast terminou o arranjo para coro e orquestra de "Hino à amizade", que Nietzsche compusera em 1874 e depois recriara a partir dos versos do poema de Lou, que tão profundamente o tocara. Quando Nietzsche – que teve a audácia de enviar seu hino a Brahms – recebe agradecimentos elogiosos (ou simplesmente educados?), reprime mal um rompante de vaidade. Há como um sentimento de vingança nessa satisfação, pois não só ele não deixara até então de suportar dissuasivas críticas, como também porque Brahms fora o inimigo jurado de Wagner.

Nessa época, de todo modo, Nietzsche está imerso na problemática musical, por conta de sua correspondência com Carl Spitteler (1845-1924), um ex-aluno de Franz Overbeck na Universidade de Basileia que se tornou jornalista e poeta (receberá o prêmio Nobel em 1919). Eles retomam contato por uma série de artigos que Spitteler escreveu sobre música, os quais Nietzsche não se furta de recomendar ao editor Credner e à revista *Kunstwart*, de Avenarius. De modo bastante singular para uma época infiltrada pelo wagnerismo, Spitteler é um adepto de Brahms, e sua influência será sem dúvida grande sobre a decisão tomada por Nietzsche de se confrontar outra vez com a figura de Wagner, a tal ponto que pensará em determinado momento, em 1888, em publicar com a autoria dos dois *O caso Wagner* e *Nietzsche contra Wagner*.

Um incidente poderia ter gerado o rompimento entre Nietzsche e Spitteler, mas ambos, surpreendentemente, não perderam a compostura. Nietzsche, que recomendara o crítico musical, de fato espera em troca um gesto de apoio deste para com suas próprias obras: envia exemplares delas a Spitteler a fim de que ele faça uma resenha na *Bund*, de Berna. Entretanto, em janeiro de 1888, quando os artigos são publicados, Nietzsche se vê qualificado como dono de um mau estilo, professor capaz mas sem gosto para o fazer literário. Era tocar em um ponto particularmente delicado do autor de *Assim falou Zaratustra*. Em 10 de fevereiro, responde a Spitteler através de uma carta cujo estilo indireto marca uma ironia cáustica:

> O Senhor Spitteler tem uma inteligência fina e agradável; infelizmente a tarefa, ao que me parece, nesse caso ficou muito à margem e fora de suas perspectivas habituais para que ele pudesse simplesmente vê-la. Ele fala apenas de *Aesthetica*: meus *problemas* foram apenas deixados de lado – incluindo aí minha pessoa. [...] "as frases curtas funcionam menos ainda" (e eu, burro que sou, imaginei que desde os primórdios do mundo ninguém tivesse dominado como eu a *frase lapidar*: testemunha meu Zaratustra). [...] Eu inventei nessa obra um novo ato de linguagem para essas coisas novas em todos os sentidos – e meu interlocutor só tem olhos para o estilo, aliás, um mau estilo, e lamenta afinal que suas esperanças no Nietzsche escritor tenham por conta disso se reduzido de maneira significativa. Farei eu, pois, "literatura"? Ele parece até mesmo considerar meu Zaratustra apenas como uma espécie superior de exercício de estilo (acontecimento o mais profundo e o mais decisivo – da alma, se me permitem! – entre dois milênios, o segundo e o terceiro).[23]

Essa exaltada reação, que não trouxe consequências entre os dois, demonstra essa elevadíssima autoestima que Nietzsche expressa cada vez mais sem hesitar em seus textos. *Ecce homo*, alguns meses mais tarde, será uma verdadeira obra de autoglorificação (com capítulos que apresentam títulos inequívocos: "Por que eu sou tão sábio", "Por que eu escrevo livros tão bons", "Por que eu sou um destino"...). Alguns viram nisso megalomania, provavelmente com razão, e até os sinais precursores da loucura próxima. Com certeza, pode-se julgar dessa maneira se for considerado que a modéstia, como educação social e honestidade moral tanto quanto intelectual, faz parte da normalidade – ou da normatividade.

Contudo, pode-se também levar mais a sério o modo de pensar do filósofo e a consequência drástica de sua missão: de um ponto de vista moral, Nietzsche não deixa de insistir em buscar nos "escravos" o ódio de si, a mediocridade como virtude e a humildade como vingança; de um ponto de vista metafísico, questiona profundamente a unidade do sujeito, a crença em um sujeito substancial e causa de suas ações; de um ponto de vista cultural, clama com todas as forças por filósofos do futuro que sejam tiranos, legisladores, artistas, monstros inocentes de sua vontade de poder. Como, nessas condições, não deslocar de modo radical as condições da relação consigo mesmo?

Zaratustra exigia que o homem fosse superado, que seus objetivos fossem colocados infinitamente acima de si próprio, nem que para isso o homem sacrificasse a si próprio. Há na monstruosa imodéstia de Nietzsche, paradoxalmente, algo da ordem do autossacrifício, "um novo ato de linguagem", uma transvaloração dos valores, uma filosofia do futuro. Que um indivíduo sacrifique por isso sua sanidade psíquica é uma hipótese – ou, melhor, uma metáfora – que não é desprovida de sentido levando-se em conta a unidade do sujeito. Não obstante, em qualquer circunstância, nada se ganharia em julgar a "megalomania" de Nietzsche sob a forma do pecado de orgulho – pois é exatamente a demência do pecado que deve antes de tudo ser curada. A humildade é uma doença.

O sinal mais profundo do modo como Nietzsche oscila – entre uma relação consigo mesmo como unidade subjetiva (e, portanto, como limitação subjetiva) e uma experiência de autossuperação infinita – manifesta-se no ressurgimento da figura de Dionísio.[24] Sabe-se que Nietzsche assinará suas últimas cartas, os famosos "bilhetes da loucura", como Dionísio. O deus, cuja menção sumiu da obra desde 1872, realiza um retorno decisivo a partir de 1885 para representar ou dramatizar a filosofia nova que se impõe e logo o próprio destino de Nietzsche. Assim, um fragmento póstumo de abril-junho de 1885 vê enfim emergir o deus grego:

> Chamo toda essa maneira de pensar a filosofia de Dionísio: uma reflexão que reconhece na criação e na transformação do homem assim como das coisas o prazer supremo da existência e na "moral" somente um meio para dar à vontade dominadora uma força e uma leveza capazes de se impor à humanidade.[25]

Não é mais o deus romântico do Uno originário tributário da metafísica de Schopenhauer, mas sim um deus plástico, em grande parte "apolíneo", um *deus filósofo* que, pelo pensamento do eterno retorno, deve criar um novo tipo humano, erguer uma nova humanidade. Em suas anotações feitas durante o final de 1887 e o início de 1888, Nietzsche considera intitular de Dionísio a última parte de seu vasto projeto de "transvaloração de todos os valores" (seção que se tornará *O anticristo*). Contudo, a partir de *Além do bem e do mal* (§ 295), ele deixa clara a função atribuída ao deus:

> Apenas o fato de que Dionísio seja um filósofo, e de que, portanto, também os deuses filosofem, parece-me uma novidade nada inofensiva e que talvez desperte desconfiança precisamente entre filósofos [...] – Assim disse ele certa vez: "Às vezes amo o homem" – e com isso se referia à Ariadne, que estava presente –: "O homem é para mim um animal agradável, valente, inventivo, que não tem igual sobre a Terra, em todos os labirintos ele ainda encontra a saída. Sou bondoso para com ele: medito frequentemente em como levá-lo adiante e em como torná-lo mais forte, mais malvado e mais profundo do que é." – "Mais forte, mais malvado e mais profundo?", perguntei apavorado. "Sim", disse ele mais uma vez, "mais forte, mais malvado e mais profundo; também mais belo" – e depois o deus-tentador sorriu o seu sorriso alciônico, como se tivesse acabado de dizer uma graça encantadora.[26]

Na época de *O nascimento da tragédia*, Dionísio era um deus "romântico" no que permitia uma ruptura com o princípio de individuação, uma participação na totalidade, uma abertura e um desvendamento do mundo em si. Era um deus wagneriano. Agora é um deus "clássico", impondo ao contrário a limitação, a coação das pulsões, a escultura apolínea do tipo humano. É um deus que transforma a *physis* e manifesta a transição que se efetuou em quinze anos de uma metafísica de artista a uma fisiologia da arte.

Aliás, Nietzsche pretende agora mesurar o valor da arte conforme critérios fisiológicos. Assim, em 1886, no livro V de *A gaia ciência* (§ 368), ele apresenta de outro modo o problema wagneriano:

> *O cínico fala* – Minhas objeções à música de Wagner são objeções fisiológicas: por que fantasiá-las em fórmulas estéticas? Meu "fato" é que essa música, a partir do momento que age sobre mim, torna minha respiração mais difícil: logo meu pé se irrita e se insurge contra ela – ele necessita de compasso, de dança, de marcha harmônica, ele espera mais do que tudo a música dos arroubos no *agradável* passo da marcha, do salto e da dança. – Mas meu estômago não protesta por sua vez? Meu coração? Minha circulação sanguínea? Minhas vísceras?[27]

Esse tipo de argumento é, de certo modo, irrefutável. O que a arte altera no corpo? O que o cristianismo inflige a nossa saúde? Que tipo fisiológico novo criaria uma transvaloração de todos os valores morais? Em que espécie de homem Nietzsche foi transformado por sua filosofia? Tal será o essencial de seu questionamento em seus últimos textos: *O caso Wagner*, *O anticristo*, *Ecce homo*, no momento em que se trava dentro dele um último combate entre a saúde e a doença e em que ele será derrotado.

A filosofia é uma *dietética*, porque o espírito tem algo de estômago, um grau espiritualizado da função nutritiva ("e, realmente, 'o espírito' se assemelha mais do que tudo a um estômago", diz o parágrafo 230 de *Além do bem e do mal*). Durante a temporada de inverno em Nice, entre o final de 1887 e o começo de 1888, Nietzsche demonstra um cuidado especial para programar sua vida: rigidez nos horários, caminhadas com horas fixas (quatro horas por dia), abstinência de vinho, cerveja, destilados, café: "A maior regularidade no modo de viver e de se alimentar"[28], como explica à mãe em 20 de março.

Graças a essa disciplina, Nietzsche sente o espírito mais desperto e mais leve: ele trabalha em sua "obra-prima sistemática"[29] e numera assim 372 anotações às quais busca dar organização. Trata-se de uma ampla obra intitulada: *A vontade de poder. Ensaio de uma transvaloração de todos os valores*, projeto já anunciado em *A genealogia da moral*. Todavia, Nietzsche não tem intenção alguma de publicar tão vasto trabalho, como confessa a Peter Gast em 13 de fevereiro: "Terminei de escrever meu 'Ensaio de uma transvaloração de valores': na média, foi uma tortura e ainda não tenho absolutamente coragem para isso. Farei melhor daqui a dez anos".[30] E no dia 26 do mesmo mês: "Jurei para mim não levar mais nada a sério durante um tempo. Assim, o senhor não deve acreditar que eu tenha feito outra vez 'literatura': esse trabalho de escrita era para mim mesmo; quero, inverno após inverno a partir de agora, fazer para mim semelhante trabalho de escrita – o pensamento de uma 'publicidade' está descartado".[31]

Exatamente nessa época se enlaça o futuro do mais grave mal-entendido a respeito da obra de Nietzsche: uma interpretação de sua filosofia a partir de um livro, *A vontade de poder*, que não existe. Em breve, porém, seremos confrontados com esse drama da desonestidade intelectual.

Com a primavera chegando, surge a questão do lugar onde passar a estação de maneira mais agradável. Nice tornou-se muito quente, mas Nietzsche não tem coragem de voltar a Sils-Maria, demasiadamente isolada. Seguindo recomendação de Peter Gast, decide-se por Turim e chega em 5 de abril de 1888:

> Caro amigo, todos os meus votos de felicidade! O senhor me aconselhou de acordo com o meu coração! Trata-se, de fato, da cidade de que tenho necessidade agora! Para mim é evidente, e o foi desde o primeiro instante, por mais assustadoras que tenham sido as condições de meus primeiros

> dias [...]. Mas que cidade digna e séria! De modo algum uma grande cidade, de modo algum moderna como eu receara: mas uma residência do século XVII a que um só gosto norteou tudo, a corte e a *nobreza*. A calma aristocrática se estabeleceu em todas as coisas: não há subúrbios mesquinhos; uma unidade do gosto até na cor (a cidade inteira é amarela ou castanho-avermelhada). [...] A tardinha sobre a ponte do rio Pó: magnífica! Além do bem e do mal!![32]

O entusiasmo de Nietzsche cresce ainda mais quando descobre que Danois Georg Brandes, eminente professor de filosofia, judeu liberal e intelectual cosmopolita, tem intenção de organizar conferências sobre a sua obra em Copenhague. Trocando correspondências desde o fim de 1887, os dois se entendem sem cerimônia e se estimam sem submissão.

Brandes não só recomenda a leitura de Kierkegaard, Strindberg e Hamsun, como também não recua diante de certa severidade de julgamento, considerando, por exemplo, completamente elementares e superficiais as posições políticas de Nietzsche contra o socialismo e o anarquismo em particular. Este recebe as críticas sem objeção e procura causar uma boa impressão, às custas de algumas complacentes mentiras destiladas no currículo que ele envia em 10 de abril de 1888, da cidade de Turim. Proveniente da aristocracia polonesa, ex-oficial, neto de uma amiga de Goethe e de Schiller, o Nietzsche que ele cria para si mesmo faz parte de uma mitologia cujo espírito será encontrado em *Ecce homo*. De qualquer modo, há muito Nietzsche não se sentia tão bem. A Peter Gast, escreve em 20 de abril:

> Estou de bom humor, trabalho da manhã até a noite – um opúsculo sobre música entre meus dedos –, digiro como um semideus, durmo apesar do grande barulho das carruagens que passam durante a noite: todos sinais de uma eminente adaptação de Nietzsche a Turim.[33]

Esse "opúsculo sobre música", que aliás ele chama de descanso ou recreação, é *O caso Wagner*, cuja importância não deve, contudo, ser menosprezada, tanto no plano filosófico quanto no pessoal (mas a distinção ainda é apropriada?). O prólogo estabelecerá com clareza a pauta do problema:

> Concedo-me um pequeno descanso. Se nessas páginas exalto Bizet em detrimento de Wagner não é, unicamente, por malícia de minha parte. Entre gracejos e pilhérias, apresento uma causa com que não se deve brincar. Virar as costas a Wagner foi uma dura sina para mim. Retomar o gosto por qualquer coisa, uma verdadeira vitória. Talvez ninguém estivesse mais perigosamente envolvido do que eu na wagnermania, ninguém precisou se defender dela com mais obstinação, ninguém ficou mais contente por ter enfim se libertado. É uma longa história! – Devo resumi-la em uma palavra? Se fosse um moralista, quem sabe como eu nomearia isto? Talvez: *superar a si mesmo*. Porém, o filósofo não gosta dos moralistas... Tampouco gosta de palavras grandiosas...
> O que um filósofo exige, em primeira e última instância, de si mesmo? Triunfar sobre seu tempo, tornar-se "atemporal". Contra o que deve travar sua mais difícil batalha? Contra tudo o que faz dele um filho de seu século. Muito bem! Assim como Wagner, eu sou um filho deste século, quero dizer, um *décadent*, com esta única diferença: eu o entendi, resisti a ele com todas as minhas forças. O filósofo, em mim, resistia. Minha mais íntima preocupação sempre foi, de fato, o problema da *décadence*. [...]
> Minha mais marcante experiência foi uma *cura*. Wagner é apenas uma de minhas doenças. [...]
> É através da boca de Wagner que a modernidade fala sua linguagem mais *íntima*: ela não esconde nem seus vícios, nem suas virtudes, perde todo pudor. E no sentido contrário: quando se elucidou tudo o que é bom e tudo o que é mau em Wagner, quase se estabeleceu um balanço definitivo dos valores modernos... Entendo perfeitamente que um músico possa dizer: "Detesto Wagner, mas não suporto mais nenhuma outra música"... Mas compreenderia também um filósofo que dissesse: "Wagner *resume* toda a modernidade. Nada a fazer, deve-se começar por ser wagneriano"...[34]

A incrível constância do problema Wagner na vida e na obra de Nietzsche revela a dinâmica fundamental de sua filosofia, que é tensão entre o elemento mórbido, debilitante e o elemento sadio, virtuoso no exercício do pensamento. Virtuosa é a *admiração* que Nietzsche alimenta em relação a Wagner e a tudo o que é grande: pois admirar é antes de tudo certa maneira estética de ver, de formar seu gosto, de agir na contemplação, de experimentar afetos de alegria e de poder, de amor pela aparência; é também certa maneira ética de eleger, de avaliar algo como melhor, superior, de considerar a exceção como mais nobre e, por consequência, de se enobrecer na admiração.

A estética e a ética da admiração fazem parte assim da concepção que Nietzsche sugere da cultura como escolha e seleção do melhor, como superação do homem em prol de um tipo superior. Essa admiração permanece motriz até as últimas páginas da obra nietzschiana, sejam quais forem as reavaliações e as reconsiderações; por isso mesmo, ela testemunha sua concepção fundamental da cultura como campo em que se desprendem a exceção, o tipo superior, o indivíduo criador e legislador como a extremidade de uma época.

Mórbida, em contrapartida, é a *sedução* que toda admiração traz em si, que leva a fazer de seus próprios valores um milagre ou um prodígio, a ceder a distância, a neutralizar a dúvida e a suspeita, a parar de ser ativo na contemplação e a se deixar desviar de seu caminho. Em uma filosofia que tem a coragem de situar a ilusão, a mentira, a vontade de ser enganado no próprio fundamento do tipo humano, Wagner representa para Nietzsche o perigo da hipnose, do enfraquecimento das forças, da vida declinante: ele ameaça a retidão, a dureza, a liberdade do pensamento em prol da consolação, da paz e da vontade de acabar. Ora, Wagner exerce sua sedução ininterruptamente, ou seja, introduz um elemento de alteração e de decomposição no próprio cerne da filosofia, uma sede de consolação e de redenção em resposta a uma adversidade.

Virtude da admiração e morbidade da sedução não nos reduzem, portanto, à simples consideração de uma relação pessoal, pois são os elementos opostos de certo exercício da filosofia. Reutilizando a ideia heraclitiana de que todo vir a ser faz da guerra entre os opostos, a filosofia prova-se fundamentalmente como *polemos* (que é pai de todas as coisas), busca de e provocação a um adversário à sua altura, isto é, um *inimigo* superior, nobre e grande, que se possa admirar como condição de realização de seu próprio poder. Só se encontra então esse adversário perfeito e puro no *amigo*.

Em 5 de junho de 1888, Nietzsche deixa Turim e vai para Sils-Maria. Durante o verão, finaliza *O caso Wagner*, não sem perguntar se não teria se excedido um pouco no sarcasmo. Seu estado de saúde torna-se muito mais preocupante do que em Turim, ainda agravado pelas intempéries. Tem a sensação de que suas últimas forças estão se esgotando: "Não me falta apenas saúde", escreve ele a Overbeck em 4 de julho, "mas também as condições para recobrar a saúde – a força vital não está mais intacta. As perdas de no mínimo dez anos não podem ser recuperadas; durante esse tempo, sempre vivi sobre o que era 'capital', e nada, absolutamente nada ganhei".[35]

Retoma a troca de correspondência com Malwida, queixando-se com amargura de seu isolamento. Embora tocada por enfim receber notícias, sua velha amiga lhe recorda que fora ele próprio o responsável pela situação: "Ainda que o senhor se queixe que o que oferece ao mundo não obtém nenhuma repercussão, nenhuma resposta, posso lhe garantir que se encontra em mais de um coração uma simpatia afetuosa em relação à sua pessoa e ao seu destino, e que é sobretudo por culpa sua que o senhor o sinta tão pouco, pois sabe bem o preço pago por 'quem se entrega à solidão'".[36]

E como sempre Nietzsche continua trabalhando. Seu projeto é uma obra que ele quer chamar de "Martelo dos ídolos. Ociosidade de um psicólogo". Aqui, outra vez, trata-se de uma "distração". Nietzsche só encontrará o título definitivo para o seu novo texto em setembro: *Crepúsculo dos ídolos. Ou como se filosofa com um martelo*. Mais ainda do que em português, o título alemão (*Götzen-Dämmerung*) é um eco profano da última parte da tetralogia de Wagner: *O crepúsculo dos deuses* (*Götterdämmerung*). Quanto ao martelo do subtítulo, que se tornou célebre por designar o gesto brutal da filosofia nietzschiana, deve ser compreendido em um sentido muito mais sutil, como instrumento ao mesmo tempo médico e acústico – o martelo do doutor que testa os reflexos ou o diapasão utilizado pelo afinador:

> quanto à auscultação de ídolos, desta vez não são os ídolos contemporâneos, mas os *eternos* que são tocados com o martelo como por um diapasão – não há, de forma alguma, ídolos mais antigos, mais convencidos, mais inchados... Tampouco mais ocos...[37]

"Distração", "ócio", "divagação", o *Crepúsculo dos ídolos* também faz parte do projeto geral da última fase de Nietzsche, perigoso e ameaçador:

> Não é pouca coisa manter a jovialidade em meio a um assunto sombrio e sobremaneira responsável: e, no entanto, o que seria mais necessário do que a jovialidade? Coisa alguma sai bem se nela não tomar parte uma alegria desmedida. Apenas o excesso de força é prova da força. – Uma *transvaloração de todos os valores*, esse ponto de interrogação tão negro, tão colossal que chega a lançar sombras sobre quem o coloca – uma tarefa dessas por destino obriga a correr para o sol a todo o momento, a sacudir dos ombros uma seriedade que ficou pesada, pesada demais. Qualquer expediente é apropriado para tanto, qualquer "caso" um acaso feliz. Sobretudo a *guerra*. [...] Esta pequena obra é uma *grande declaração de guerra*.[38]

Em 20 de setembro, Nietzsche deixa Sils-Maria para voltar a Turim. O retorno ocorrido em sua estação de ano favorita, depois de uma viagem comprometida pelo mau tempo, alivia-o profundamente: "Atravessando o ar lasso e repugnante da Lombardia, cheguei extenuado em Turim: mas, coisa estranha!, de uma só vez tudo estava em ordem. Claridade maravilhosa, cores de outono, um sentimento agradável de bem-estar sobre todas as coisas".[39]

O efeito produzido por Turim sobre Nietzsche tem algo de milagroso: desaparecimento das dores, sensação de rejuvenescimento, euforia quase permanente. Não se pode deixar de pensar que essa melhora faz parte do próprio processo de degradação psicopatológica. Curt Paul Janz fala de uma "alteração de sua percepção de dor, pródromo do colapso final".[40] Alguns sinais inquietantes contrastam com essa euforia geral: Nietzsche amplia as provocações agressivas contra amigos ou antigos conhecidos e busca o rompimento. É o que ocorre no caso do regente Hans von Bülow, primeiro marido de Cosima e fomentador da música de Wagner. Bülow não teve tempo de analisar a recomendação de Nietzsche a respeito da ópera de Peter Gast, *O leão de Veneza*. Sem paciência para esperar, Nietzsche lhe envia o seguinte bilhete, datado de 9 de outubro:

> O senhor não respondeu a minha carta. Eu o deixarei em paz de uma vez por todas, prometo-lhe. Imagino que o senhor tenha consciência de que o principal espírito da época lhe manifestara um desejo.[41]

Age da mesma maneira com Malwida, cujo envio de *O caso Wagner* foi de encontro à predileção e à amizade que ela nutre pelo compositor. Diante da infinita paciência da amiga, ele acaba explodindo, arrogante e ofensivo:

> Não são coisas sobre as quais autorizo a objeção. Sou, em matéria de *décadence*, a instância mais elevada que há na face da terra.[42]

E dois dias depois:

> Permita-me tomar mais uma vez a palavra: bem poderia ser a última. Suprimi progressivamente quase todas minhas relações, por *desgosto*, por ser tomado por algo que não sou. Agora é a sua vez. Envio-lhe há anos meus escritos, a fim de que, ingenuamente e com lealdade, a senhora me declare enfim um dia "eu abomino cada uma de suas palavras" e a senhora teria o direito de fazê-lo, pois é uma "idealista" – e, *quanto a mim*, trato o idealismo como uma insinceridade tornada instinto, como a *vontade* de a todo custo não ver a realidade: *cada* frase de meus escritos contém o *desprezo* pelo idealismo.[43]

E assim também com sua irmã, que revela amargura e preocupação em uma carta enviada diretamente do Paraguai. Nietzsche começa a escrever uma resposta que, contudo, não enviará:

> Recebi sua carta e, depois de lê-la várias vezes, vi-me na mais imperiosa necessidade de me afastar de você. Agora que meu destino está traçado, sinto cada uma de suas palavras em relação a mim com uma acuidade ampliada: você não faz a mínima ideia do quanto se distanciou do homem e do destino em que se selou a questão de milênios – eu tenho, literalmente, o futuro da humanidade entre as mãos.[44]

O sentimento de não só ser um destino, mas de ser o responsável pelo destino da humanidade inteira se torna em Nietzsche uma ideia fixa. Esta, todavia, é retomada com um domínio impressionante nos últimos textos que seriam publicados: *O anticristo* e *Ecce homo*.

O manuscrito de *O anticristo*, tal como se conhece, foi concluído em 30 de setembro, mas Nietzsche teria provavelmente retomado o trabalho se pudesse, como sugere o subtítulo inicial, fazer desse texto a "Primeira parte da transvaloração de todos os valores".[45] O que se tornará uma verdadeira *Maldição contra o cristianismo* (assim é o subtítulo de *O anticristo*) começa pela análise do processo de falsificação progressiva que se infiltrou entre Cristo e os evangelhos, entre os evangelhos e a moral de Paulo. O cristianismo tornou-se de uma ponta a outra mentira, tudo nele é *imaginário*: causas, efeitos, seres, natureza, psicologia, teleologia imaginários, que constituem um mundo de pura *ficção*.

> Quem é o único a possuir razões para se *esquivar mentirosamente* da realidade? Quem *sofre* por sua causa. Contudo, sofrer por causa da realidade significa ser uma realidade malograda...[46]

Nietzsche leva longe demais a interpretação do cristianismo como moral de escravos nascida nas camadas desfavorecidas e sofredoras. E a questão que Nietzsche levanta finalmente é a de saber com que interesse se mantém ainda hoje o cristianismo, enquanto a vida moderna em todas as suas dimensões (e não apenas a ciência) ataca a existência de Deus. O cristianismo contemporâneo *sabe* que Deus está morto, e a Europa continua saciando-se desse cadáver como um abutre:

> O que no passado era apenas doente, hoje se torna indecente – hoje é indecente ser cristão. [...] que *aborto de falsidade* deve ser o homem moderno para que, apesar disso, *não se envergonhe* de ainda se chamar cristão![47]

Diante do espetáculo da longa decadência da cultura, revolta-se o admirador da antiguidade que ele sempre foi:

> Todo o trabalho do mundo antigo *em vão*: não tenho palavras que exprimam meu sentimento acerca de algo tão monstruoso. E, considerando que seu trabalho era um trabalho prévio, que, com uma granítica consciência de si, fora assentado tão somente o alicerce para um trabalho de milênios, todo o *sentido* do mundo antigo em vão!... Para que os gregos? Para que os romanos?[48]

O texto termina com um gesto dramático de condenação irrevogável, uma violenta imprecação com tom apocalíptico. As últimas páginas, que apresentam também, com a exaltação assustadora de um Robespierre, os sete artigos de uma "Lei contra o cristianismo, promulgada no dia da salvação, dia 1º do ano 1", não deixam de despertar no leitor uma espécie de mal-estar, uma vez que se pode hesitar entre três tipos de postura possíveis: a primeira, o exercício de domínio de uma retórica revolucionária e agressiva, imitando de maneira irônica a voz tonante de uma cólera divina; a segunda, o descarregar exasperado de vinte anos lutando contra a mentira e a decadência, contra o niilismo e o ódio da vida; por fim, a expressão incontrolável de uma paranoia megalomaníaca. Isso porque a suspeita de que a estratégia talvez tenha escorregado para algo incontrolável confunde agora os limites demarcados e a legibilidade das forças existentes em semelhante tomada de palavra.

Diante do desconforto suscitado pelo final de *O anticristo*, é possível privilegiar um ou outro aspecto diante do que em breve vai ocorrer: ou as pessoas se reportam às últimas cartas de Nietzsche, aos "bilhetes da loucura", em que desmoronou definitivamente todo o sentido do equilíbrio, e sentem, no *páthos* conclusivo de *O anticristo*, fremir o patológico; ou se dedicam a ler precisamente *Ecce homo* e a constatar aí, no elã de *O anticristo*, o encerramento magistral de uma estratégia textual em que nunca faltaram a ironia e as conscientes tiradas de dramatização.

O que apresentamos aqui como alternativa talvez seja um processo único, uma forma extraordinária de *retidão*, em que as forças tentam ir até o fim enquanto podem. Em todo caso, Nietzsche tem perfeita consciência do efeito que pretende causar, e isso em uma perspectiva editorial precisa. Em 6 de novembro, escreve a seu editor:

> Estou agora totalmente convencido de que tenho necessidade de outra obra *preparatória* no mais alto grau, a fim de poder me apresentar, em um prazo de mais ou menos um ano, com o primeiro livro de *A transvaloração dos valores* [*O anticristo*]. Urge que uma verdadeira *tensão* seja criada – em outros termos, ocorrerá como *Assim falou Zaratustra*. [...] Dessa maneira, cheguei ao fim, entre 15 de outubro e 4 de novembro, de uma tarefa *dificílima*, que consiste em contar a mim mesmo meus escritos, minhas opiniões e, fragmentariamente, à medida que exigir meu projeto, *minha vida*. Acredito que isso, ao menos, será entendido, quem sabe até demais... E, então, tudo será melhor.[49]

Desde sempre, aniversários e os dias de Ano-Novo são para Nietzsche a oportunidade de fazer o balanço de sua existência. As primeiras anotações de *Ecce homo*, que datam de 15 de outubro, não são exceções:

> Nesse dia perfeito, em que tudo amadurece e não apenas a uva se torna escura, caiu sobre a minha vida um olhar do sol: eu

> olhei para trás, eu olhei para frente e jamais vi tantas e tão boas coisas de uma só vez. Não é por acaso que hoje enterrei meu quadragésimo quarto ano, eu *pude* enterrá-lo – o que havia de vida nele está salvo, é imortal. O primeiro livro da *Transvaloração de todos os valores*, as *Canções de Zaratustra*, o *Crepúsculo dos ídolos*, minha tentativa de filosofar com o martelo... foram, todos eles, presentes deste ano, inclusive do último trimestre deste ano! *Como eu não haveria de ser agradecido a minha vida inteira?...* – E assim eu me conto a minha vida.[50]
>
> E continua:
>
> Quem fizer a mínima ideia do que sou adivinhará que vivi mais experiências do que qualquer outro homem. O testemunho disso está mesmo inscrito em meus livros, que, linha por linha, são livros vividos, a partir de uma vontade de viver, e por consequência, enquanto *criação*, representam um verdadeiro suplemento, um excedente dessa vida.[51]

A intenção de Nietzsche, portanto, é contar sua vida à medida que seu projeto exigir, ou seja, precisamente enquanto vontade de viver, enquanto criação, manifestação ou produção da vontade de poder. Nietzsche nada mais quer senão praticar sobre si mesmo o método genealógico que aplicou a qualquer coisa: é então uma forma muito particular de escrita autobiográfica, pois se trata de uma leitura de si como texto, traduzido em termos de instintos, de hierarquização dos instintos em vista da construção de um "ego".

Nietzsche não acredita no eu como substância, nem no si mesmo mais do que no resto. Existe um construtivismo do eu que faz dele uma obra de arte, uma tradução ou uma interpretação de um texto inicial que, de outro modo, não se deixaria conhecer. Deve-se levar ao pé da letra a seguinte afirmação do capítulo "Por que eu escrevo livros tão bons" de *Ecce homo*: "Uma coisa sou eu, outra são meus escritos...". Dizer é já dar um salto em uma esfera absolutamente heterogênea, como em 1873 já afirmava *Verdade e mentira no sentido extramoral*, isso porque, no fundo, não existe "coisa". "Eu" sou o produto plástico de uma multiplicidade de forças hierarquizadas conspirando entre si (sem mim) para favorecer uma vontade dominante:

> Precaução até mesmo ante toda e qualquer palavra grandiosa, qualquer atitude grandiosa! São, todas elas, perigos de o instinto "se entender" demasiado cedo... Nesse meio-tempo a "ideia" organizadora, a "ideia" chamada ao poder cresce e cresce nas profundezas – ela começa a dar ordens, aos poucos ela vai evitando desvios e descaminhos, trazendo *de volta*, ela prepara qualidades e capacidades *individuais*, que um dia haverão de se mostrar indispensáveis como meios para alcançar o todo – ela treina, um por um, todos os recursos *ancilares*, antes de dar qualquer notícia a respeito da tarefa principal, do "objetivo", da "finalidade", do "sentido"... Considerada por esse lado, minha vida é simplesmente maravilhosa. Para realizar a tarefa de uma *transvaloração dos valores* talvez fossem necessários mais recursos do que jamais existiram juntos em qualquer outra pessoa, e sobretudo também recursos antitéticos, sem que eles se obstruíssem, se destruíssem uns aos outros. Ordem hierárquica dos recursos: distância; a arte de separar sem tornar inimigo; não misturar nada, não "reconciliar" nada; uma multiplicidade monstruosa, que mesmo assim é o contrário do caos – essa foi a condição prévia, o trabalho longo e secreto e o caráter artístico do meu instinto.[52]

A sutileza e a dificuldade de uma leitura genealógica desse "instinto" secreto, a concepção de um eu que não seja original e substancial, mas resultante e plástico, trazem toda sorte de perigos de não ser entendido – preocupação constante de Nietzsche, o qual sabe que só pode ser compreendido contanto que se entenda esse método de leitura genealógica que ele ainda é o único a praticar (disso resulta, no momento, a necessidade de ele mesmo contar sua vida): o ego verdadeiro é lançado longe diante de si, pois o homem é o que deve ser superado; o filósofo é uma flecha lançada no futuro. Chegamos ao movimento de projeção que talvez seja o mais fundamental do pensamento de Nietzsche. Compreendemos melhor, assim, essa vertiginosa afirmação:

> O tempo não chegou nem mesmo para mim; alguns apenas nascem postumamente...[53]

E essa outra, que esvazia o eu da substância e o suspende inteiramente a certas condições do porvir:

> Eu vivo jogado à minha própria sorte... e talvez seja apenas um preconceito o fato de eu viver?...[54]

Assim se delineia a função atribuída à obra *Ecce homo*, que é sobretudo uma apóstrofe e uma advertência, como o prólogo formula: "*Ouçam-me! pois eu sou assim e assado. E, acima de tudo, não me confundam!*". A maior urgência é, pois, saber o que Nietzsche não é: ele não é um monstro da virtude, nem um fanático, nem um fundador de religião. É um decadente, mas também todo o contrário (*O caso Wagner* relata que Nietzsche, ao contrário de Wagner, tem consciência de ser o filho de uma época de decadência). Tampouco é o irmão de sua irmã ou o filho de sua mãe – sua concepção do atavismo se mede na escala de milênios de cultura, como mostram suas análises de *Além do bem e do mal* ou de *A genealogia da moral*. Eis por que Nietzsche pode se dizer, sem que seja tomado por um louco, de ascendência nobre polonesa, de ascendência divina, filho de Júlio César, Alexandre ou do próprio Dionísio.

Uma vez tomadas as precauções para que não seja confundido, pode então enumerar seus instintos: ele superou o sentimento de compaixão, é isento de qualquer ressentimento, belicoso por natureza, hipersensível à "decência" a ponto de seu maior perigo ser o do *desgosto* diante do "homem" (tratava-se já do perigo de Zaratustra). Tem necessidade de solidão e de pureza. Todos os seus instintos trabalham então para a criação de "si mesmo": combinam-se em uma verdadeira "*egocultivação*"[55] que passa pelo cuidado dado à dieta alimentar, à escolha do lugar para viver e do clima que ali impera, à natureza das distrações, tais como leitura ou música. Desse ponto de vista, a "sinceridade" de Nietzsche é absoluta, e toda a sua vida pode, de fato, ser lida conforme alguns elementos fundamentais de disciplina.

Em virtude dessa "egocultivação", tem-se então condições de compreender o sentido da célebre frase "De como a gente se torna o que a gente é" que aparece no subtítulo de *Ecce homo*. Nessa criação de si mesmo por si mesmo, não há voluntarismo desmedido, porque justamente não é o ego que é soberano, mas os instintos que orientam sua construção. Todos esses procedimentos de constituição do eu, que Nietzsche chama de "casuística do egocentrismo"[56], são inevitáveis, formam um *destino*. Eis por que o corolário desse aparente "ativismo" disciplinar pode ser, sem contradição, um fatalismo sereno, um *laisser-faire*:

> Minha fórmula para a grandeza no homem é *amor fati*: não querer ter nada de diferente, nem para a frente, nem para trás, por toda a eternidade...[57]

Ecce homo propõe em seguida uma análise das obras, de *O nascimento da tragédia* a *O caso Wagner*. Em cada exame, trata-se de recolocar o livro abordado na moderação desse destino pulsional que o torna necessário, isto é, concretamente, prevenir os erros de leituras e as interpretações equivocadas. Um parêntese: encontram-se aí algumas chaves que, *caso se quisesse tê-las encontrado*, poderiam ter trancado a porta a interpretações delirantes – por exemplo, em relação ao super-homem[58]: que não tomem Nietzsche por um darwinista que reivindica a seleção de uma "espécie mais elevada de homem", por um idealista que clama o "culto ao herói", por um nacionalista que brada uma "filosofia genuína e direitista dos aristocratas rurais". Que tampouco o tomem por um alemão, pois tem, conforme imagina, sangue polonês. A bom entendedor... Em contrapartida, que reconheçam ter sido um mestre na arte do *estilo* e da *psicologia*. E que vejam nele de preferência um maganão mais do que um santo, um monstro da ironia mais do que o fundador de uma religião – como Sócrates.

A imagem de si mesmo que domina agora os escritos de Nietzsche é a de um acontecimento incomparável, a destruição de tudo o que se acreditou e se santificou até o presente:

Eu não sou homem, eu sou dinamite.[59]

Essa explosão, a partir de seu ponto de impacto, deve abalar o curso da humanidade, forçar a transvaloração dos valores e dos ídolos que reinaram desde milênios:

> A *descoberta* da moral cristã é um acontecimento que não tem igual, uma verdadeira catástrofe. Quem esclarece algo acerca dela é uma *force majeure*, um destino – ele quebra a história da humanidade em dois pedaços. Vive-se *antes* dele, vive-se *depois* dele...[60]

Retomando a célebre máxima de Voltaire, "Esmagai a infame", Nietzsche declara guerra a tudo o que se emprega, sob pretexto de moral, para enfraquecer o homem e o empurra para a autodestruição: a abnegação, o dever, a penitência e a redenção. A tudo o que obstrui o destino do homem, Nietzsche quer opor agora uma "grande política", cujo programa fecha *Ecce homo*:

> – Fui compreendido? – *Dionísio contra o crucificado*...[61]

Nessa época, Nietzsche tem a firme intenção de passar concretamente para o ataque: não há mais tempo de bancar o contemplativo a seis mil pés acima do resto dos homens; deve-se descer à arena. Essa decisão explica o interesse quase obsessivo pela administração de suas publicações: em primeiro lugar, em 18 de novembro, rompe de modo violento com seu editor Fritzsch, que publicou um artigo de Richard Pohl em particular humilhante para Nietzsche (com base em alegações falsas, Pohl descrevia Nietzsche como um compositor fracassado que só odiava Wagner por ter visto recusada a ópera que compusera...). Em seguida, dá início aos trâmites para recuperar os direitos à totalidade de sua obra e planeja inclusive, pela primeira vez na vida, contrair dívidas para esse fim. O episódio das conferências a serem organizadas por Brandes o autoriza a pensar que sua notoriedade se propaga pela Europa inteira.

Em torno dessas legítimas preocupações de autor, alimenta-se um processo pouco a pouco paranoico. Já proibido na Rússia, Nietzsche receia a censura na Alemanha, sobretudo desde que o escritor Heinrich Geffcken foi acusado de alta traição pelo governo prussiano. Em dezembro, ele teme as represálias o suficiente para querer suspender a impressão de *Ecce homo* e de *O caso Wagner*. O reich alemão torna-se motivo de todas as suas angústias, e nutre pelo jovem imperador, apoiado por Bismarck, o mais violento ódio. No final de dezembro, esboça a escrita de um *Promemoria*, uma verdadeira liga antialemã que deve definir o que entende por "grande política". Dessa forma, a guerra que declara não deve ser mal compreendida – mais uma advertência para os maus entendedores:

> Sou portador da guerra. *Não* entre os povos: não encontro palavras para expressar o desprezo que me inspira a abominável política de interesses das dinastias europeias, que, da exasperação dos egoísmos e das vaidades antagonistas dos povos, faz um princípio e quase um dever. *Não* entre as classes. Isso porque não temos classes superiores e, por consequência, inferiores [...]. Sou portador da guerra, uma guerra que corta bem ao meio todos os acasos absurdos que povo, classe, raça, profissão, educação, cultura são: uma guerra como entre ascensão e declínio, entre querer-viver e *desejo de se vingar* da vida, entre sinceridade e fingida dissimulação...[62]

Do imperador Hohenzollern, esse "jovem criminoso", Nietzsche contesta toda autoridade, ameaça-o até de morte e de destruição. E o *Promemoria* se ergue – literalmente – em apoteose:

> Falemos pouco, mas claro, e muito claro: agora que o Deus antigo foi abolido, estou prestes a *governar o Universo*...[63]

Se existe uma imensa dificuldade de assinalar o momento do colapso psíquico de Nietzsche, isso ocorre porque seu "delírio" nasce de uma intensificação contínua da tarefa filosófica e se vincula solidamente com os métodos e os propósitos de seu pensamento, também com a sua retórica metafórica. O delírio intensifica-se até explodir um desejo há muito alimentado, que abarcou o futuro do homem e sua superação, a eternidade da terra e sua leveza. Assim, não estamos de modo algum insinuando que a loucura de Nietzsche foi consequência necessária de sua filosofia ou que sua filosofia semeou um fértil campo patológico; apenas estamos dizendo que a filosofia se constrói sobre um tipo de desejo e que, quando o elemento externo de alteração se põe em movimento, implanta ou se orienta pela estrutura desse desejo. Trata-se, sem dúvida, do "segredo do delírio" de que fala Deleuze:

> O delírio, que está muito ligado ao desejo, desejar é delirar de certo modo, se você ouvir de perto um delírio, seja qual for, nada tem a ver com o que a psicanálise reteve dele, isto é, não se delira sobre seu pai e sua mãe. Delira-se sobre algo completamente diferente – e está aí o segredo do delírio –, delira-se sobre o mundo inteiro, isto quer dizer que se delira sobre a história, a geografia, as tribos, os desertos, os povos, as raças, os climas... Sobre isso é que se delira. O delírio é: onde estão minhas tribos, como dispor minhas tribos, como sobreviver no deserto etc. O delírio é geográfico-político.[64]

Durante os últimos meses de sua existência lúcida, Nietzsche substitui aos poucos a sutileza do "psicólogo" por uma clareza essencialmente belicosa: *O anticristo*, em seguida o final de *Ecce homo*, assim como inúmeras anotações, ampliam as declarações de guerra ao cristianismo. Nessa passagem fantasiada à ação da "grande política", há uma espécie de perda progressiva de identidade ou, para ser mais exato, de reconhecimento de si mesmo.

Em agosto de 1888, confidencia a Meta von Salis, em uma carta datada do dia 22, ter relido *A genealogia da moral* com admiração: havia esquecido o conteúdo da obra e o quanto ela era inspiradora. Em 9 de dezembro, a Peter Gast, afirma ter percorrido o conjunto de seus escritos e constatado com surpresa o quanto foram bem-sucedidos sem que ele se desse conta. Nietzsche progressivamente se desapropria de sua própria obra e, para ele, como revela diversas vezes em suas cartas, sua filosofia está finalizada.[65] Em 18 de julho de 1888, escreve a Carl Fuchs:

> De uma vez por todas, quero não mais saber de muitas coisas, não mais ouvir muitas coisas – a este preço talvez eu possa me dominar. Dei aos homens o livro mais profundo que eles têm, meu Zaratustra [...] Mas como é alto esse preço! Como é caro pagar a conta! Isso quase corrompe o caráter! A fenda se tornou muito grande. Desde então, para falar a verdade, só me dedico a idiotices para poder controlar uma tensão e uma vulnerabilidade insuportáveis. Que fique entre nós. O resto é silêncio.[66]

Em 3 de janeiro de 1889, Nietzsche é recolhido da rua, criando, de acordo com o relato de Overbeck, "um escândalo público". Em Turim, onde conhecem o excêntrico professor que por vezes bancava o maganão, cantando e dançando sob as janelas, correm boatos de que Nietzsche, ao ver um cocheiro bater com violência em um cavalo na Piazza Carlo Alberto, teria se lançado ao pescoço do animal soluçando, repleto de piedade, antes de cair em estado de prostração.

Nada confirma a veracidade dessa lenda local de duradoura memória, mas ela parece, no inconsciente coletivo, atingir o imoralista em cheio: quem procurou superar a compaixão deveria ser apanhado por ela e esmagado por seu peso? A cena lembra o horror de uma página de *Crime e castigo* ou o trauma do pequeno Hans. Esse cavalo em uma praça é também um camelo no deserto, primeira metamorfose do espírito em *Assim falou Zaratustra*. Não obstante, um camelo que teria se dobrado até a morte mais do que se livrado de seu fardo. Foi o que se considerou o colapso de Nietzsche.

Talvez eu seja um maganão...
(1889-1900)

Em 6 de janeiro, um domingo à tarde, Franz Overbeck recebe na sua casa em Basileia a inesperada visita de Jacob Burckhardt. Os dois se conhecem pouco, mas têm em comum a amizade com Nietzsche. O eminente professor, então com setenta anos, recebera naquela manhã uma carta de seu antigo discípulo que o deixou assustado e que compartilha com Overbeck:

> Em última análise, preferiria muito mais ser professor em Basileia do que Deus; mas não me atrevi a levar tão longe meu egoísmo particular a ponto de, em razão dele, eximir-me da criação do mundo [...]. O que é desagradável e embaraçoso para minha modéstia é que, no fundo, eu sou cada nome da história; mesmo em relação aos filhos que eu trouxe ao mundo, estou examinando com certa desconfiança se todos que vêm ao Reino de Deus também vêm do Reino de Deus. Neste outono, tão pouco vestido quanto possível, assisti duas vezes a meu enterro, a princípio como conde Robilant (não, é meu filho, na medida em que eu sou Carlo Alberto, minha natureza inferior), mas era eu mesmo Antonelli [...]. Mandei prender Caifás; também eu fui continuamente crucificado o ano passado pelos médicos alemães. Eliminados Bismarck e todos os antissemitas.[1]

Overbeck empalidece e mostra então a Burckhardt as cartas que ele próprio recebera de Nietzsche desde três meses atrás. O tom dessas correspondências deixara-o preocupado, mas só tomara consciência da gravidade da situação no momento em que percebeu que Nietzsche não reservava suas visões delirantes apenas a seus amigos íntimos. Após agradecer a Burckhardt, logo faz uma visita ao doutor Ludwig Wille, diretor da nova clínica psiquiátrica de Basileia, a Friedmatt, para lhe mostrar essas cartas e pedir conselho. Wille, sem hesitar, recomenda que vá o quanto antes encontrar o amigo.

Na noite de 7 de janeiro, o leal Overbeck parte para Turim, chegando na tarde do dia seguinte.

> Penetro em seu quarto, percebo que está com uma folha na mão, meio estendido sobre o sofá, e me precipito em sua direção; também ele me percebe e, antes que eu o tenha alcançado, ergue-se em um salto, lança-se a mim, joga-se em meus braços e sucumbe a uma crise nervosa de lágrimas, não manifestando outra atitude – exceto a pronúncia reiterada, desesperadamente afetuosa, de meu nome – senão o estremecimento de cada um de seus membros, que cada vez distribuem novos abraços calorosos. Só restou me firmar sobre minhas pernas e tratar de recobrar a presença de espírito para reconduzi-lo, com ternura e segurança, ao sofá, o que teria lamentavelmente fracassado se eu tivesse pensado ser possível dominar esse instante e interpretá-lo como o despertar furtivo e espasmódico de uma humanidade extinta em Nietzsche, o que na realidade acontecia e que muito cedo comecei a perceber...[2]

O dono do lugar em que Nietzsche estava hospedado, um tal de Fino, já entrara em contato com o consulado da Alemanha. Por sua vez, Overbeck se aproxima das autoridades alemãs e recebe do consulado a ajuda de um jovem dentista que se propõe a, junto com ele, acompanhar Nietzsche a Basileia. Na tarde seguinte, os três tomam o trem. Durante o caminho, Nietzsche é tomado por inúmeras e violentas crises; Overbeck o tranquiliza, explicando-lhe que essa atitude despropositada não convinha à dignidade de um professor, ao passo que uma grande celebração o aguarda em Basileia e que todo mundo estará presente para recebê-lo. Na estação, Overbeck recomenda ainda a Nietzsche a maior discrição: sua chegada de surpresa deve aumentar o impacto de sua entrada solene. Na plataforma, o doutor Miescher-Rüsch, um colega de Wille, vem ajudar na transferência à clínica Friedmatt. Nietzsche reconhece de imediato o médico e sabe que ele é alienista, mas se deixa levar sem oferecer resistência.

Depois de ser examinado, é instalado em um quarto. O boletim da clínica registra uma boa constituição física, um apetite voraz, uma sensação permanente de euforia. É chegada a hora de Overbeck informar a mãe do amigo, ainda que isso o constranja: Franziska, avisada em 10 de janeiro, chega a Basileia três dias depois e fica na casa dos Overbeck. "A mãe passa a impressão de uma mulher limitada"[3], anota ele no boletim durante sua visita. Ela pretende a todo custo conduzir seu filho para o lar materno, em Naumburg. Embora o estado clínico de Nietzsche proíba essa solicitação, a clínica não pode recusar uma aproximação geográfica. O paciente será, portanto, transferido para a clínica de Jena, dirigida por Otto Binswanger, tio daquele que se tornará um célebre psiquiatra, Ludwig Binswanger. Ernst Mähly, ex-colega de Nietzsche, vai acompanhá-lo. A separação é dolorosa para Overbeck, que escreverá a Gast em 20 de janeiro:

> Fim de linha para Nietzsche! E para que eu o saiba sequer preciso da opinião abalizada do médico, que chegou à conclusão de que se trata de uma paralisia fatalmente progressiva e, salvo por momentos de trégua, exclui a possibilidade de qualquer cura. Julgue por si mesmo este detalhe: Nietzsche sequer foi capaz de manifestar contra mim o ódio a que eu já estava conformado por antecedência por tê-lo privado de sua liberdade; as últimas palavras que ouvi dele, antes de as portas do seu vagão se fecharem, eram uma demonstração exaltada de sua amizade por mim. Esse herói da liberdade chegou mesmo ao ponto de não pensar mais na liberdade.[4]

Ao longo da viagem para Jena, Nietzsche é tomado de um acesso de fúria contra sua mãe que, chocada com seus insultos, vê-se obrigada a viajar separadamente. Em 19 de janeiro, chega à clínica psiquiátrica da Universidade de Jena, onde é controlado por fortes doses de cloral. Agitado à noite, recusando-se a dormir na cama e preferindo se encolher no chão, Nietzsche se mostra calmo durante o dia: pavoneia-se majestosamente nos corredores, saudando os pacientes com a mão como um rei abençoando seus súditos. Declara ser o imperador ou o duque de Cumberland. Certa vez, lança imprecações contra o seu guarda, que toma por Bismarck. Em 27 de março, o boletim médico de Jena fará registro de uma observação do paciente: "Foi minha mulher, Cosima Wagner, que me trouxe aqui".[5]

No cerne das manifestações de delírio daquele que assinava seus últimos bilhetes como Dionísio, persiste ainda um motivo carregado de significado: a evocação reiterada de Cosima Wagner na figura de Ariadne. O labirinto mental de Nietzsche é literalmente atravessado por esse fio. Filha de Minos e Pasífae, prometida de Teseu – que é salvo por ela do labirinto e que a abandona na ilha de Naxos –, mulher de Dionísio, que a recolhe na ilha, casa-se com ela e a torna imortal, Ariadne aparece na mitologia nietzschiana, desde 1885, como correlato natural do reaparecimento de Dionísio. O deus que alivia a terra dos pesados valores heroicos do homem superior (Teseu) tem necessidade do amor de Ariadne para sussurrar em seu ouvido a afirmação de tudo o que é, e assim renová-la; tem necessidade dela para engendrar o super-homem e fundir a aliança do eterno retorno.[6] A última parte de *Assim falou Zaratustra*, no canto de "O feiticeiro", revelava uma queixa que se tornará, nos primeiros dias de 1889, "O lamento de Ariadne" dos *Ditirambos de Dionísio*. O deus revela o segredo de seu amor atendendo às súplicas de Ariadne:

>Ariadne
>
>Regressa!
>Com todos os teus seus suplícios!
>Todas as minhas lágrimas
>por ti começam a correr!
>E a derradeira chama do meu coração – –
>arde para ti.
>Oh! regressa,
>meu deus desconhecido!
>minha dor!
>minha derradeira felicidade! ...
>
>(*Um relâmpago. Dionísio aparece em uma beleza de esmeralda.*)

Dionísio

Age com sensatez, Ariadne!...
Tens orelhas pequenas, as minhas orelhas:
ouve com elas uma palavra sensata! —
Não se deve odiar antes de amar? ...
Eu sou teu labirinto...[7]

Ora, quanto mais se reforça ao longo dos últimos anos a identificação de Nietzsche com Dionísio, tanto mais a própria figura de Ariadne será ligada à de Cosima, fazendo de Richard Wagner, em consequência, o heroico Teseu, o homem superior que deve ser superado. Sem dúvida, a decência impediria Nietzsche de tornar explícita essa tripla identificação que, de certo modo, teria representado uma declaração de amor a Cosima. Não obstante, como a demência derruba as inibições, a associação se trai abertamente em um bilhete que Nietzsche quis enviar a Cosima no dia de seu colapso:

> À princesa Ariadne, minha bem-amada.
> É um preconceito que eu seja um homem. Mas com frequência já vivi entre os homens e conheço tudo o que os homens podem experimentar, do mais baixo ao mais elevado. Fui Buda entre os indianos, Dionísio na Grécia – Alexandre e César são encarnações minhas, assim como o poeta de Shakespeare, lorde Bacon. Por fim, fui ainda Voltaire e Napoleão, talvez Richard Wagner... Porém, dessa vez, chego como o Dionísio vencedor que vai transformar a terra em dia de festa... Não que eu tenha muito tempo... Os céus se regozijam com a minha presença aqui... Também fui pendurado na cruz...[8]

Compreende-se assim o que Nietzsche pretendia quando afirmava a Burckhardt: "Eu sou cada nome da história". Contudo, o que funcionava na obra como uma vastidão de personagens conceituais parece ter se condensado agora em um distúrbio patológico de personalidade. No entanto, em um pensamento que sempre terá considerado a metáfora como essência da linguagem e a não identidade como essência do ser, em um pensamento que sempre quis com fervor abalar o preconceito da identidade subjetiva, quem se atreverá a assinalar o momento em que semelhante abalo não carrega mais sentido?

Graças à publicação do material por Ernst Friedrich Podach em uma revista médica de Berlim e depois em sua obra *L'Effondrement de Nietzsche* (1930), tivemos acesso aos boletins médicos do filósofo. Embora o trabalho de Podach contenha erros de avaliação – alguns dos quais já foram corrigidos ou discutidos –, apresenta a vantagem de se manter neutro acerca da natureza da doença mental de Nietzsche. Outros, bem depressa e por muito tempo, tiveram menos escrúpulos e não deixaram de especular sobre as causas de sua loucura.

O termo usual na época, "paralisia progressiva", permanece demasiado vago para designar uma série de sintomas causados por lesões cerebrais. O célebre diagnóstico de infecção sifilítica remonta ao período de internação em Basileia e foi retomado pelos médicos de Jena. O próprio Nietzsche declarou por duas vezes ter contraído sífilis durante seus anos de estudante. O que fazer com as declarações de um enfermo? Vimos que diversas vezes, e em diferentes épocas de sua vida, Nietzsche, ao contrário, interpretou seu mal como uma afecção congênita herdada do pai. Vimos também que essa hipótese foi violentamente rejeitada por Elisabeth, preocupada em excluir qualquer suspeita de degeneração na família.

Elisabeth encarregará o doutor Paul Julius Möbius de estudar a questão, e este confirmará a infecção sifilítica. O resultado não satisfaz Elisabeth, uma vez que, embora poupe a memória do pai, mancha a moralidade do irmão. Ela decidirá então impor sua própria versão: na época de Sils-Maria, Friedrich teria abusado de certo "chá javanês" (haxixe?) que teria progressivamente alterado suas funções cerebrais. Passemos por cima da abissal desonestidade de Elisabeth, que em breve se refletirá em decisões bem mais graves. A hipótese de sífilis, em todo caso, não convence por completo: sem dúvida, Möbius explicava que a doença poderia se manifestar após um longo período de incubação, mas uma incubação de mais de vinte anos seria um caso único e improvável. Médicos contemporâneos, sem resolver a questão, destacaram todavia que certos sintomas de Nietzsche eram incompatíveis com a sífilis.

A devota Elisabeth, de qualquer forma, não está do lado do irmão nos primeiros meses que se seguem a seu colapso. Está atarefada no Paraguai. Os cuidados com o doente devem-se ao notável envolvimento de Franz e Ida Overbeck: o casal resolve todas as questões práticas – incluindo os gastos –, toma conta de Franziska, informa todos os antigos amigos de Nietzsche e procura, além disso, abafar os rumores que começam a nascer na opinião pública. Enquanto isso, Peter Gast, apavorado com a catástrofe, vagueia sem rumo pelas ruas de Berlim.

Ainda assim, a preocupação principal de Overbeck diz respeito à obra: Nietzsche deixou estruturado um vasto programa de novas edições e de milhares de páginas com anotações. Avesso a tomar sozinho decisões importantes, ele se volta para Peter Gast, que procura arrancar do estupor. É o caso de publicar o mais rápido possível o *Crepúsculo dos ídolos*, antes que a notícia da demência de Nietzsche se propague pela imprensa, e de retardar o lançamento dos últimos textos – *O caso Wagner*, *Ecce homo* e *O anticristo* – até que o sucesso de *Crepúsculo dos ídolos* tenha reduzido os riscos de uma censura.

Do ponto de vista jurídico, Overbeck não tem direito algum sobre a obra, mas o editor Naumann lhe confere de fato a responsabilidade por ela. Ele se encontra em uma posição delicada e não se cansa de pedir a aprovação de Gast, de quem, no entanto, conhece a falta de discernimento. Overbeck manda entregar em Basileia a mala de Nietzsche que permanecera em Turim: uma centena de quilos de livros e de manuscritos que ele copia com fidelidade, por medida de segurança. Da grande obra tão anunciada por Nietzsche em 1888, "A transvaloração dos valores", não encontra nenhum vestígio.

No final de 1889, irrompe em Jena um estranho professor que só conhece o filósofo por seus escritos e que está decidido a curá-lo: Julius Langbehn, historiador de arte, católico fervoroso e antissemita convicto, persuadiu-se de que

Nietzsche está possuído e que convém exorcizá-lo. Quase chega a ganhar para sua causa a crédula Franziska e o desamparado Overbeck, mas suas pretensões desmedidas fazem com que fique desacreditado: Langbehn quer a tutela do doente (e, naturalmente, o montante total de sua pensão), assim como um controle absoluto sobre as visitas da mãe. Após quinze dias de trejeitos exorcistas, o professor desencadeia a ira de Nietzsche, que lhe atira uma mesa contra o rosto. Overbeck obtém de Franziska e de Gast anuência para se livrar do impostor.

Apesar da violência legítima desse gesto, Nietzsche parece se comportar melhor: afável, caloroso, é autorizado a sair todos os dias para a cidade, acompanhado da mãe ou de seu amigo. As crises são raras e curtas, e ele pode inclusive manter algumas conversas triviais. Embora se lembre com perfeição de fatos históricos, romances lidos e peças musicais, manifesta certa tendência à regressão infantil, sem dúvida reforçada pela presença constante da mãe. Esta, com paciência e firmeza, retoma aos poucos a influência sobre o filho e o controle sobre o seu entorno; continua com a intenção de levar o filho de volta para o lar materno e, ainda que o projeto de passar o Natal em Naumburg tenha se mostrado muito precipitado (deve-se dispensar os locatários que ocupam a casa), Nietzsche pode deixar a clínica de Jena em 24 de março de 1890. Dizem que se vestiu sozinho, com asseio, feliz o bastante para rir e se despedir da clínica oferecendo uma notável improvisação ao piano. Franziska escreve então a Overbeck: "Reconheço a mão de Deus no rumo que as coisas tomaram, já que meu filho se sente tão bem aqui".[9]

Sua mãe parece ter boas razões para se mostrar otimista: Nietzsche toca piano, adora as caminhadas e as leituras (solicita com frequência as últimas páginas de *Assim falou Zaratustra*). Todavia, desperta a inquietação de Paul Deussen, que o visita no final de setembro. O antigo amigo fica satisfeito por seu estado físico, mas observa o quanto as lembranças evocadas simultaneamente parecem caóticas e a concatenação das ideias incoerente. Nietzsche recebe inúmeras visitas, entre as quais a dos amigos de infância, Krug e Pinder. No entanto,

Peter Gast fica retido em Leipzig por conta de sua ópera, e Overbeck em Basileia, por sua docência.

Finalmente, em 16 de dezembro, Elisabeth retorna do Paraguai. Sabemos que a sra. Förster-Nietzsche encontrava-se nesse país desde fevereiro de 1886, porque seu esposo pretendia fundar uma colônia ariana. Não podemos deixar de nos perguntar se Elisabeth teria voltado para cuidar do irmão se o temerário projeto de Neu-Germania não tivesse lamentavelmente fracassado...

O governo paraguaio concedera a Förster um território de seiscentos quilômetros quadrados, que receberia os primeiros colonizadores no ano seguinte. Porém, a condição para essa concessão era a de que a colônia ultrapassasse a marca de 140 casas em três anos. Em julho de 1888, Neu-Germania abrigava apenas cerca de quarenta residências. O peso das responsabilidades administrativas e a proximidade do fatídico prazo imposto pelo governo pesarão de modo cada vez mais perigoso sobre o equilíbrio psíquico de Förster. Além disso, a colônia está minada por dissensões internas: a floresta virgem não cumpriu suas promessas paradisíacas, a comunidade se ressente da falta de trabalhadores jovens, de coragem e virtude, e se deixa corromper pela vida tropical. Devastado por seu fracasso, vítima de um ataque de nervos, Förster suicida-se em 3 de julho de 1889. Elisabeth, assistida por um administrador, encontra-se à frente de uma estrutura demasiado complexa para ela. Tenta reunir fundos na Alemanha para cobrir as dívidas da colônia, e essa é a razão de sua volta, por alguns meses.

Parece que Förster legara um loteamento a seu cunhado. Para validar a herança, deve-se então definir juridicamente a tutela de Nietzsche. Franziska se volta com toda a naturalidade para Overbeck, mas seu distanciamento não facilita a situação e, de qualquer modo, alguém que não faz parte da família não pode se tornar o tutor principal. A própria Franziska, com certo bom senso, decide assumir a tutela de seu filho. O cotutor será Edmund Oehler, seu irmão. Porém, Edmund morre em abril de

1891 – tendo tido tempo suficiente, no entanto, para mandar interditar, com a cumplicidade da mãe e da irmã de Nietzsche, a quarta parte de *Assim falou Zaratustra*. Essa decisão arbitrária provoca a ira de Peter Gast: "Para dizer a verdade, há motivos para morrer de rir: ver duas mulheres devotas e um pastor rural se pronunciarem sobre a publicação dos escritos de um dos autores mais radicalmente ateus e anticristãos. Mas neste momento não tenho coragem para rir".[10] O sobrinho, Adalbert Oehler, assume como novo cotutor.

Gast tenta intimidar Franziska, demonstrando a ela a necessidade premente das publicações, mas Elisabeth não tem interesse algum de mandar publicar as polêmicas obras de seu irmão justamente no momento em que está à procura, para sua colônia, de um pastor remunerado pela Prússia! Ela negocia com Naumann os direitos sobre uma eventual publicação das obras.

No decorrer de 1891, Nietzsche aos poucos é tomado pela apatia. Em 17 de fevereiro, Gersdorff observa, em uma carta a Overbeck: "Parece agora que a demência está prestes a se transformar em cretinismo".[11] Overbeck se dá conta disso por si só durante uma visita a Naumburg na mesma época. Apesar de seu bronzeado e de seu andar cauteloso, Nietzsche quase não fala mais, com um sorriso fixo que beira a careta, e agora suas improvisações ao piano não passam de cacofonia. Franziska aparenta não desejar ver a degradação do estado de seu filho e teima em querer levá-lo para caminhar.

Porém, na primavera de 1892, Nietzsche grita e se agita a tal ponto que as caminhadas devem ser abandonadas. Não reconhece mais ninguém. Gast fica chocado com a falta de disponibilidade de Elisabeth para o irmão, já que esta se ocupa integralmente com seus próprios negócios. Ela encontra tempo, todavia, para mandar publicar uma obra de própria autoria, intitulada *Neu-Germania: a colônia de Bernhard Förster no Paraguai*. Sobretudo precisa, com a ajuda de um advogado, fazer depressa um acordo com o editor Naumann, que publicou por iniciativa pessoal *Além do bem e do mal*, *A genealogia da moral* e *O caso Wagner* e reivindica consideráveis quantias de dinheiro. A notoriedade de Nietzsche se propaga rapidamente, não só em razão da repentina atividade editorial (somam-se aos três títulos citados acima a totalidade, enfim, de *Assim falou Zaratustra*, as quatro *Considerações extemporâneas*, excertos de *Ecce homo*, todos prefaciados por Gast), como também por conta da aura trágica que paira cada vez mais ao redor da figura do filósofo louco.

Em 2 de junho de 1892, Elisabeth volta para o Paraguai, onde permanece até o começo de setembro de 1893 para resolver suas pendências. A partir de seu retorno definitivo à Alemanha, contesta brutalmente o direito de Gast de se encarregar das publicações e exige a devolução, em 23 de setembro, de todos os manuscritos de Nietzsche. Causa surpresa a repentina obstinação de Elisabeth em se apossar da obra do irmão: ela afasta Overbeck e Gast (e suprime todos os prefácios desse último), manda destruir as edições existentes e planeja uma edição completa. Tem o auxílio para essa tarefa de um tal de Fritz Kögel, um dono de indústria um pouco filólogo, que também é amigo de Cosima Wagner. Entretanto, arruinada por sua colônia, Elisabeth sofre com a falta de dinheiro, e a pensão que Nietzsche continua recebendo da Universidade de Basileia não é suficiente para financiar seus projetos.

Decide então explorar os manuscritos através da fundação do Nietzsche-Archiv, que tem esperanças de poder sustentar com o sucesso crescente dos textos do irmão, mas também com a generosidade de seus amigos mais ricos, como Meta von Salis em especial. Com indubitável bom senso, Elisabeth segue o exemplo do Goethe-und Schiller-Archiv, fundado no ano de 1885 em Weimar. Aliás, contrata os serviços de Max Zerbst e Eduard von Hellen, que trabalham para a referida instituição com o acervo de Goethe. Ainda assim, despida de qualquer escrúpulo científico, Elisabeth quer reinar sozinha sobre o empreendimento, a ponto de sua mãe, isolada e impotente, manifestar uma profunda inquietação.

Desse modo, em colaboração com Naumann, prevê uma edição completa, cujo primeiro tomo seria constituído de uma biografia do filósofo: com esse propósito, Naumann aproxima Peter Gast, mas Elisabeth antecipa-se a ele, alegando que já começara por conta própria a pôr mãos à obra. A partir de então, ela se tornará particularmente prolixa, animada pelo projeto subjacente de elaborar, com exclusividade total, o único discurso autorizado sobre o irmão: aos três volumes de *A vida de Friedrich Nietzsche* (1895-1897-1904) se sucederão *Nietzsche-Archiv, seus amigos e seus inimigos* (1907), *O jovem Nietzsche* (1912), *Nietzsche solitário* (1914), *Nietzsche e as mulheres de seu tempo* (1935), assim como certo número de artigos e prefácios. O objetivo velado de toda essa literatura, tão mentirosa quanto exaltada, é claramente trazer para o público a figura de Nietzsche na estrutura familiar e de fazer da irmã a pessoa que o compreende melhor. Quando se considera que Elisabeth, seja em razão de suas limitações intelectuais ou de sua moral pequeno-burguesa, sempre foi cada vez mais excluída das implicações essenciais da vida e do pensamento do irmão, entende-se a amplitude da mentira.

Embora a primeira biografia "elisabethiana" de Nietzsche tenha servido para dar início à edição das futuras obras completas, ela encontra sua justificativa imediata na publicação dos primeiros artigos de Lou Andreas-Salomé sobre o filósofo, aos quais Elisabeth quer responder e se opor. Nessa época, de fato, a antiga amiga de Nietzsche, com cerca de trinta anos e casada desde 1888 com o orientalista Friedrich Carl Andreas, pode fazer um balanço definitivo de seu encontro com o filósofo e esboçar uma visão holística do alcance de sua influência. Seu casamento, que ela aliás de modo algum pretende consumar a fim de preservar a exigente pureza de uma união espiritual e sagrada, definitivamente a separou de Paul Rée e lhe permite lançar um olhar tranquilo sobre a experiência fecunda, mas tumultuosa, da famosa "trindade".

Desde 1882, nos tempos de Tautenburg, Lou esboçara uma "Caracterização de Nietzsche", aprovada por este e que servirá de base para seus futuros trabalhos. A partir de 1891, Lou retoma essas anotações, reúne e refaz diferentes contribuições à *Deutsche Rundschau* para constituir uma obra que publica em 1894, em Viena, intitulada *Nietzsche em suas obras*. Em *Minha vida*, esboço autobiográfico escrito entre 1931 e 1933, a septuagenária se lembrará da disposição com que foi composto o seu texto sobre Nietzsche:

> Mais tarde, segui o método que Paul Rée empregara comigo: mantive-me a distância, evitando ler tudo sobre o tema e não levando em consideração nem as manifestações de hostilidade da família de Nietzsche nem as obras publicadas depois da morte dele. Escrevi meu livro *Nietzsche em suas obras* com total independência, sem influência alguma; a única coisa que me instigou foi o enorme número de escrevinhadores que, em vista da fama crescente de Nietzsche, apoderaram-se dele enganando-se a respeito de seu pensamento; de minha parte, apenas *depois* de ter tido relações pessoais com Nietzsche compreendi o universo de seu pensamento ao ler suas obras; importava-me essencialmente compreender o personagem Nietzsche a partir dessas impressões *concretas*. E, tal como o conheci – na mais perfeita comemoração dos acontecimentos pessoais –, tal deveria permanecer a meus olhos.[12]

De fato, Lou *leu* a obra de Nietzsche, da qual faz uma interpretação extraordinária. Encontra-se aí a primeira – e por muito tempo a única – tentativa de reconstruir a unidade do pensamento do filósofo, um "sistema Nietzsche" (título da terceira parte) que estabelece sua sistematicidade, não sobre essa lógica abstrata fustigada pelo obstinado adversário de qualquer sistema, mas sobre uma coerência "psicológica" profunda, isto é, uma lógica instintiva à obra ao longo de sua vida. Lou segue assim o método empregado pelo próprio Nietzsche, como ele reconhecera em uma carta de 16 de setembro de 1882, após ler sua "Caracterização": "Sua intenção de unir os sistemas filosóficos às atitudes pessoais de seus autores é realmente a ideia de uma 'alma gêmea'". Em *Nietzsche em suas obras*, que ela qualifica de "biografia interior", Lou Andreas-Salomé ressalta uma dualidade dolorosa e produtiva (mas capaz de levar à loucura) gerada por um sentimento religioso original:

Assim, a poderosa emoção religiosa que é em Nietzsche a fonte de todo conhecimento forma um núcleo de tendências contraditórias: *sua própria imolação* e *sua própria apoteose*; a atrocidade de sua própria *destruição* e a volúpia de sua divinização; o definhamento doloroso e a cura vitoriosa; uma embriaguez abrasadora e uma consciência glacial.[13]

E essa "biografia interior" é antes de tudo uma "biografia da dor":

Ainda que suas dores físicas tenham sido a origem e a causa de seu isolamento exterior, é no sofrimento psíquico que se deve buscar as raízes de seu individualismo exaltado: foi ele que levou Nietzsche a ressaltar o caráter único de uma solidão como a sua. A história desse homem "único" é, do começo ao fim, uma *biografia da dor* e não tem nenhum ponto comum com qualquer individualismo geral, uma vez que seu conteúdo não provém do "contentamento de si mesmo", mas da força com que Nietzsche consegue "suportar a si mesmo". Acompanhar as alternâncias dolorosas de ascensão e declínio que demarcam seu desenvolvimento intelectual é reler toda a história dos ferimentos que ele se infligiu. "Esse pensador não precisa de ninguém que o refute: para tanto ele se basta" (*O peregrino e sua sombra*, §249). Essas palavras audaciosas que Nietzsche emprega acerca de sua própria filosofia escondem uma luta heroica, longa e dolorosa consigo mesmo.[14]

Porém, para Elisabeth, se seu irmão sofreu, foi justamente por conta de criaturas diabólicas como Lou. Sempre alimentou um ódio profundo pela "jovem russa" desavergonhada e insolente, belíssima e inteligente demais, que brincou perfidamente com os sentimentos do querido e pequeno Fritz. E, para completar, Salomé é um nome judeu. Basta uma consulta ao índice de *Friedrich Nietzsche e as mulheres de seu tempo* para ver a que Elisabeth quis reduzir a experiência de Lou: depois de um capítulo significativamente intitulado "Bons velhos tempos", encontram-se diferentes seções, dedicadas às "influências femininas da infância", a seguir a Cosima, a Malwida, às "mulheres prestativas" enfim. Em seguida, o título abrupto – "Experiências desagradáveis" – de um capítulo dedicado à sra. Overbeck e a Lou... Com acidez, mas não sem uma deliciosa ironia, Elisabeth, e isso já em 1935, derrama sobre Lou seu inalterável desprezo:

> Sua consumada arte de assumir ares ascético-heroicos e de se apresentar, desde a sua mais tenra infância, como mártir da verdade e da busca do conhecimento, ao qual sacrificou até mesmo sua saúde, era impressionante.[15]

Pascale Hummel, a tradutora desse texto para o francês, registra com razão que esse tipo de juízo, manifestado desde sempre em alto e bom som por Elisabeth, não deixou de influenciar de maneira problemática as opiniões de Nietzsche, a ponto de se encontrar na correspondência deste, nos períodos de crise, a retomada quase literal de semelhantes observações cruéis. A tradutora acrescenta que Lou Andreas-Salomé foi a primeira a constatar em Nietzsche uma tendência à ecolalia, efeito provável de momentos de aflição em que um julgamento pessoal comedido tornava-se impossível.

Deve-se reconhecer que Elisabeth não é a única pessoa a revelar total aversão a Lou: Peter Gast é particularmente hostil a ela, e até mesmo o ponderado Overbeck, ainda que reconheça a capacidade intelectual da moça, considera suspeita a supervalorização dessa curta amizade passada.

A luta por deter a memória de Nietzsche, portanto, tem início (embora Lou Andreas-Salomé, depois da biografia de 1894, quase não fale mais sobre o tema). Elisabeth publica o primeiro tomo de sua biografia em abril de 1895 e, em seguida, solicita que Erwin Rohde dirija a edição das *philologica*, aqueles textos da época de Basileia consagrados à cultura grega. Rohde hesita diante dessas exumações, por não ter certeza de que tenham um caráter científico bastante comprovado, mas Elisabeth se mostra inflexível.

Quanto a Franziska, segue prestando seus incansáveis cuidados ao filho. Contudo, a apatia de Nietzsche continua crescendo, e a velha enfermeira particular do próprio filho se cansa de alimentar otimismo: Nietzsche não se restabelecerá. Além disso, extremamente afetada pela notícia de que a pensão dada pela Universidade de Basileia finalmente foi cortada, Franziska fica doente. Em 20 de abril de 1897, aos 71 anos, a mãe de Nietzsche falece devido a uma gastrenterite.

Não é difícil imaginar que, com a morte da mãe, cai o último obstáculo para a onipotência da filha. Desde 1º agosto de 1896, Elisabeth já transferira o Nietzsche-Archiv de Naumburg para Weimar, onde ela decide se estabelecer. Ciente de que deve desenvolver alguma legitimidade intelectual, busca a assistência de diversos professores, entre eles o filósofo (e futuro criador da antroposofia) Rudolf Steiner, leitor assíduo de Nietzsche e de Schopenhauer, e que ela conheceu em 1894. Graças à ajuda financeira da leal Meta von Salis e do conde Harry Kessler (que será diretor do Museu de Artes e Artesanato de Weimar a partir de 1902), Elisabeth adquire na cidade de Goethe uma mansão, a Villa Silberblick. O falecimento de Franziska lhe permite esvaziar a casa de Naumburg e transferir o irmão, que ela instala na mansão em 8 de agosto de 1897. Nesse mesmo dia, aos 79 anos, morre Jacob Burckhardt.

Nessa magnífica residência, Elisabeth leva uma vida pomposa e se toma por uma duquesa, só saindo de caleche. Tem prazer em convidar diferentes artistas para esculpir ou pintar seu querido irmão e transformar seu mísero corpo vegetativo em figura heroica. Talvez apenas Hans Olde, em 1899, saberá conferir ao retrato desenhado de Nietzsche o vazio abissal de seu olhar, o aspecto marmóreo de sua fronte e a inquietação selvagem de seu bigode.

Entretanto, acima de tudo, Elisabeth reúne na Villa Silberblick todos os escritos de Nietzsche, volumes publicados, edições e provas anotadas, assim como 170 cadernos com apontamentos, 2.300 folhas avulsas da época de seus estudos e 1.600 cartas, cerca da metade destinada à mãe e à irmã. Cabe reconhecer que se deve a Elisabeth esse trabalho colossal de reunião dos manuscritos, que faz do material póstumo de Nietzsche um dos acervos mais vastos da história da filosofia.

Não obstante, ser a única detentora dos direitos lhe forneceu uma arma perigosíssima, pois se trata de um material frágil e vulnerável. Marcas de um trabalho intenso, o material póstumo revela seu caráter essencialmente experimental: estado provisório de um pensamento em contínua construção, sempre aquém ou além do que Nietzsche julgava publicável, só tem valor integral se tomado em seu conjunto e seguindo a cronologia de elaboração, ao mesmo tempo matriz e resíduo das seleções drásticas que são a obra publicada. Formam processos, e não um sistema; tentativas, e não uma doutrina. Elisabeth em breve terá o cuidado de organizar esse acervo.

Enquanto isso, é preciso se reconciliar com Peter Gast, pois apenas ele, experimentado por anos de colaboração em passar a limpo os manuscritos de Nietzsche, pode decifrar o estilo nervoso de escrever de seu amigo. Na primavera de 1897, Fritz Kögel se retirou do projeto de edição completa após o tomo VIII. Assim, Gast voltará a ficar à frente dessa missão.

Durante o verão de 1900, o estado de saúde de Nietzsche se agrava rapidamente, por causa de uma bronquite que degenera para doença pulmonar. Vítima de apoplexia, Friedrich Nietzsche expira às onze e meia da manhã de um sábado, 25 de agosto, aos 54 anos.

Na terça-feira seguinte, o corpo de Nietzsche é transladado a Röcken para o sepultamento, sob a placa de mármore que ele oferecera ao túmulo do pai, e isso apesar do desejo de Elisabeth de ver o irmão enterrado no jardim da Villa Silberblick. O funeral foi organizado por Peter Gast, que programou um coro masculino, leituras extraídas de *Assim falou Zaratustra* e um discurso do primo Adalbert Oehler, prefeito de Halberstadt. Na véspera, diante do féretro de Nietzsche exposto na biblioteca de Silberblick, ocorreu uma cerimônia íntima, durante a qual um dos editores da obra, Ernst Horneffer, prestou homenagem ao filósofo nos seguintes termos:

> Como ele poderia encontrar a liberdade para sua obra – e obra alguma necessita de maior liberdade! – se não tivesse cortado todos os laços atrás dele? Assim, nós o vemos agora levar uma vida errante, nas mais elevadas montanhas ou entre os monumentos comemorativos de uma cultura antiga. Estranho espetáculo como esse mar de liberdade em que, liberto dos últimos grilhões, ele cria sua obra. De nossos dias tacanhos e mesquinhos, apenas imaginamos esse excesso de liberdade! Ele viveu como um solitário do espírito, régio e magnífico, tal como, segundo sua própria opinião, faz falta à nossa época. Para sempre, sua vida se tornou a grande escola da independência.[16]

A publicação da primeira edição das obras completas de Nietzsche ocorre em 1901, após seis tomos de correspondência terem sido lançados no ano anterior. A biografia de Elisabeth, em três tomos, é concluída em 1904. Uma "edição de bolso" das obras fica disponível em 1906, e uma nova grande edição em 1911. Em cada uma das edições completas aparecia uma obra que Elisabeth Förster-Nietzsche e Peter Gast consideraram como "a obra principal", "a grande obra sistemática", o último projeto de Nietzsche, "que ele não pôde concluir": *A vontade de poder*.[17]

Fora no final do verão de 1885 que Nietzsche planejara pela primeira vez um livro intitulado "A vontade de poder". Até 1888, vemos o filósofo modificando seus projetos, preferindo outros títulos a este, em particular "A transvaloração de todos os valores". "A vontade de poder" se tornou, em muitos lugares, o título de uma parte ou de outra. Em um rascunho de 26 de agosto de 1888[18], pela última vez ele esboça o plano de uma obra com esse título. Desde então, renunciou à ideia, como demonstra o trabalho sobre *Crepúsculo dos ídolos* e *O anticristo*, este devendo constituir a primeira parte de um projeto de "Transvaloração de todos os valores".

A "obra" publicada com o título *A vontade de poder* constitui o volume XV da edição de 1901, depois os volumes XV e XVI daquela de 1906. Entre as duas versões, a quantidade de fragmentos passou de 483 para 1.067. *A vontade de poder* constitui uma extraordinária falsificação do pensamento de Nietzsche, uma traição filológica e ideológica de consequências desastrosas. E isso se deve à irmã e ao amigo – Elisabeth e Gast –, que entre todos os guardiões da memória intelectual de Nietzsche eram os menos filósofos.

Entre os milhares de fragmentos póstumos de Nietzsche, são feitas extrações, separações, complementações ou supressões, classificações conforme uma ordem temática, baseada de maneira totalmente arbitrária em um projeto esboçado por Nietzsche em 1886, que se sucedia a inúmeros outros e precedia outros tantos. O problema da existência de um livro intitulado *A vontade de poder* não se limita apenas a um pequeno número de historiadores especializados e exigentes. Para Nietzsche, como se sabe, a filologia era uma "arte de bem ler"; ora, a publicação de uma obra como esta representa um obstáculo considerável para a compreensão do filósofo por pelo menos três razões: sua edição transforma o movimento de pensamento ininterrupto dos fragmentos em um sistema fechado; inventa um *opus magnum* que se propõe a ser o fechamento da filosofia de Nietzsche; trai em cada uma de suas decisões a ideologia funesta que a subentende.

No entanto, já em 1906, os editores Ernst e August Horneffer haviam alertado Elisabeth sobre o caráter cientificamente insustentável de *A vontade poder*. Hans Joachim Mette repetira a advertência em 1932, e Walter Otto, em 1934. Todavia, a retidão de todos esses editores precisou ceder ante a única depositária autorizada do pensamento do "querido e pequeno Fritz" – e esta morre apenas em 1935... Foram os ideólogos do Terceiro Reich que ganharam o jogo, na esteira do eminente professor Alfred Bäumler (1887-1968), defensor precoce da revolução conservadora, teórico entusiasta da raça, ideólogo leal do nacional-socialismo – e autor, em 1931, de um ensaio intitulado "Nietzsche, filósofo e político", amplamente embasado em um livro inexistente.

Nesse ensaio, armam para Nietzsche uma extraordinária armadilha: ele se torna germanizado, arianizado, "nortificado" (para empregar palavras tão abomináveis quanto a coisa em si – Baümler em pessoa inventa este brilhante neologismo: *Aufnordung*, ou "nortificação"). Não cabe retraçar aqui a história de "Nietzsche e o nazismo", cuja própria expressão, repetida até causar náusea, já é problemática. Caberia no máximo propor um trabalho sobre "o nazismo e *A vontade de poder*", a tal ponto essa obra imaginária ocultou o resto e impediu qualquer justiça. O subtítulo poderia ser: "A arte de não querer ler". Hoje não é fácil de imaginar quantos esforços foram necessários aos estudiosos de Nietzsche, depois de 1945, para tirá-lo da lama – e mais esforços ainda fizeram aqueles, raros e isolados, que nunca o macularam antes dessa época.

Como diziam os tradutores dos ensaios de Mazzino Montinari a respeito do tema: "a prova irrefutável, incontestável, da não existência de uma obra de Nietzsche intitulada *A vontade de poder* foi publicada [...] com o título: *Edição crítica das obras filosóficas completas estabelecida segundo os manuscritos originais do autor e incluindo uma parte de textos inéditos*, por Giorgio Colli e Mazzino Montinari".[19] Essa edição monumental, lançada primeiramente em italiano por Adelphi e apenas mais tarde em alemão por Walter de Gruyter, começou a ser publicada em francês a partir de 1967, pela Gallimard. Somente esses catorze volumes junto com uma edição em andamento da correspondência completa oferecem a possibilidade de cumprir a exigência fundamental de Nietzsche: a arte de bem ler. Não se trata de fazer propaganda para uma nota bibliográfica, mas de uma homenagem.

Em 30 de janeiro de 1932, Elisabeth Förster-Nietzsche assiste em Weimar a uma representação de um drama napoleônico, *Os cem dias*, de certo... Benito Mussolini. Hitler está na sala. No dia seguinte, este faz uma visita obstinada ao Nietzsche-Archiv e conhece pessoalmente a irmã do filósofo. Em 12 de fevereiro de 1933, agora chanceler, volta a se encontrar com ela em um camarote do teatro nacional por ocasião de *Tristão e Isolda*, de Wagner. Em 2 de novembro do mesmo ano, durante nova visita a Villa Silberblick, Hitler recebe de Elisabeth uma espada-bengala que pertencera a seu irmão; ela também aproveita para entregar uma edição do *Promemoria* de seu finado marido. Entre 1934 e 1935, o chanceler fará diversas visitas ao Nietzsche-Archiv e a Elisabeth. A "querida lhama" morre em 8 de novembro de 1935, aos noventa anos. Hitler assiste ao funeral.

> Quando eu procuro o mais profundo dos antagonismos a mim mesmo, a baixeza incalculável dos instintos, eu sempre encontro minha mãe e minha irmã – acreditar no parentesco com uma *canaille* do tipo seria uma blasfêmia contra minha divindade. O tratamento que minha mãe e minha irmã me aplicaram até o presente instante instilam em mim um horror indizível: aqui trabalha uma máquina infernal perfeita, com uma certeza infalível a respeito dos instantes em que podem me arrancar sangue – nos meus instantes mais altaneiros... pois é nesses instantes que me falta qualquer força para a defesa contra a bicheira venenosa... A contiguidade fisiológica é que torna possível essa *disharmonia praestabilita*... Eu confesso que a mais profunda objeção contra o "eterno retorno", meu pensamento verdadeiramente *abismal*, sempre são minha mãe e minha irmã...
>
> FRIEDRICH NIETZSCHE,
Ecce homo[20]

ANEXOS

CRONOLOGIA

1844. *15 de outubro*. Nasce Friedrich Wilhelm Nietzsche em Röcken.

1846. Nascimento de sua irmã, Elisabeth.

1848. Nascimento de seu irmão, Joseph.

1849. Morte do pai de Nietzsche.

1850. Franziska e seus filhos se estabelecem em Naumburg. Nietzsche é matriculado na escola pública, junto com Gustav Krug e Wilhelm Pinder. Seu irmão Joseph falece.

1851-1854. Nietzsche é matriculado em uma escola particular, o instituto Weber, visando ao Domgymnasium de Naumburg.

1854-1858. Período de estudos no Domgymnasium.

1858-1864. Estudos clássicos no Schulpforta. Compõe seus primeiros textos.

1859. Amizade com Paul Deussen e Carl von Gersdorff.

1860. Nietzsche funda a associação Germania com Krug e Pinder.

1864. Estudos de teologia depois de filologia clássica na Universidade de Bonn. Entra para a confraria Frankonia.

1865-1869. Estudos de filologia na Universidade de Leipzig, junto a seu mestre F. W. Ritschl. Trabalhos filológicos na *Rheinisches Museum* (particularmente sobre Teógnis de Mégara e Diógenes Laércio). Descobre a filosofia de Schopenhauer. Amizade com Erwin Rohde.

1867. Serviço militar, interrompido por uma queda a cavalo.

1868. Conhece Wagner.

1869. Nomeação, sem doutorado, ao cargo de professor de filologia na Universidade de Basileia e no ensino secundário clássico, o *Paedagogium*. Conhece Jacob Burckhardt e faz amizade com Franz Overbeck. Visitas aos Wagner em Tribschen.

1870. Participa da Guerra Franco-Prussiana como enfermeiro. Padece de disenteria e difteria. Convalescença em Naumburg.

1872. Publicação de *O nascimento da tragédia*, com dedicatória a Wagner. Polêmica universitária em torno desse texto. Wagner deixa Tribschen. Lançamento da pedra fundamental do teatro de Bayreuth. Conhece Malwida von Meysenbug. Conferências *Sobre o futuro dos nossos estabelecimentos de ensino*.

1873-1876. Publicação das quatro *Considerações extemporâneas*. Inúmeras incursões a Bayreuth.

1875. Conhece Heinrich Köselitz (Peter Gast). Seu estado de saúde se agrava. Tira diversas licenças.

1876. Abertura do Festival de Bayreuth. Obtém uma licença da Universidade de Basileia e fica em Sorrento até 1877, ao lado de Malwida von Meysenbug e Paul Rée. Último encontro com Wagner.

1878. Retira-se do *Paedagogium* de Basileia. Publicação de *Humano, demasiado humano*. Rompe com Wagner.

1879. Publicação de *Miscelânea de opiniões e sentenças*, em março. Retira-se da Universidade de Basileia por motivos de saúde. Obtém uma pensão dessa instituição e inicia uma vida errante, passando pela Suíça, pela Itália e pelo sul da França.

1880. *Humano, demasiado humano II* (obra que reúne *Miscelânea de opiniões e sentenças* e *O peregrino e sua sombra*). Visita Peter Gast em Veneza. Passa um tempo em Marienbad, Stresa. Primeira temporada em Gênova.

1881. Lançamento de *Aurora*. Estadia em Recoaro. Primeiro verão em Sils-Maria, na Engadina.

1882. Publicação de *Idílios de Messina*, em março, e de *A gaia ciência*, em agosto. Estadia na Sicília. Conhece Lou von Salomé em Roma. Temporada em Orta e Tautenburg ao lado de Lou. Permanece um tempo em Leipzig e Rapallo.

1883. Lançamento do livro I, em janeiro, e do livro II, em julho, de *Assim falou Zaratustra*. Rompe com Paul Rée.

1884. Livro III de *Assim falou Zaratustra*. Estadia em Nice. Passa o verão em Sils-Maria.

1885. Livro IV de *Assim falou Zaratustra*, publicado por conta do autor (Menton e Nice). Elisabeth se casa com Bernhard Förster, e ambos se mudam para o Paraguai. Nietzsche passa o inverno em Nice e o verão em Sils-Maria. Temporadas em Leipzig, Gênova, Veneza e Roma.

1886. *Além do bem e do mal*. Temporadas em Leipzig, Sils-Maria e Nice. Último encontro com Erwin Rohde. Escreve o livro V de *A gaia ciência* e novos prólogos para suas obras anteriores.

1887. Publicação de *A genealogia da moral*. Reedição de *A gaia ciência* (com o acréscimo do livro V). Temporadas em Sils-Maria, Nice, Veneza.

1888. Primeira estadia em Turim. Verão em Sils-Maria depois em Turim. Escreve *O caso Wagner*, *Crepúsculo dos ídolos*, *O anticristo*, *Ecce homo*, *Nietzsche contra Wagner*.

1889. Colapso mental de Nietzsche em 3 de janeiro na cidade de Turim. Transferido para Basileia graças a Overbeck, em seguida para a clínica de Jena. Suicídio de Förster no Paraguai.

1890. Transferência de Nietzsche para Naumburg, para junto de sua mãe. Elisabeth volta do Paraguai para resolver pendências.

1892. Contrato com Naumann para uma edição completa das obras de Nietzsche. Última estadia de Elisabeth no Paraguai.

1893. Retorno definitivo de Elisabeth.

1894. Criação do Nietzsche-Archiv na casa de Naumburg.

1895. Publicação de *O anticristo*. Elisabeth torna-se a única proprietária dos direitos da obra do irmão.

1896. Instalação do Nietzsche-Archiv em Weimar.

1897. Falecimento de Franziska, a mãe de Nietzsche. Meta von Salis compra a Villa Silberblick para nela acomodar Friedrich e o Nietzsche-Archiv.

1898. Começo da primeira grande edição das obras de Nietzsche, sob responsabilidade de Elisabeth até 1926.

1900. *25 de agosto*. Morre Nietzsche, em Weimar.

Referências

TEXTOS DE FRIEDRICH NIETZSCHE

Da Coleção L&PM POCKET

Além do bem e do mal. Tradução e notas de Renato Zwick. Apresentação e cronologia de Marcelo Backes.

O anticristo. Tradução, notas e apresentação de Renato Zwick.

Crepúsculo dos ídolos. Tradução, apresentação e notas de Renato Zwick.

Ecce homo. Tradução, organização, prefácio, comentários e notas de Marcelo Backes.

A filosofia na era trágica dos gregos. Tradução e apresentação de Gabriel Valladão Silva.

SOBRE O AUTOR

Nietzsche, Jean Granier. Tradução de Denise Bottmann. Porto Alegre: L&PM, 2009.

OBRAS E TEXTOS PÓSTUMOS

Ainsi parlait Zarathoustra. Tradução, prefácio e comentários de Georges-Arthur Goldschmidt. Paris: *Le Livre de poche*, 1983.

Écrits autobiographiques. 1856-1869. Tradução de Marc Crépon. Paris: PUF, 1994.

Escritos sobre educação. Tradução, apresentação e notas de Noéli Correia de Melo Sobrinho. Rio de Janeiro: PUC-Rio; São Paulo: Loyola, 2003.

Le Gai Savoir. Apresentação e tradução de Patrick Wotling. Paris: Flammarion, 2007.

Le Livre du philosophe. Tradução e apresentação de Angèle Kremer-Marietti. Paris: Flammarion, 1991.

Œuvres philosophiques complètes em 18 volumes, textos e variações estabelecidos por Giorgio Colli e Mazzino Montinari. Paris: Gallimard, 1977.

Œuvres I, edição publicada sob direção de Marc de Launay. Paris: Gallimard, 2000. Coleção "Bibliothèque de la Pléiade".

Œuvres, tradução de Henri Albert, revisão de Jean Lacoste. Paris: Éditions Bouquins/Robert Laffont, 1993.

Les Philosophes pré-platoniciens. Texto estabelecido a partir dos manuscritos de Paolo D'Iorio. Tradução de Nathalie Ferrand. Paris: Éditions de l'Éclat, 1994.

Par-delà bien et mal. Apresentação e tradução de Patrick Wotling. Paris: Flammarion, 2000.

Premiers écrits. Tradução e prefácio de Jean-Louis Backès. Paris: Le Cherche Midi, 1994.

Wagner em Bayreuth: Quarta consideração extemporânea. Introdução, tradução e notas de Anna Hartmann Cavalcanti. Rio de Janeiro: Jorge Zahar Editor, 2009.

Rhétorique et langage. Tradução, apresentação e notas de Philippe Lacoue-Labarthe e de Jean-Luc Nancy. Chatou: Éditions de la Transparence, 2008.

Correspondência

Correspondance avec Malwida von Meysenbug. Tradução, apresentação e notas de Ludovic Frère. Paris: Allia, 2005.

Correspondance, volumes I (junho de 1850-abril de 1869), II (abril de 1869-dezembro de 1874) e III (janeiro de 1874-dezembro 1879). Paris: Gallimard, 1986 e 2008.

*Correspondance (*Friedrich Nietzsche-Paul Rée-Lou von Salomé). Edição estabelecida por Ernst Pfeiffer. Tradução de Ole Hansen-Løve e Jean Lacoste. Paris: PUF, 2001.

Dernières lettres. Prefácio de Jean-Michel Rey. Tradução de Catherine Perret. Paris: Rivages, 1989.

Lettres à Peter Cast. Tradução de Louise Servicen; introdução e notas de André Schaeffner. Paris: Christian Bourgois, 1981.

Sämtliche Briefe, Kritische Studienausgabe in 8 Bänden, Deutscher Taschenbuch Verlag/Walter de Gruyter, 1975-1984.

BIOGRAFIAS, ENSAIOS E ARTIGOS SOBRE NIETZSCHE

Entre as biografias dedicadas ao filósofo, cabe ressaltar o monumental estudo de Curt Paul Janz, *Nietzsche*, em três tomos. Devido à grande quantidade de documentos em que se baseia e à seriedade da análise, permanece até hoje como a biografia de referência.

ANDLER, Charles. *Nietzsche, sa vie et sa pensée*. 3 vol. Paris: Gallimard, 1958.

ANDREAS-SALOMÉ, Lou. *Friedrich Nietzsche à travers ses œuvres [1894]*. Paris: Grasset, 1992.

_____. *Ma vie* [póstumo, 1951-1968]. Paris: PUF, 1977.

ASSOUN, Paul-Laurent. *Freud et Nietzsche*. Paris: PUF, 1980,1982.

ASTOR, Dorian. *Lou Andreas-Salomé*. Paris: Gallimard, 2008.

_____. Dossier. *In*: Nietzsche, F. *La "faute", la "mauvaise conscience" et ce qui leur ressemble*. Deuxième dissertation, extrait de *La Généalogie de la morale*. Paris: Gallimard, 2006.

_____. Dossier. *In*: Nietzsche, F. *Vérité et mensonge au sens extra-moral*. Paris: Gallimard, 2009.

BARONI, Christophe. *Nietzsche éducateur. De l'homme au surhomme*. Paris: Buchet-Chastel, 1961.

BERTRAM, Ernst. *Nietzsche, Essai de mythologie* [1918]. Paris: Éditions du Félin, 2007.

BIANQUIS, Geneviève. *Nietzsche devant ses contemporains*. Mônaco: Éditions du Rocher, 1959.

BLANCHOT, Maurice. *L'Entretien infini*. Paris: Gallimard, 1969.

BLONDEL, Éric. *Nietzsche, le corps et la culture*. Paris: L'Harmattan, 2006.

BOUDOT, Pierre. *Nietzsche. La Momie et le Musicien*. Mont-de-Marsan: L'Atelier des brisants, 2002.

CAMUS, Albert. *L'Homme révolté*. Paris: Gallimard, 1951.

COLLI, Giorgio. *Après Nietzsche* [1974]. Paris: Éditions de l'Éclat, 1987.

_____. *Écrits sur Nietzsche* [1980]. Paris: Éditions de l'Éclat, 1996.

CONCHE, Marcel. *Nietzsche et le bouddhisme*. Paris: Michalon, 2007.

CONSTANTINIDÊS, Yannis; MACDONALD, Damien. *Nietzsche l'éveillé*. Paris: Ollendorff & Desseins, 2009.

CRÉPON, Marc. *Nietzsche. L'art et la politique de l'avenir*. Paris: PUF, 2003.

CRESSON, André. *Nietzsche, sa vie, son œuvre, sa philosophie.* Paris: PUF, 1947.

DELEUZE, Gilles. *Nietzsche et la philosophie.* Paris: PUF, 1962.

_____. *Nietzsche, sa vie, son œuvre.* Paris: PUF, 1965.

DERRIDA, Jacques. *Éperons. Les styles de Nietzsche.* Paris: Flammarion, 1978.

DEUSSEN, Paul. *Souvenirs sur Friedrich Nietzsche [1901].* Paris: Gallimard, 2002.

DIET, Emmanuel. *Nietzsche et les métamorphoses du divin.* Paris: Éditions du Cerf, 1972.

FABRE, Florence. *Nietzsche musicien. La musique et son ombre.* Rennes: Presses universitaires de Rennes, 2006.

FAYE, Jean-Pierre. *Le Vrai Nietzsche. Guerre à la guerre.* Paris: Hermann, 1998.

FINK, Eugen. *La Philosophie de Nietzsche* [1960]. Paris: Éditions de Minuit, 1965.

FOUCAULT, Michel. Nietzsche, la généalogie, l'histoire [1971]. *In*: BALAUDÉ, Jean-François; WOTLING, Patrick (orgs.). *Lectures de Nietzsche.* Paris: Le Livre de poche, 2000.

GADAMER, Hans-Georg. *Nietzsche l'antipode. Le drame de Zarathoustra [1987].* Paris: Allia, 1989.

GRANIER, Jean. *Le Problème de la vérité dans la philosophie de Nietzsche.* Paris: Seuil, 1966.

HAAR, Michel. *Nietzsche et la métaphysique.* Paris: Gallimard, 1993.

HAAZ, Ignace. *Nietzsche et la métaphore cognitive.* Paris: L'Harmattan, 2006.

HALÉVY, Daniel. *Nietzsche.* Paris: Grasset, 1944. Reedição: Québec: Librairie générale française, 1977.

HEIDEGGER, Martin. *Nietzsche* [1936-1946]. Paris: Gallimard, 1971.

_____. *Qui est le Zarathoustra de Nietzsche? [1953].* Paris: PUF, 1988.

_____. *Interprétation de la Deuxième considération Intempestive de Nietzsche* [1938-1939]. Paris: Gallimard, 2009.

JANZ, Curt Paul. *Nietzsche.* Biografia em 3 tomos [1978-1979]. Paris: Gallimard, 1984-1985.

JASPERS, Karl. *Nietzsche, introduction à sa philosophie.* Paris: Gallimard, 1978.

Kessler, Mathieu. *L'Esthétique de Nietzsche*. Paris: PUF, 1998.

Klossowski, Pierre. *Nietzsche et le cercle vicieux*. Paris: Mercure de France, 1969.

Kofman, Sarah. *Explosion I. De l'Ecce homo de Nietzsche*. Paris: Galilée, 1992.

_____. *Explosion II. Les enfants de Nietzsche*. Paris: Galilée, 1993.

_____. *Le Mépris des Juifs. Nietzsche, les Juifs, l'antisémitisme*. Paris: Galilée, 1994.

Kremer-Marietti, Angèle. *Thèmes et structures dans l'œuvre de Nietzsche*. Paris: Lettres modernes, 1957.

_____. *L'Homme et ses labyrinthes*, 10/18, 1972.

_____. *Nietzsche et la rhétorique*. Paris: PUF, 1992.

_____. *Nietzsche ou les enjeux de la fiction*. Paris: L'Harmattan, 2009.

Le Rider, Jacques. *Nietzsche en France*. Paris: PUF, 1999.

_____.; Bourel, Dominique. *De Sils-Maria à Jérusalem. Nietzsche et le judaïsme. Les intellectuels juifs et Nietzsche*. Paris: Éditions du Cerf, 1991.

Liébert, Georges. *Nietzsche et la musique*. Paris: PUF, 1995.

Mauriès, Patrick. *Nietzsche à Nice*. Paris: Gallimard, 2009.

Metayer, Guillaume. *Nietzsche et Voltaire. De la liberté de l'esprit et de la civilisation*. Paris: Flammarion, 2011.

Montebello, Pierre. *Nietzsche. La volonté de puissance*. Paris: PUF, 2001.

Montinari, Mazzino. *«La volonté de puissance» n'existe pas*. Paris: Éditions de l'Éclat, 1996.

Müller-Lauter. *Physiologie de la volonté de puissance*. Paris: Allia, 1998.

Onfray, Michel. *De la sagesse tragique: essai sur le bon usage de Nietzsche*. Paris: Flammarion, 1988.

Overbeck, Franz. *Souvenirs sur Friedrich Nietzsche [post. 1906]*. Paris: Allia, 2000.

Pautrat, Bernard. *Versions du soleil. Figures et système de Nietzsche*. Paris: Seuil, 1971.

Philonenko, Alexis. *Nietzsche, le rire et le tragique*. Paris: Le Livre de poche, 1995.

Podach, Ernst Friedrich. *L'Effondrement de Nietzsche*. Paris: Gallimard, 1931.

REBOUL, Olivier. *Nietzsche critique de Kant*. Paris: PUF, 1974.

SAFRANSKI, Rüdiger. *Nietzsche. Biographie d'une pensée [2000]*. Arles: Actes Sud, 2000.

SCHLECHTA, Karl. *Le Cas Nietzsche*. Paris: Gallimard, 1960.

STIEGLER, Barbara. *Nietzsche et la biologie*. Paris: PUF, 2001.

_____. *Nietzsche et la critique de la chair: Dionysos, Ariane, le Christ*. Paris: PUF, 2005.

TZITZIS, Stamatios (dir.). *Nietzsche et les hiérarchies*. Paris: L'Harmattan, 2008.

VALADIER, Paul. *Nietzsche et la critique du christianisme*. Paris: Éditions du Cerf, 1974.

_____. *Jésus-Christ ou Dionysos, La foi chrétienne en confrontation avec Nietzsche*. Paris: Desclée, 1979.

_____. *Nietzsche, l'Athée de rigueur*. Paris: Desclée de Brouwer, 1989.

_____. *Nietzsche: cruauté et noblesse du droit*. Paris: Michalon, 1998.

_____. *Nietzsche l'intempestif*. Paris: Beauchesne, 2000.

VATTIMO, Gianni. *Introduction à Nietzsche*. Paris: De Boeck, 1991.

WOTLING, Patrick. *Nietzsche et le problème de la civilisation*. Paris: PUF, 1995.

_____. *La Pensée du sous-sol. Statut et structure de la psychologie dans la philosophie de Nietzsche*. Paris: Allia, 1999.

_____. *Le Vocabulaire de Friedrich Nietzsche*. Paris: Ellipses, 2001.

_____. *La Philosophie de l'esprit libre. Introduction à Nietzsche*. Paris: Flammarion, 2008.

_____. *Nietzsche. Idées reçues*. Paris: Le Cavalier bleu, 2009.

ZWEIG, Stefan. *Nietzsche*. Paris: Stock, 1930.

Notas

As referências principais estão abreviadas nas notas do modo indicado abaixo. Para os demais títulos, conferir *supra* a seção "Referências".

OPC: Nietzsche, *Œuvres philosophiques complètes* em 14 volumes, textos e variantes estabelecidos por Giorgio Colli e Mazzino Montinari. Paris: Gallimard, 1977.

Corr.: Nietzsche, *Correspondance*, volumes I (junho de 1850-abril de 1869), II (abril de 1869-dezembro de 1874) e III (janeiro de 1875-dezembro de 1879). Paris: Gallimard, 1986 e 2008.

SB: Nietzsche, *Sämtliche Briefe*, Kritische Studienausgabe in 8 Bänden, Deutscher Taschenbuch Verlag/ Walter de Gruyter, 1975-1984.

Corr. N/R/L: Friedrich Nietzsche – Paul Rée – Lou von Salomé, *Correspondance*, edição estabelecida por Ernst Pfeiffer. Tradução do alemão de Ole Hansen-Løve e Jean Lacoste. Paris: PUF, 2001.

Corr. Malwida: *Nietzsche, Correspondance avec Malwida von Meysenbug*, tradução do alemão, apresentação e notas de Ludovic Frère. Paris: Allia, 2005.

Janz: Curt Paul Janz, *Nietzsche*, biografia em 3 tomos [1978-1979]. Paris: Gallimard, 1984-1985.

Advertência(s)

1. Nietzsche, F. Considérations inactuelles I et II. *In*: OPC II*, p. 135.
2. OPC III 2, p. 164.
3. *Ibid.*, p. 265.

Todo vir a ser se faz da guerra entre os opostos (1844-1864)

1. Nietzsche, F. *Ecce homo*. Tradução, organização, prefácio, comentários e notas de Marcelo Backes. Porto Alegre: L&PM, 2012. p. 22.

2. _____. *O anticristo*. Tradução, notas e apresentação de Renato Zwick. Porto Alegre: L&PM, 2012. p. 99.

3. _____. *A filosofia na era trágica dos gregos*. Tradução e apresentação de Gabriel Valladão Silva. Porto Alegre: L&PM, 2012. p. 60.

4. _____. *Além do bem e do mal*. Tradução e notas de Renato Zwick. Apresentação e cronologia de Marcelo Backes. Porto Alegre: L&PM, 2012. p. 221.

5. _____. Libre arbitre et fatum. *In*: *Œuvres* I, p. 735.

6. _____. *Premiers écrits*. Paris: Le Cherche Midi, 1994. p. 51.

7. _____. *Ecce homo*. Tradução, organização, prefácio, comentários e notas de Marcelo Backes. Porto Alegre: L&PM, 2012. p. 22.

8. *Ibid.*, p. 29.

9. Carta a Overbeck, datada de 14 de setembro de 1884. *In*: SB 6, p. 530. Tradução do trecho feita pelo autor.

10. NIETZSCHE, F. *Ecce homo*. Tradução, organização, prefácio, comentários e notas de Marcelo Backes. Porto Alegre: L&PM, 2012. p. 22.

11. _____. *Premiers écrits*. Paris: Le Cherche Midi, 1994. p. 64.

12. *Ibid.*, p. 22.

13. *Ibid.*, p. 57.

14. *Ibid.*, p. 23.

15. *Ibid.*, p. 22.

16. Carta de Franziska Nietzsche a Carl Fuchs, datada de 6 de novembro de 1890. Citada por Janz I, p. 35.

17. *Ibid.*, p. 36.

18. DEUSSEN, Paul. *Souvenirs sur Friedrich Nietzsche*. Paris: Gallimard, 2002 [original, 1901]. p. 9.

19. NIETZSCHE, F. *Premiers écrits*. Paris: Le Cherche Midi, 1994. p. 9.

20. *Ibid.*, p. 27.

21. *Ibid.*, p. 28-29.

22. *Ibid.*, p. 29.

23. DEUSSEN, Paul. *Souvenirs sur Friedrich Nietzsche*. Paris: Gallimard, 2002 [original, 1901]. p. 167.

24. *Ibid.*, p. 20.

25. NIETZSCHE, F. *Premiers écrits*. Paris: Le Cherche Midi, 1994. p. 27-28.

26. Corr. I, p. 66-67.

27. *Ibid.*, p. 76.

28. Citado por Janz I, p. 41-42.

29. OPC I**, p. 290.

30. DEUSSEN, Paul. *Souvenirs sur Friedrich Nietzsche*. Paris: Gallimard, 2002 [original, 1901]. p. 9.

31. OPC XIV, 14 [161], p. 126-127.

32. Citado por Janz I, p. 69.

33. OPC IV, 6 [206], p. 509.

34. Citado segundo Janz I, p. 496, n. 33.

35. Carta a sua mãe, datada de 25 de agosto de 1862. *In*: Corr. I, p. 240-241.
36. PODACH, Ernst Friedrich. *L'Effondrement de Nietzsche*. Paris: Gallimard, 1931. p. 138.
37. NIETZSCHE, F. Sobre o futuro dos nossos estabelecimentos de ensino. *In*: *Escritos sobre educação*. Tradução, apresentação e notas de Noéli Correia de Melo Sobrinho. Rio de Janeiro: PUC-Rio; São Paulo: Loyola, 2003.
38. _____. *Premiers écrits*. Paris: Le Cherche Midi, 1994. p. 30-31.
39. *Ibid.*, p. 35.
40. *Ibid.*
41. *Ibid.*, p. 46.
42. _____. *Ecce homo*. Tradução, organização, prefácio, comentários e notas de Marcelo Backes. Porto Alegre: L&PM, 2012. p. 54.
43. Carta a Raimund Granier, datada de 28 de julho de 1862. *In*: Corr. I, 234.
44. NIETZSCHE, F. Prométhée. *In*: *Premiers écrits*. Paris: Le Cherche Midi, 1994. p. 167. ss.
45. *Ibid.*, p. 177. ss.
46. NIETZSCHE, F. De l'utilité et des inconvénients de l'histoire pour la vie. *In*: OPC II*, p. 150.
47. *Cf.* em especial: HEIDEGGER, Martin. Hölderlin et l'essence de la poésie. *In*: *Approche de Hölderlin*. Paris: Gallimard, 1973.
48. NIETZSCHE, F. *Premiers écrits*. Paris: Le Cherche Midi, 1994. p. 149-152.
49. *Ibid.*
50. HÖLDERLIN, Friedrich. *Hipérion ou o Eremita na Grécia*. Tradução, notas e apresentação de Marcia Sá Cavalcante Schuback. 2. ed. Rio de Janeiro: Forense, 2012. p.114.
51. NIETZSCHE, F. *Premiers écrits*. Paris: Le Cherche Midi, 1994. p. 150.
52. WAGNER, Cosima. *Journal* II. 24 de dezembro de 1873. Paris: Gallimard. p. 176.
53. NIETZSCHE, F. *Crepúsculo dos ídolos*. Tradução, apresentação e notas de Renato Zwick. Porto Alegre: L&PM, 2012. p. 129.
54. *Ibid.*, p. 128.
55. Prefácio à edição francesa de *Premiers écrits*. p. 13.
56. NIETZSCHE, F. *Premiers écrits*. Paris: Le Cherche Midi, 1994. p. 187.
57. _____. *La naissance de la tragédie*, § 21. *In*: OPC I*, p. 137-138.
58. FABRE, Florence. *Nietzsche musicien. La musique et son ombre*. Rennes: Presses universitaires de Rennes, 2006.
59. NIETZSCHE, F. *Ecce homo*. Tradução, organização, prefácio, comentários e notas de Marcelo Backes. Porto Alegre: L&PM, 2012. p. 115-116.
60. OPC III, 1, p. 479.
61. *Ibid.*, p. 138.
62. NIETZSCHE, F. *Lettres à Peter Gast*. Paris: Christian Bourgois, 1981. p. 372.
63. _____. *Premiers écrits*. Paris: Le Cherche Midi, 1994. p. 45-46.
64. Corr. I, p. 157.

65. OPC I*, 1, p. 40.
66. Fragmento citado por Janz, I, p. 77-78.
67. Nietzsche, F. *Ecce homo*. Tradução, organização, prefácio, comentários e notas de Marcelo Backes. Porto Alegre: L&PM, 2012. p. 58.
68. _____. Fatum et Histoire. *In*: *Œuvres* I, p. 729-733.
69. *Ibid.*
70. *Ibid.*
71. *Ibid.*
72. *Ibid.*
73. Nietzsche, F. *Aurore*, § 381. *In*: OPC IV, p. 218.

A paixão pela verdade (1864-1869)

1. Nietzsche, F. *Premiers écrits*. Paris: Le Cherche Midi, 1994. p. 68.
2. *Ibid.*, p. 66.
3. *Ibid.*, p. 67.
4. Carta de Rohde, datada de 6 de fevereiro de 1872.
5. OPC III 1, p. 236.
6. Citado de Montinari, *Friedrich Nietzsche*, p. 35.
7. Deussen, Paul. *Souvenirs sur Friedrich Nietzsche*. Paris: Gallimard, 2002 [original, 1901]. p. 44-45.
8. Corr. I, p. 329.
9. *Ibid.*, p. 349.
10. Citado de Janz I, p. 125.
11. Corr.I, p. 368-369.
12. *Ibid.*, p. 386.
13. Deussen, Paul. *Souvenirs sur Friedrich Nietzsche*. Paris: Gallimard, 2002 [original, 1901]. p. 48.
14. Corr. I, p. 411.
15. Sobre Ritschl, a Escola de Bonn e suas influências sobre Nietzsche, *cf*: Benne, Christian. *Nietzsche und die historisch-kritische Philologie*, Berlim: Walter de Gruyter, 2005.
16. OPC III 1, p. 33.
17. Andreas-Salomé, Lou. *Friedrich Nietzsche à travers ses œuvres*. Paris: Grasset, 1992.
18. Corr. 1, p. 630.
19. Nietzsche, F. *Écrits autobiographiques*. Paris: PUF, 1994. p. 152.
20. Todas as citações do texto de Schopenhauer foram extraídas da notável nova edição de *Le monde comme volonté et représentation* (tradução para a edição francesa de Christian Sommer, Vincent Stanek e Marianne Dautrey. Paris: Gallimard, 2009. 2 v.)
21. *Ibid.*, livro IV, § 54, p. 529-530.
22. *Ibid.*, livro II, § 27, p. 326.

23. *Ibid.*, livro II, § 28, p. 335.
24. Corr. I, p. 400-401.
25. *Ibid.*, p. 441.
26. *Ibid.*, p. 401.
27. *Ibid.*, p. 436-437.
28. Carta a Rohde, datada de 1-3 de fevereiro de 1868. *In*: Corr. I, p. 537.
29. *Ibid.*, p. 424.
30. *Ibid.*, p. 500.
31. 20 de abril de 1867. *In*: Corr. I, p. 506.
32. Nietzsche, F. Essai d'autocritique, edição de 1886. *In*: OPC I*, p. 27-28.
33. Citado de Janz I, p. 179.
34. Corr. I, p. 556.
35. *Œuvres* I, p. 742.
36. Carta de 3 ou 4 de maio de 1868. *In*: Corr. I, p. 563.
37. *Ibid.*, p. 614.
38. Carta a Rohde, datada de 9 de novembro de 1868. *In*: Corr. I, p. 621.
39. Wagner, Richard. *Ma vie*. Tradução para a edição francesa de M. Hulot. Paris: Buchet Chastel, 1978. p. 521 ss.
40. Carta a August Röckel, datada de 26 janeiro de 1854. Tradução do trecho feita pelo autor.
41. Schopenhauer, A. *Le monde comme volonté et représentation*. Paris: Gallimard, 2009. 2 v.
42. Corr. I, p. 624-625.
43. *Ibid.*, p. 632-633.
44. *Ibid.*, p. 655.
45. Citado de Janz I, p. 221.
46. Carta de 28 fevereiro de 1869. *In*: Corr. I, p. 656.
47. Schlechta, Karl. *Friedrich Nietzsche, Werke in 3 Bänden*. Berlim: Carl Hanser, 1954, III. p. 148. Tradução do trecho feita pelo autor.

O DUPLO GÊNIO (1869-1872)

1. Corr. II, p. 14.
2. *Cf.* OPC I**, p. 46, e a nota 2.
3. Carta a Rohde, datada de 29 de maio de 1869. *In*: Corr. II, p. 18.
4. Citado de OPC I*, nota p. 488.
5. Carta a Rohde, datada de meados de julho de 1869. *In*: Corr. II, p. 31-32.
6. *Ibid.*, p. 95.
7. *Ibid.*, p. 123.
8. Carta a Sophie Ritschl, datada de cerca de 20 de julho de 1870. *In*: *ibid.*, p. 125.
9. Carta de 9 de agosto de 1870. Citada de Janz I, p. 338.

10. Carta a Gersdorff, datada de 20 de outubro de 1870. *In*: Corr. II, p. 140.
11. NIETZSCHE, F. *Ecce homo*. Tradução, organização, prefácio, comentários e notas de Marcelo Backes. Porto Alegre: L&PM, 2012. p. 82-83.
12. OPC II*, p. 94.
13. OPC II*, p. 19.
14. NIETZSCHE, F. *Dernières lettres*. Paris: Rivages, 1989. p. 139.
15. Sobre esse tema, ver: GOSSMAN, Lionel. *Basel in the Age of Burckhardt*. Chicago: The University of Chicago Press, 2000, e o artigo do mesmo autor: Le "boudoir" de l'Europe. La Bâle de Burckhardt et la critique du moderne. *In*: STERNHELL, Zeev (org.). *L'Éternel Retour. Contre la démocratie l'idéologie de la décadence*. Paris: Presse de la Fondation nationale des sciences politiques, 1994. p. 39-72.
16. Corr. II, p. 187-188.
17. OPC III 2, 28[1], p. 344.
18. OPC I*, p. 134.
19. Corr. II, p. 162-163.
20. *Ibid.*, p. 176.
21. WAGNER, Cosima. *Journal* I. 3 de janeiro de 1872. p. 550.
22. Citado de Janz I, p. 389-390.
23. OPC I, p. 283.
24. *Ibid. In*: OPC I*, p. 45.
25. Sobre esse tema, ver: KESSLER, Matthieu. *L'Esthétique de Nietzsche*. Paris: PUF, 1998.
26. NIETZSCHE, Friedrich. *La Naissance de la tragédie*, § 12. *In*: OPC I, p. 94.
27. *Ibid.*, § 15.
28. OPC I*, p. 106.
29. Corr. II, p. 262.
30. OPC I*, p. 155.
31. OPC I*. 25-27.

AGIR CONTRA SEU TEMPO (1872-1876)

1. Corr. II, p. 95.
2. Sobre esse tema, cf.: *Querelle autour de* La Naissance de la tragédie. *Nietzsche, Ritschl, Rohde, Wilamowitz, Wagner*. Paris: Paris XII-Vrin, 1995. *Cf.* também: CALDER III, William Musgrave "The Wilamowitz - Nietzsche struggle: new documents and a reappraisal". *In*: *Nietzsche-Studien* 12 (1983), p. 214-254.
3. *Ibid.*, p. 39.
4. Corr. II, p. 266.
5. OPC VIII, notas e variantes, p. 541-542.
6. *Querelle autour de* La Naissance de la tragédie, *op. cit.*, p.283.
7. Carta a Carl Fuchs, datada de 14 dezembro de 1887. *In*: SB 8, p. 209-210. Tradução do trecho feita pelo autor.

8. Corr. II, p. 254.

9. Sobre a evolução do conceito do ensino entre esses dois textos, ver: BIRNBAUM, Antonia. Une éducation au point de vue cosmopolitique: Nietzsche disciple d'Emerson. *In*: *Un autre Nietzsche*, editado por Jean-Luc Nancy e Michel Surya, 2002. p. 104-122.

10. Corr. II, p. 287.

11. NIETZSCHE, F. *Ecce homo*. Tradução, organização, prefácio, comentários e notas de Marcelo Backes. Porto Alegre: L&PM, 2012. p. 56.

12. _____. *Wagner em Bayreuth: Quarta consideração extemporânea*. Introdução, tradução e notas de Anna Hartmann Cavalcanti. Rio de Janeiro: Jorge Zahar Editor, 2009. p. 39.

13. *Ibid.*, p. 42-43.

14. Corr. Malwida, p. 115.

15. NIETZSCHE, F. *Ecce homo*. Tradução, organização, prefácio, comentários e notas de Marcelo Backes. Porto Alegre: L&PM, 2012. p. 55.

16. Corr. II, anotações, p. 639.

17. OPC II*, p. 212-213.

18. *Cf.* NIETZSCHE, F. *Rhétorique et langage*. Tradução, apresentação e comentários de Philippe Lacoue-Labarthe e Jean-Luc Nancy. Chatou: Les Éditions de la transparence, 2008, obra em que são reunidas as anotações de aula de Nietzsche dedicadas a esse tema.

19. NIETZSCHE, F. *Le Livre du philosophe*. Paris: Flammarion, 1991.

20. _____. *Vérité et mensonge au sens extra-moral*. *In*: OPC I**, p. 280. *Cf.* também nosso estudo sobre este texto, Gallimard, coleção Folioplus philosophie, 2009.

21. *Ibid.*, p. 282.

22. Por exemplo SWIFT, Paul A. *Becoming Nietzsche*. Lanham: Lexington Books, 2005.

23. Carta a Rohde, datada de 15 março de 1872. *In*: Corr. II, p. 268.

24. Citado de Janz I, p. 408.

25. Corr. II, p. 426.

26. OPC II, p. 22.

27. *Ibid.*, p.47.

28. Corr. II, p. 448.

29. OPC I**, p. 293.

30. WAGNER, Cosima. *Journal* II. 9 de abril de 1874, p. 226.

31. Citado de OPC II*, nota p. 491.

32. OPC II*, p. 98.

33. *Ibid.*, p. 110.

34. *Cf.* Janz II, p. 51.

35. Corr. II, p. 485.

36. *Ibid.*, p. 524.

37. WAGNER, Cosima. Journal II, p. 286.

38. OPC II**, p. 20.
39. NIETZSCHE, F. *A filosofia na era trágica dos gregos*. Tradução e apresentação de Gabriel Valladão Silva. Porto Alegre: L&PM, 2012. p. 24.
40. OPC II**, p. 28,
41. NIETZSCHE, F. *Ecce homo*. Tradução, organização, prefácio, comentários e notas de Marcelo Backes. Porto Alegre: L&PM, 2012. p. 94.
42. Cf. Corr. Malwida, carta de 2 janeiro de 1875, p. 90.
43. *Ibid.*
44. Corr. III, carta de 26 junho de 1875, p. 66.
45. *Ibid.*, p. 102.
46. *Ibid.*, p. 116.
47. *Ibid.*, p. 146.
48. Carta de Wagner a Nietzsche, datada de 11 julho de 1876, citada de *Œuvres* I, p. 1103.
49. OPC II**, p. 207.
50. NIETZSCHE, F. *Wagner em Bayreuth: Quarta consideração extemporânea*. Introdução, tradução e notas de Anna Hartmann Cavalcanti. Rio de Janeiro: Jorge Zahar Editor, 2009. p. 46.
51. *Ibid.*, p. 61.
52. OPC II**, p. 167.
53. NIETZSCHE, F. *Ecce homo*. Tradução, organização, prefácio, comentários e notas de Marcelo Backes. Porto Alegre: L&PM, 2012. p. 99.
54. Corr. III, p. 172.
55. NIETZSCHE, F. *Ecce homo*. Tradução, organização, prefácio, comentários e notas de Marcelo Backes. Porto Alegre: L&PM, 2012. p. 97-98.

NÓS, ESPÍRITOS LIVRES (1876-1881)

1. Corr. III, carta de 21 de julho de 1875, p. 87.
2. Corr. Malwida, 30 de abril de 1876, p. 119.
3. Corr. III, p. 179.
4. Carta de 5 maio de 1873. *In*: Corr. II, p. 427.
5. Corr. Malwida, p. 128.
6. Carta de Malwida a Olga, datada de 28 outubro, citada de Janz II, p. 194.
7. NIETZSCHE, F. *Humain, trop humain*, § 36. *In*: OPC III 1, p. 62.
8. Corr. N/R/L, p. 30.
9. Corr. III, p. 196.
10. RÉE, Paul. *De l'origine des sentiments moraux*. Tradução para a edição francesa de Michel-François Demet. Paris: PUF, 1982. Citado de Patrick Wotling, que dedicou a esta questão o seguinte artigo: La morale sans métaphysique. "Vitalisme" et psychologie de la morale chez Darwin, Spencer et Nietzsche. *In*: BALAUDÉ, Jean-François; WOTLING, Patrick (orgs.). *Lectures de Nietzsche*. Paris: Le Livre de poche, 2000. p. 351- 396.

11. OPC VII, p. 218.
12. MEYSENBUG, Malwida von. Episoden aus den Jahren 1876 und 1877. *In*: Der Lebensabend einer Idealistin, 1898. Tradução do trecho feita pelo autor.
13. *Ibid.*
14. Corr. III, p. 197-198.
15. Corr. Malwida, p. 163.
16. Corr. III, p. 259.
17. *Ibid.*, p. 265.
18. Eiser a Overbeck, 9 de fevereiro de 1878, citado de Janz II, p. 239.
19. OPC II**, 5[190], p. 332.
20. Corr. Malwida, p. 188-189.
21. WAGNER, Cosima. *Journal* III, p. 94.
22. NIETZSCHE, F. *Humain, trop humain*, § 475. *In*: OPC III 1, p. 286.
23. *Ibid.*, § 215, p. 165.
24. *Ibid.*, § 251, p. 194.
25. WAGNER, Cosima. *Journal* III, 2 de agosto de 1878, p. 164.
26. *Ibid.*, 22 de março de 1879, p. 339.
27. OPC III 1, 17[66], p. 364.
28. OPC III 2, 27[84], p. 342.
29. NIETZSCHE, F. *Ecce Homo*. Tradução, organização, prefácio, comentários e notas de Marcelo Backes. Porto Alegre: L&PM, 2012. p. 99.
30. _____. *Lettres à Peter Gast*. Paris: Christian Bourgois, 1981. p. 250.
31. WAGNER, Cosima. *Journal* III, 1º de outubro de 1879, p. 446.
32. Carta de Wagner a Overbeck, datada de 19 outubro de 1879, citada de Janz II, p. 323.
33. Prólogo de 1886 a *Humain, trop humain*. *In*: OPC III 1, p. 22-23.
34. OPC III 1, 25[2], p. 535.
35. NIETZSCHE, F. *Ecce Homo*. Tradução, organização, prefácio, comentários e notas de Marcelo Backes. Porto Alegre: L&PM, 2012. p. 96.
36. OPC II**, 5[20], p. 286. Tradução modificada.
37. NIETZSCHE, F. *Humain, trop humain*, § 292. *In*: OPC III 1, p. 218-219.
38. *Ibid.*, prólogo de 1886, p. 21-22.
39. Carta a Schmeitzner, datada de 3 de agosto de 1878. *In*: Corr. III, p. 329.
40. *Ibid.*, p. 314.
41. Citado de Janz II, p. 286.
42. Carta de 23 de abril de 1879. *In*: Corr. III, p. 386.
43. *Ibid.*, p. 387.
44. NIETZSCHE, F. *Le Voyageur et son ombre*, § 338. *In*: OPC III 2, p. 318.
45. OPC III 2, p. 19.
46. SB 6, p. 3. Tradução do trecho feita pelo autor.
47. OPC III 2, p. 172.

48. Ver sobre este tema: Roos, Richard. Nietzsche et Épicure: l'idylle héroïque. *In*: BALAUDÉ, Jean-François; WOTLING, Patrick (orgs.). *Lectures de Nietzsche*. Paris: Le livre de poche, 2000.

49. OPC III 2, 43[3], p. 452.

50. *Ibid.*, p. 307.

51. Citado de Janz II, p. 316-317.

52. Corr. Malwida, p. 194.

53. NIETZSCHE, F. *Humain, trop humain*, § 638. *In*: OPC III 1, p. 335-336.

54. _____. *Aurore*, § 497. *In*: OPC IV, p. 257.

55. *Ibid.*, § 575, p. 289.

56. *Ibid.*, § 547, p. 277-278.

57. *Ibid.*, § 495, p. 255-256.

58. *Ibid.*, § 497, p. 257.

59. *Ibid.*, § 541, P. 271.

60. *Ibid.*, § 477, p. 250.

61. *Ibid.*, § 68, p. 57-60.

62. *Ibid.*, § 550, p. 280.

63. *Ibid.*, § 425, p. 231.

64. OPC IV, 7[171], p. 593.

65. *Ibid.*, p. 93-94.

66. *Ibid.*, p. 95

67. NIETZSCHE, F. *Aurore*, § 553. *In*: OPC IV, p. 282-283.

68. SB 6, p. 68. Tradução do trecho feita pelo autor.

69. Carta de 14 de março de 1881. *In*: SB 6, p. 70. Tradução do trecho feita pelo autor.

70. Carta de 19 de junho de 1881. *In: ibid.*, p. 93. Tradução do trecho feita pelo autor.

71. NIETZSCHE, F. *Lettres à Peter Gast*. Paris: Christian Bourgois, 1981. Carta de17 de junho de 1881, p. 275.

72. *Ibid.*, 8 de julho de 1881, p. 277.

73. *Ibid.*, 14 de agosto de 1881, p. 279.

74. SB 6, p. 114. Tradução do trecho feita pelo autor.

75. OPC V, 12[92], p. 460.

76. NIETZSCHE, F. *Lettres à Peter Gast*. Paris: Christian Bourgois, 1981. Carta de 28 de novembro de 1881, p. 289.

77. SB 6, p. 157. Tradução do trecho feita pelo autor.

78. OPC V, p. 301.

MEIO-DIA E ETERNIDADE (1882-1885)

1. Corr. N/R/L, p. 90-91.

2. *Cf.* ASTOR, Dorian. *Lou Andreas-Salomé*. Paris: Gallimard, 2008.

3. ANDREAS-SALOMÉ, Lou. *Ma vie*. Paris: PUF, 1977. p. 41.

4. Corr. N/R/L, p.84.

5. ANDREAS-SALOMÉ, Lou. *Ma vie*. Paris: PUF, 1977. p. 75.

6. *Ibid.*, p. 76.

7. *Ibid.*

8. *Ibid.*

9. Corr. N/R/L, p. 87.

10. ANDREAS-SALOMÉ, Lou. *Friedrich Nietzsche à travers ses œuvres*. Paris: Grasset, 1992. p. 39-40.

11. ASTOR, Dorian. *Lou Andreas-Salomé*. Paris: Gallimard, 2008. p. 122-125. A versão publicada desse poema (a primeira) aparece em *A gaia ciência* com o título de "Rumo a novos mares".

12. NIETZSCHE, F. *Lettres à Peter Gast*. Paris: Christian Bourgois, 1981. p. 314.

13. ANDREAS-SALOMÉ, Lou. *Ma vie*. Paris: PUF, 1977. Nota 40, p. 75.

14. *Cf.* ASTOR, Dorian. *Lou Andreas-Salomé*. Paris: Gallimard, 2008.

15. DELEUZE, Gilles. *Présentation de Sacher-Masoch. Le froid et le cruel*. Paris: Éditions de Minuit, 1967.

16. ANDREAS-SALOMÉ, Lou. *Friedrich Nietzsche à travers ses œuvres*. Paris: Grasset, 1992. p. 116.

17. Corr. N/R/L, p. 114.

18. *Ibid.*, p.125

19. NIETZSCHE, F. *Lettres à Peter Gast*. Paris: Christian Bourgois, 1981. p. 309.

20. Corr. N/R/L, p. 135.

21. ANDREAS-SALOMÉ, Lou. In: *Im Kampf um Gott* (1885). Munique: Deutscher Taschenbuch, 2007. p. 135. Tradução do trecho feita pelo autor.

22. Carta de Malwida a Lou Salomé, datada de 18 de junho de 1882. *In*: Corr. N/R/L, p. 127.

23. Corr. N/R/L, p. 134.

24. WAGNER, Cosima. *Journal IV*. Sexta-feira, 11 de agosto de 1882, p. 372.

25. *Ibid.*, p. 382.

26. NIETZSCHE, F. *Lettres à Peter Gast*. Paris: Christian Bourgois, 1981. p. 313.

27. OPC VII, p. 290.

28. ANDREAS-SALOMÉ, Lou. *Ma vie*. Paris: PUF, 1977. p. 83-84.

29. *Ibid.*, p. 85.

30. NIETZSCHE, F. *Ecce homo*. Tradução, organização, prefácio, comentários e notas de Marcelo Backes. Porto Alegre: L&PM, 2012. p. 79.

31. _____. Des petites vieilles et des petites jeunes. *In*: *Ainsi parlait Zarathoustra*. Tradução de Georges-Arthur Goldschmidt. Paris: Le Livre de poche, 1983, p. 86.

32. _____. De l'enfant et du mariage. *In*: *ibid*, p. 89.

33. OPC X, primavera-outono, 1884, 25[269], p. 96.

34. NIETZSCHE, F. *Ecce homo*. Tradução, organização, prefácio, comentários e notas de Marcelo Backes. Porto Alegre: L&PM, 2012. p. 80.

35. _____. *Lettres à Peter Gast*. Paris: Christian Bourgois, 1981. p. 319.

36. _____. *Ecce homo*. Tradução, organização, prefácio, comentários e notas de Marcelo Backes. Porto Alegre: L&PM, 2012. p. 111-112.

37. Corr. N/R/L, p. 213.

38. *Ibid.*, p. 214.

39. Corr. Malwida, p. 206-207.

40. SB 6, p. 290. Tradução do trecho feita pelo autor.

41. NIETZSCHE, F. *Ecce homo*. Tradução, organização, prefácio, comentários e notas de Marcelo Backes. Porto Alegre: L&PM, 2012. p. 108-109.

42. WOTLING, Patrick. *Nietzsche et le problème de la civilisation*. Paris: Puf, 1995. E também em sua apresentação para o livro *Gai Savoir* [A gaia ciência] (Paris: Flammarion, 2007).

43. STENDHAL. Mémoires d'un touriste. *In: Voyages en France*. Paris: Pléiade. p. 484.

44. NIETZSCHE, F. *Le gai savoir*, § 344. *In*: OPC V, p. 240.

45. OPC V, p. 132.

46. NIETZSCHE, F. *Le gai savoir*, § 54. *In*: OPC V, p. 91.

47. *Ibid.* § 109, p. 138.

48. *Ibid.*

49. *Ibid.*, p. 137.

50. *Ibid.*, p. 149-150.

51. SB 6, p. 324. Tradução do trecho feita pelo autor.

52. NIETZSCHE, F. *Lettres à Peter Gast*. Paris: Christian Bourgois, 1981. p. 332.

53. Citado em Gregor-Dellin. *Wagner au jour le jour*. Tradução francesa de Raymond Barthes. Paris: Gallimard, 1976. p. 293.

54. SB 6, p. 332. Tradução do trecho feita pelo autor.

55. *Ibid.*, p. 485.

56. Corr. Malwida, p. 211-212.

57. Carta de 13 de julho de 1883 a Peter Gast. *In*: SB 6, p. 397. Tradução do trecho feita pelo autor.

58. Corr. Malwida, p. 218.

59. Carta de 6 de dezembro de 1883 a Franz Overbeck. *In*: SB 6, p. 461. Tradução do trecho feita pelo autor.

60. Corr. Malwida, p. 222.

61. SB 6, p. 479. Tradução do trecho feita pelo autor.

62. *Ibid.*, 485.

63. Corr. Malwida, p. 224-225.

64. Carta de 21 de maio de 1884 a Franz Overbeck. *In*: SB 6, p. 505-506. Tradução do trecho feita pelo autor.

65. *Ibid.*, p. 495.

66. *Ibid.*, p. 514.

67. Cartão-postal de 4 de julho de 1885 a Franz Overbeck. *In*: SB 7, p. 64. Tradução do trecho feita pelo autor.

68. NIETZSCHE, F. *Ecce homo*. Tradução, organização, prefácio, comentários e notas de Marcelo Backes. Porto Alegre: L&PM, 2012. p. 146-147.

69. Nietzsche, F. Des trois métamorphoses. *In: Ainsi parlait Zarathoustra*. Paris: Le Livre de Poche, 1983.
70. OPC X, 26 [308], p. 258, verão-outono 1884.
71. Nietzsche, F. *Lettres à Peter Gast*. Paris: Christian Bourgois, 1981. Carta de 2 de abril de 1883, p. 344.
72. _____. *Ecce homo*. Tradução, organização, prefácio, comentários e notas de Marcelo Backes. Porto Alegre: L&PM, 2012. p. 119.
73. _____. L'heure le plus silencieuse. *In: Ainsi parlait Zarathoustra*. Paris: Le Livre de Poche, 1983.
74. OPC V, 11 [141], p. 363.
75. Andreas-Salomé, Lou. *Friedrich Nietzsche à travers ses œuvres*. Paris: Grasset, 1992. p. 249-250.
76. OPC V, FP 11 [148], p. 367.
77. *Ibid.*, 11 [148], p. 367.
78. *Ibid.*, [143], p. 365.
79. Kant, Immanuel. *Critique de la raison pratique*. Primeira parte. Tradução de Luc Ferry e Heinz Wismann. Paris: Gallimard, 1989. p. 53.
80. OPC V, p. 232.
81. Nietzsche, F. *Além do bem e do mal*. Tradução e notas de Renato Zwick. Apresentação e cronologia de Marcelo Backes. Porto Alegre: L&PM, 2012. p. 81.
82. SB 7, 7 de maio de 1885, p. 44. Tradução do trecho feita pelo autor.
83. *Ibid.*, 2 de julho de 1885, p. 62.

Por que eu sou um destino (1885-1889)

1. Förster, Bernhard. *Deutsche Colonien in dem oberen Laplata-Gebiete mit besonderer Berücksichtigung von Paraguay: Ergebnisse eingehender Prüfungen, praktischer Arbeiten und Reisen, 1883-1885*. 2. ed. Leipizig: 1886. p. 3. Tradução do trecho feita pelo autor.
2. SB 7, 7 de fevereiro de 1886, p. 147-149. Tradução do trecho feita pelo autor.
3. SB 8, p. 218-220. Tradução do trecho feita pelo autor.
4. Nietzsche, F. *Ecce homo*. Tradução, organização, prefácio, comentários e notas de Marcelo Backes. Porto Alegre: L&PM, 2012. p. 127.
5. *Cf.* Corr. Malwida, p. 223.
6. SB 7, carta a Burckhardt, 22 de setembro de 1886. Tradução do trecho feita pelo autor.
7. Nietzsche, F. *Ecce homo*. Tradução, organização, prefácio, comentários e notas de Marcelo Backes. Porto Alegre: L&PM, 2012. p. 127-128.
8. Aqui, fazemos alusão sobretudo à notável introdução de Patrick Wotling à sua edição francesa de *Par-delà bien et mal* [*Além do bem e do mal*]. Paris: Flammarion, 2000.

9. Nietzsche, F. *Além do bem e do mal*. Tradução e notas de Renato Zwick. Apresentação e cronologia de Marcelo Backes. Porto Alegre: L&PM, 2012. p. 61-63.

10. Nietzsche, F. *Ainsi parlait Zarathoustra*. Paris: Le Livre de Poche, 1983.

11. OPC XIV, 14 [93]. Sobre esse tema, ver Montebello, Pierre. *La Volonté de Puissance*. Paris: PUF, 2001.

12. OPC XII, 7 [54], p. 302.

13. OPC V, 11 [159].

14. Nietzsche, F. *Além do bem e do mal*. Tradução e notas de Renato Zwick. Apresentação e cronologia de Marcelo Backes. Porto Alegre: L&PM, 2012. p. 130-131.

15. Overbeck, Franz; Rohde, Erwin. *Briefwechsel*. Berlim: 1990. Citado de Montinari, p. 109-110.

16. *Ibid.*, 23 de setembro de 1886, p. 111-112.

17. Carta de 24 de janeiro de 1889. Citado de Janz III, p. 193.

18. Nietzsche, F. *Ecce homo*. Tradução, organização, prefácio, comentários e notas de Marcelo Backes. Porto Alegre: L&PM, 2012. p. 129-130.

19. Aludimos sobretudo a nosso estudo na edição: Nietzsche, F. *La "faute", la "mauvaise conscience" et ce qui leur ressemble. Deuxième dissertation, extrait de La Généalogie de la morale*. Paris: Gallimard, 2006.

20. Nietzsche, F. *Além do bem e do mal*. Tradução e notas de Renato Zwick. Apresentação e cronologia de Marcelo Backes. Porto Alegre: L&PM, 2012. p. 97.

21. _____. *La Généalogie de la morale*, II, §13.

22. _____. *Lettres à Peter Gast*. Paris: Christian Bourgois, 1981. Carta de 23 de outubro de 1887, p. 485.

23. SB 8, p. 246-247. Tradução do trecho feita pelo autor.

24. Sobre essa questão, ver: Kessler, Mathieu. *L'Esthétique de Nietzsche*. Paris: PUF, 1998, sobretudo o capítulo "Le retour de Dionysos", p. 91.

25. OPC XI, 34 [176], p. 208.

26. Nietzsche, F. *Além do bem e do mal*. Tradução e notas de Renato Zwick. Apresentação e cronologia de Marcelo Backes. Porto Alegre: L&PM, 2012. p. 240-241.

27. OPC V, p. 275.

28. SB 8, p. 272. Tradução do trecho feita pelo autor.

29. *Cf.* OPC XIII, p. 19 e seguintes.

30. SB 8, p. 252. Tradução do trecho feita pelo autor.

31. *Ibid.*, p. 264. Tradução do trecho feita pelo autor.

32. *Ibid.*, p. 285-286. Tradução do trecho feita pelo autor.

33. *Ibid.*, p. 298-299. Tradução do trecho feita pelo autor.

34. OPC VIII, p. 17-18.

35. SB 8, p. 347. Tradução do trecho feita pelo autor.

36. Corr. Malwida, p. 247-248. A citação do verso "Quem se entrega à solidão" remete a um poema de Bettina von Arnim (1785-1859).

37. Nietzsche, F. *Crepúsculo dos ídolos*. Tradução, apresentação e notas de Renato Zwick. Porto Alegre: L&PM, 2012. p. 16-17.
38. *Ibid.*, p. 15-16.
39. Carta de 27 de setembro de 1888 a Peter Gast. *In*: SB 8, p. 444. Tradução do trecho feita pelo autor.
40. Janz III, p. 362.
41. SB 8, p. 449. Tradução do trecho feita pelo autor.
42. Corr. Malwida, 18 de outubro de 1888, p. 251.
43. *Ibid.*, 20 de outubro de 1888, p. 252.
44. SB 8, rascunho datado da metade de setembro de 1888, p. 473. Tradução do trecho feita pelo autor.
45. OPC VIII, notas e variantes.
46. Nietzsche, F. *O anticristo*. Tradução, apresentação e notas de Renato Zwick. Porto Alegre: L&PM, 2012. p. 30.
47. *Ibid.*, § 38, p. 69-70.
48. *Ibid.*, § 59, p. 118.
49. OPC XIV, p. 396.
50. Nietzsche, F. *Ecce homo*. Tradução, organização, prefácio, comentários e notas de Marcelo Backes. Porto Alegre: L&PM, 2012. p. 21.
51. OPC XIV, 23 [14], p. 352.
52. Nietzsche, F. *Ecce homo*. Tradução, organização, prefácio, comentários e notas de Marcelo Backes. Porto Alegre: L&PM, 2012. p. 63-64.
53. *Ibid.*, p. 69.
54. *Ibid.*, p. 15.
55. Nietzsche, F. *Ecce homo*. Tradução, organização, prefácio, comentários e notas de Marcelo Backes. Porto Alegre: L&PM, 2012. p. 63.
56. *Ibid.*, p. 65.
57. *Ibid.*, p. 67-68.
58. *Ibid.*, p. 71-72.
59. *Ibid.*, p. 144.
60. *Ibid.*, p. 153.
61. *Ibid.*, 154.
62. OPC XIV, 25 [1], p. 377.
63. *Ibid.*, p. 385.
64. Deleuze, Gilles; Parnet, Claire. *L'Abécédaire*. Paris: Éditions di Montparnasse, 1996.
65. Cartas a Carl Fuchs de 30 de setembro e de 18 de dezembro de 1888.
66. SB 8, p. 358. Tradução do trecho feita pelo autor.

Talvez eu seja um maganão... (1889-1900)

1. Nietzsche, F. *Dernières lettres*. Paris: Rivages, 1989. p. 150-152.
2. Overbeck, Franz. *Souvenirs sur Nietzsche*. Paris: Allia, 2000. p. 92-93.

3. PODACH, Erich Friedrich. *L'Effondrement de Nietzsche*. Paris: Gallimard, 1931. p. 123.

4. Citado por Janz III, p. 443.

5. Podach, Erich Friedrich. *L'Effondrement de Nietzsche*. Gallimard, 1931. p. 134.

6. Sobre esse tema, *cf.*: DELEUZE, Gilles. *Nietzsche et la philosophie*. Paris: Puf, 1962. p. 213-217.

7. *Œuvres***. Tradução de Henri Albert, revisão de Jean Lacoste. Paris: Éditions Bouquins/ Robert Laffont, 1993.

8. NIETZSCHE, F. *Dernières lettres*. Paris: Rivages, p. 135.

9. Citado de Janz III, p. 506.

10. *Ibid.*, p. 518.

11. *Ibid.*, p. 525.

12. ANDREAS-SALOMÉ, Lou. *Ma vie*. Paris: PUF, 1977. p. 86.

13. _____. *Friedrich Nietzsche à travers ses œuvres*. Paris: Grasset, 1992. p. 65.

14. *Ibid.*, p. 68.

15. FÖRSTER-NIETZSCHE, Elisabeth. *Friedrich Nietzsche et les femmes de son temps*. p. 105.

16. *Das Nietzsche-Archiv in Weimar*. Munique, Viena: Carl Hanser Verlag, 2000.

17. A respeito dessa "obra", ver: MONTINARI, Mazzino. *"La Volonté de Puissance" n'existe pas*. Paris: Éditions de l'Éclat, 1998.

18. OPC XIV, p. 283, 18 [17].

19. Patricia Farazzi e Michel Valensi, tradutores da edição francesa de MONTINARI, Mazzino. *"La Volonté de Puissance" n'existe pas*. Paris: Éditions de l'Éclat, 1998.

20. NIETZSCHE, F. *Ecce homo*. Tradução, organização, prefácio, comentários e notas de Marcelo Backes. Porto Alegre: L&PM, 2012. p. 29-30.

Sobre o autor

Formado pela Escola Normal Superior de Paris e professor titular de alemão, Dorian Astor ministrou aulas na Sorbonne Nouvelle – Paris III e no Instituto Cultural Francês, em Amsterdã. Já publicou diversas edições críticas de obras de Goethe, Hoffmann, Rilke, Kafka e Nietzsche, além de ser o autor de *Lou Andreas-Salomé* (Gallimard, 2008). Tradutor de livros de arte, publicou também novas traduções para *O mal-estar na cultura* e *O futuro de uma ilusão*, de Freud (Flammarion, 2010 e 2011). Atualmente, divide seu tempo entre Paris e Berlim e trabalha como editor.

lepmeditores
www.lpm.com.br
o site que conta tudo

IMPRESSÃO:

PALLOTTI
GRÁFICA

Santa Maria - RS | Fone: (55) 3220.4500
www.graficapallotti.com.br